„Klassiker"
des Kinder- und Jugendfilms

Herausgegeben von
Klaus Maiwald, Anna-Maria Meyer
Claudia Maria Pecher

Schneider Verlag Hohengehren GmbH

Umschlagentwurf: Verlag

Titelfoto: © RealVector – Fotolia.com

Leider ist es uns nicht gelungen, die Rechteinhaber aller Texte und Abbildungen zu ermitteln bzw. mit ihnen in Kontakt zu kommen.
Berechtigte Ansprüche werden selbstverständlich im Rahmen der üblichen Vereinbarungen abgegolten.

Bibliografische Information der Deutschen Nationalbibliothek
Die Deutsche Nationalbiblithek verzeichnet diese Publikation in der Deutschen Nationalbibliografie; detaillierte bibliografische Daten sind im Internet über
http://dnb.d-nb.de abrufbar.

ISBN: 978-3-8340-1674-4

Schneider-Verlag-Hohengehren
Wilhelmstrasse 13
D-73666 Baltmannsweiler
www.paedagogik.de

„Das Werk und seine Teile sind urheberrechtlich geschützt. Jede Verwertung in anderen als den gesetzlich zugelassenen Fällen bedarf der vorherigen schriftlichen Einwilligung des Verlages. Hinweis zu § 52 a UrhG: Weder das Werk noch seine Teile dürfen ohne vorherige schriftliche Einwilligung des Verlages öffentlich zugänglich gemacht werden. Dies gilt auch bei einer entsprechenden Nutzung für Unterrichtszwecke!"

© Schneider Verlag Hohengehren, Baltmannsweiler 2016
Printed in Germany – Druck: WolfMediaPress, D-71404 Korb

Inhalt

Einleitung 1

Ulf Abraham
Was macht einen Film zum „Klassiker"?
Emil und die Detektive, *Die Reise zum Mond* und andere Referenzfilme der frühen kinderliterarischen Verfilmung 11

Matthis Kepser
Die Abenteuer des Prinzen Achmed (D 1926)
Die Geburt des Animationsfilms aus dem Geist des Papiers 29

Claudia Maria Pecher / Irene Wellershoff
Faszination Erlösungszauber. *Die Schöne und das Biest* neu verfilmt 49

Tobias Kurwinkel
Raunende Graugnome und rauschende Bäume. *Soundscape* und Auralität in Tage Danielssons *Ronja Räubertochter* (SE/NOR 1984) 75

Michael Staiger
„Nach Haus, nach Haus, nach Haus". Elliott und E.T. auf Heldenreise 91

Klaus Maiwald
Klassiker oder Klamauk? Leander Haußmanns *Sonnenallee* (D 1999) 107

Heidi Lexe
Rico, Oskar und der Kinderfilm
Zur Adaption eines Kinderromans mit Kultcharakter 123

Anna-Maria Meyer
Klassiker und Ende. Warum ein Romanklassiker noch keinen Filmklassiker macht: Michael Endes (1979) und Wolfgang Petersens (BRD 1984) *Die unendliche Geschichte* 139

Die Autorinnen und Autoren 157

Einleitung

Der vorliegende Band schließt an die von Anita Schilcher und Claudia Maria Pecher herausgegebenen Bände „*Klassiker*" *der internationalen Jugendliteratur* (2012, 2013) an, in denen – mit Unterstützung der Deutschen Akademie für Kinder- und Jugendliteratur – Regensburger Ringvorlesungen gebündelt wurden. Er besteht vor allem aus den Beiträgen zu einer Ringvorlesung über *Klassiker des Kinder- und Jugendfilms* an der Universität Augsburg, die vom Lehrstuhl für Didaktik der deutschen Sprache und Literatur im Sommersemester 2015 organisiert wurde. Vorgestellt wurden dort und werden in diesem Band folgende Filme und Themen:

Bei der Frage, was einen Film zum Klassiker macht und was einen Kinder-/Jugendfilm ausmacht, sind innertextuelle Kriterien (des Inhalts und der Form) und außertextuelle (der Rezeption und Tradierung) zu unterscheiden. **Ulf Abraham** (Bamberg) erläutert dies in einem Bogenschlag von Georges Méliès' *Die Reise zum Mond* (F 1902) über Gerhard Lamprechts *Emil und die Detektive* (D 1930) zu Martin Scorseses *Hugo Cabret* (USA 2011).[1]

„Die Geburt des Animationsfilms aus dem Geist des Papiers" zeichnet **Matthis Kepser** (Bremen) in *Die Abenteuer des Prinzen Achmed* (D 1926) nach. Lotte Reinigers Scherenschnitt-Silhouetten-Produktion ist der erste abendfüllende Trickfilm der Filmgeschichte, für dessen Klassiker-Status auch die anhaltende Marktpräsenz z. B. in der „Jungen Cinemathek" der *Süddeutschen Zeitung* (2006) spricht.

Filmische Adaptionen des klassischen Märchenstoffes von der Schönen und dem Biest stehen im Zentrum des Beitrags von **Claudia Maria Pecher** (Frankfurt) und **Irene Wellershoff** (Mainz). Von Jean Cocteau (F 1946) bis zur *Märchenperlen*-Produktion des ZDF (D 2012) prägt sich die „Faszination Erlösungszauber" immer wieder neu und anders aus, wobei jede (Neu-)Verfilmung das Recht hat und vor dem Erfordernis steht, eigene, zeitgemäße Wege zu gehen.

---

[1] Komplette filmographische Angaben zu den im Folgenden erwähnten Filmen finden sich am Ende des Textes.

In seiner Analyse von Tage Danielssons *Ronja Räubertochter* (SE/NOR 1984) fokussiert **Tobias Kurwinkel** (Bremen) die auditiven Qualitäten des Films. Die in Kinder- und Jugendfilmen besonders stark ausgeprägte *Auralität* zeigt sich in der Verschränkung von Bild und Ton, das heißt, im Zusammenspiel von Filmmusik, Geräuschen, Dialogen, Kamera- und Figurenbewegung sowie in musikalisierten Montage- oder narrativen Strukturen.

Steven Spielbergs Science-Fiction-Märchen *E.T.* (USA 1982) wurde vielfach ausgezeichnet, ist auf etlichen Bestenlisten geführt und hatte ein formidables Einspielergebnis. Für **Michael Staiger** (Freiburg) gründet der Klassiker-Status des Films aber vor allem im archetypischen Durchspielen des im Hollywoodkino gängigen Heldenreisemusters.

Eigentlich noch zu jung für einen Klassiker ist *Sonnenallee* (D 1999). **Klaus Maiwald** (Augsburg) begründet den Klassiker-Status von Leander Haußmanns Film neben klassischen Adoleszenzthemen mit seiner Repräsentativität für das Genre der Ossi-Komödie innerhalb der Wendeliteratur und mit seiner besonders qualität- und wirkungsvollen Filmsprache.

Eine gelungene Übertragung der Zeichensysteme des literarischen Erzählens auf die des filmischen Erzählens konstatiert **Heidi Lexe** (Wien) in der Adaption von *Rico, Oskar und die Tieferschatten* (2008) durch Neele Vollmar (D 2014). Andreas Steinhöfels „Kinderbuch mit Kultcharakter" lebt stark von wortsprachlichen Mitteln wie z. B. der Bingokugel-Metapher, für die der Film eigene und wirkungsvolle Äquivalente findet.

Ergänzt werden diese Beiträge durch einen Aufsatz von **Anna-Maria Meyer** über Wolfgang Petersens *Die unendliche Geschichte* (BRD 1984). Trotz des überwältigenden kommerziellen Erfolges zeigt sich, dass der ästhetisch begründete Klassikerstatus einer Romanvorlage beim Wechsel ins filmische Medium auch verloren gehen kann.

Die Heterogenität der hier versammelten Filme ist groß und erfordert einige allgemeine Überlegungen zu der Frage, was als Kinder- und Jugendfilm und was als Klassiker desselben gelten soll.

Was ein Kinder- und Jugendfilm ist, hängt vom angelegten Definitionskriterium ab. Man kann das Typische des Kinder- und Jugendfilms *innertextuell* festmachen, etwa wenn ein Film kindlich-jugendliche Hauptfiguren hat, wenn die Inhalte und Themen besonders relevant für Kinder- und Jugendliche sind oder wenn filmische Darstellungsformen und Genres ihnen besonders entsprechen. Hugo Cabret, Emil und seine Detektivhelfer, Ronja Räubertochter, Elliott aus *E.T.*, Rico und Oskar, aber auch die junge Frau aus *Die Schöne und das Biest* (D 2012) und die noch jungen Männer aus *Sonnenallee* wären kindlich-jugendliche Filmhelden. Besonders ansprechende Inhalte und Themen wären Außenseitertum und Freundschaft, das gemeinsame Bestehen von Abenteuern, die Ablösung von den Eltern, erstes Verliebtsein. Als filmische Darstellungsformen und Genres, die Kindern und Jugendlichen besonders entsprechen, könnte man Musik und Tanz (bzw. in einem weiteren Sinne die *Auralität*), Zeichentrick bzw. Animation, Märchen und Fantasy nennen – man denke hier an *Die Reise zum Mond* (F 1902), *Die Abenteuer des Prinzen Achmed* (D 1926), *Die Schöne und das Biest* (D 2012) und an *E.T* (USA 1982).

Gerne werden Märchenfilme pauschal als Kinderfilme verbucht – was Märchenfilmen jedoch oft nicht gerecht wird (vgl. Liptay 2004). Dass innertextuelle Kriterien rasch in die Irre führen können, zeigen Texte mit kindlichen Protagonisten, die doch nichts für kindliche Rezipienten sind: William Goldings Roman *Der Herr der Fliegen* (1956) und seine Verfilmungen (UK 1963, USA 1990), Walter Kempowskis Roman *Tadellöser & Wolff* (1971) und seine Verfilmung (BRD 1975), John Boynes Roman *Der Junge im gestreiften Pyjama* (2006) und seine Verfilmung (UK/USA 2008). Trotz kindlicher Hauptfiguren/Erzähler sind dies entschieden keine Kinderbücher bzw. Kinderfilme.

Um zu bestimmen, ob ein Film ein Kinder- oder Jugendfilm ist, wären also auch *außertextuelle* Kriterien heranzuziehen, was wiederum zu engen und zu weiten Textkorpora führen kann. In einem sehr engen Sinn (nach Douglas Street 1983) würden nur solche Filme als Kinderfilme gelten, zu denen eine kinderliterarische Vorlage existiert (vgl. nach Kümmerling-Meibauer 2010, S. 11). Zutreffen würde dies beispielsweise auf *Emil und die Detektive*, auf *Ronja Räubertochter*, auf *Rico, Oskar und die Tieferschatten*, auf *Die unendliche Geschichte*, nicht jedoch auf *E.T.* und nur bedingt auf *Die Reise zum Mond* oder *Prinz Achmed*. Ein sehr weites Korpus ergibt sich hingegen, wenn man den in der KJL-Forschung gebräuchlichen Begriff der Kinder- und Jugend*lektüre* heranzieht. In Analogie zur Jugendlektüre als „Gesamtheit der von Kindern und Jugendlichen tatsächlich konsumierten Literatur" (Ewers 2000, S. 16) würde ein Film zum Kinder- und Jugendfilm, „wenn Kinder und Jugendliche ihn schlicht rezipieren" (Kurwinkel/Schmerheim 2013, S. 15). Dazu dürfte gerade vor dem Fernseher, am Tablet oder über dem Smartphone sehr viel auch jenseits von „FSK 12" und dem „Besonders Wertvollen" gehören. Außertextuell betrachtet wäre ein Kinder- oder Jugendfilm das, was im kulturellen Handlungssystem als solcher deklariert wird: indem junge Zuschauer/-innen ihn tatsächlich rezipieren, indem er von Filmproduzenten entsprechend etikettiert wird, indem er auf einer Plattform wie http://www.kinderfilm-online.de/ erscheint (zuletzt aufgerufen am 20.5.2016) oder in einem Reclam-Band über *Filmgenres. Kinder- und Jugendfilm* (2010) Aufnahme findet.[2]

Zusätzlich erschwert wird die Abgrenzung des Kinder- oder Jugendfilms durch den wachsenden Trend zum so genannten Familien- oder *all age*-Film. Immer mehr Filme sind gezielt mehrfachadressiert bzw. mehrfachcodiert und werden gleichermaßen von Jungen und Erwachsenen rezipiert. Der Animationsfilm *Shrek* (USA 2001) erfreute die Kinder als actionreiches und komisches Märchenabenteuer, die Eltern als postmoderne Umgestaltung des Märchenfilms und als Parodie der Disney-Ästhetik (vgl. Vossen 2003; Liptay 2004, S. 133, 142; Frizzoni 2008; Maiwald/Wamser 2010).[3] Wie sehr auch die Verfilmung von *Rico, Oskar und die Tieferschatten* zugleich Kinder und Erwachsene anspricht, belegen die Rezensionen auf Amazon (zuletzt aufgerufen am 20.5.2016): „Schöner Familienfilm", „Spaß für die ganze Familie", „Nicht nur für Kinder" etc.

Ist die Bestimmung des Kinder- und Jugendfilms an sich bereits schwierig, so wird sie mit dem Klassiker-Zusatz noch heikler. Schilcher und Pecher distanzieren sich bereits im Titel der von ihnen herausgegebenen Bände (2012/2013) mittels Anführungszeichen vom Klassikerbegriff. In der Tat scheint die Rede von Klassikern aus der Zeit gefallen. Sie erinnert an humanistische Bildung in höheren Lehranstalten, an bürgerliche Bücherwände mit repräsentativen Klassiker-Ausgaben, an Grimm'sche Märchen, Schillers *Bürgschaft* und Goethes *Iphigenie*. Nun ist hier nicht der Ort, eine (ideologie-)kritische Diskussion des Klassiker-Begriffs nachzuzeichnen, der vor allem im Zuge des gesellschaftlichen und kulturellen Wandels nach 1968 in Misskredit geriet (vgl. z. B. Doderer 1975). Klassische Texte, so der Tenor, propagierten wirklichkeitsferne und überkommene Vorbildfiguren, Normen und Weltbilder; klassische Bildung diente vor allem der sozialen Ab- und Ausgrenzung; beides zusammen der Ver-

---

[2] Weder inner- noch außertextuell ist u. E. der Kinder- und Jugendfilm als *Genre* zu betrachten. Genres sind „Gruppe[n] von Filmen mit bestimmten Gemeinsamkeiten (Themen, Motive, Erzählform)" (Pfeiffer/Staiger 2010, S. 263). Sie werden konstituiert durch Bündel stofflich-inhaltlicher und formal-gestalterischer Merkmale und sind als solche „Geschichten generierende Systeme" (Hickethier 2007, S. 204). Genres sind z. B. der Western oder das Melodram. Die mögliche inner- und außertextuelle Bandbreite des Kinder- und Jugendfilms ist mit dem Genre-Begriff nicht vereinbar.

[3] Nicht von ungefähr erspielte *Shrek* einen Umsatz von 455 Mio. US-Dollar, die Sequels *Shrek 2* (USA 2004) und *Shrek 3* (USA 2007) gar 881 bzw. 791 Mio. (vgl. Frizzoni 2008, S. 186).

brämung und Zementierung gesellschaftlicher (Miss-)Verhältnisse. Wieweit dies heute noch (oder wieder) der Fall ist, soll hier nicht diskutiert werden. Zunächst ist zu überlegen, was das Prädikat *Klassiker/klassisch* meinen kann:

Präsent sind die Bezeichnungen auch im sprachlichen Alltag. Es gibt ein Klassik-Radio und ein Internetmagazin für Classic Rock; es gibt Reisewarnungen auch für „klassische Urlaubsländer der Deutschen"; es gibt den „Fußball-Klassiker" England vs. Deutschland, es gibt (halbwegs lustige) T-Shirts mit der Aufschrift „Ich bin nicht alt, ich bin ein Klassiker!"[4] In diesen Beispielen werden gleichwohl drei wesentliche Klassiker-Kriterien deutlich: Alter, Vorzüglichkeit und Repräsentativität. *Smoke on the Water* von Deep Purple ist fast ein halbes Jahrhundert alt, besticht durch ein genial einfaches und höchst eingängiges Riff und gehört zu den bekanntesten, am meisten zitierten und adaptierten Werken der Rockmusik – ein Klassiker in jeder Hinsicht. Vor einem Länderspiel zwischen den anerkannten Fußballgrößen England und Deutschland denkt man seit dem Wembley-Finale von 1966 an unvergessene Elfmeterschießen, tragische Helden und das legendärste Tor überhaupt: „Mehr Klassiker geht nicht."[5]

Für mögliche Klassik-Definitionen im Bereich Kunst/Literatur orientieren wir uns am *Metzler Lexikon Literatur* (vgl. zum Folgenden Schweikle/Zabka 2007, Zabka 2007):

Als Klassik bezeichnet man *im engeren Sinn* eine besondere kulturelle Reife- oder Blütezeit, die rückblickend als vorbildhaft und normbildend anerkannt wird. Beispiele hierfür wären die griechisch-römische Antike, die Staufische Klassik um 1200, die Weimarer Klassik in der Literatur (v.a. Goethe, Schiller) bzw. die Wiener Klassik in der Musik (v.a. Haydn, Mozart, Beethoven) um 1800. Dementsprechend sind Klassiker Künstler oder Werke, die einer solchen Reife- oder Blütezeit zugerechnet werden, also z.B. Ovid und *Metamorphosen*, Wolfram v. Eschenbach und *Parzival*, Schiller und *Maria Stuart*, Mozart und *Die Zauberflöte*.

---

[4] Vgl. respektive: http://www.klassikradio.de, http://classicrock.net, http://www.bild.de/politik/ausland/isis/terrorwarnung-gefahr-fuer-deutsche-mehr-als-30-staaten-reisewarnung-37911076.bild.html, http://www.kicker.de/news/video/1072531/video_england---deutschland-der-fussball-klassiker.html, http://www.karneval-megastore.de/html/product_info.php?products_id=14216 (zuletzt aufgerufen am 20.5.2016; http://www.kicker.de zuletzt aufgerufen am 1.8.2015).

[5] *Zeit Online* unter http://www.zeit.de/sport/2010-06/klassiker-deutschland-england (zuletzt aufgerufen am 20.5.2016).

In einem allgemeineren Sinn sind Klassiker Werke, die eine besondere Vorzüglichkeit und Vollendung auszeichnet, die etwas idealtypisch und exemplarisch repräsentieren und/oder die als überzeitlich bedeutsam gelten und über einen längeren Zeitraum kontinuierlich rezipiert werden. Alle drei Kriterien träfen beispielsweise auf Beethovens 5. Symphonie („Schicksalssymphonie") von 1808, auf Monets impressionistisches Gemälde *Impression soleil levant* von 1872, auf Storms Novelle *Der Schimmelreiter* von 1888 oder auf Döblins Roman *Berlin Alexanderplatz* von 1929 zu. Obwohl die impressionistische Malerei von Monet, Renoir, Cézanne etc. bei vielen Zeitgenossen noch auf empörte Ablehnung stieß, sind die genannten Beispiele eng mit der Vorstellung einer gesellschaftlich legitimierten (Hoch-)Kultur verbunden, die den Klassiker-Status für „ernste" (und nicht unterhaltende), für „hohe" (und nicht niedere), für „gehaltvolle" (und nicht triviale) Kunstwerke (und nicht für Konsumwaren der von Horkheimer und Adorno abschätzig so genannten Kulturindustrie) reserviert. So etwas wie *Grün ist die Heide* (D 1951) ist ein Heimatfilm-Klassiker, *Wetten, dass ..?* (D 1981-2014) ein Fernsehshow-Klassiker, *Lindenstraße* (D seit 1985) ein Serien-Klassiker. All das gehört aber nicht zur sanktionierten (und daher auch schulisch vermittelten) Kultur.

Unter solchen Vorzeichen gerät der Film doppelt ins Hintertreffen: Einmal ist er eine noch immer vergleichsweise junge Kunstform, die zwar populäre Glanzzeiten erreicht, spezifische Genres entwickelt, große Regisseure und beeindruckende Oeuvres gesehen, aber noch keine Klassik als anerkannte „Reife- oder Blütezeit" ausgebildet hat. Zweitens haftet dem Film im Vergleich zur (Schrift-)Literatur nach wie vor der kulturelle Verdacht billiger und bequemer Massenunterhaltung an, der von den Anfängen des Mediums als „Jahrmarkt- und Wanderkino" (Faulstich 2005, S. 24) zur Belustigung eines meist weniger gebildeten Publikums herrührt. Es kommt nicht von ungefähr, dass man die Bundeskanzlerin auf der Frankfurter Buchmesse (2009), aber kaum im Kino zu sehen bekommen wird. An unseren Schulen gibt es einen Literatur-, aber keinen Filmunterricht und auch keinen Bestand an filmischen Texten, denen junge Menschen als Schüler/-innen absehbar begegnen.

Auch ist eine für kulturelle Akzeptanz wichtige Kanonbildung beim Film noch vergleichsweise rudimentär. Es gibt neben berühmten Filmpreisen (*Academy Awards* bzw. *Oscars, Goldener Bär, Goldene Palme*) zahllose Besten- und Empfehlungslisten, z.B. des *American Film Institute* oder der Internetplattformen *InsideKino* oder *Internet Movie Database*.[6] Diese operieren jedoch mit

---

[6] Vgl. respektive http://www.afi.com/100years/, http://www.insidekino.com, http://www.imdb.com/ (alle zuletzt aufgerufen am 20.5.2016).

sehr heterogenen Kriterien und kommen zu sehr unterschiedlichen Ergebnissen (vgl. Pfeiffer/Staiger 2010, S. 12-15). Eine nicht unstrittige, aber wichtige Initiative in Deutschland war die Liste mit 35 Filmen, die Experten/-innen der Bundeszentrale für politische Bildung 2003 zusammenstellten (vgl. Holighaus 2005; Pfeiffer/Staiger 2010, S. 9-11; Kammerer 2013). Da der BPB-Kanon mit *Emil und die Detektive* (D 1931), *Das Dschungelbuch* (USA 1967) und *Wo ist das Haus meines Freundes* (IRN 1988) nur drei Kinder- und Jugendfilme enthielt, wurde sie von der Fachzeitschrift „Kinder- und Jugendfilm-Korrespondenz" und dem Bundesverband Jugend und Film e. V. um 14 Filme für Schulkinder im Alter zwischen sechs und zwölf Jahren ergänzt. Zusätzlich zu den drei genannten erscheinen hier z.B. noch *Die Abenteuer des Prinzen Achmed* (D 1926), *Die Abenteuer des kleinen Muck* (DDR 1950), *Drei Haselnüsse für Aschenbrödel* (ČSSR/DDR 1973), *E.T.* (USA 1982) und *Ronja Räubertochter* (SE/NOR 1984).[7]

Die Mehrzahl der in der Augsburger Ringvorlesung und in diesem Band besprochenen Filme kann also einen auch kulturell bestätigten Klassikerstatus beanspruchen. (Einen Sonderfall stellt *Die unendliche Geschichte* (USA/D 1984) dar.) Nicht mit im Klassiker-Boot wären die ZDF-Produktion *Die Schöne und das Biest* (D 2012), *Hugo Cabret* (USA 2011), *Rico, Oskar und die Tieferschatten* (D 2014) sowie *Sonnenallee* (D 1999). Diese Filme sind schlicht noch zu jung, um überzeitlich als bedeutsam gelten zu können und über einen längeren Zeitraum kontinuierlich rezipiert worden zu sein, wie es für einen Klassiker eigentlich erforderlich ist. Sie konnten noch nicht nachweisen, dass sie nachhaltig erstrangig, mustergültig, normsetzend sind.

Vergessen wir aber nicht, dass der Klassiker-Status nicht von selbst qua künstlerischen Rang, sondern durch kulturelle Zuschreibungen und Selektionshandlungen entsteht.[8] Der Filmkanon der BPB, jede Filmkritik, jede gelöste Kinokarte, jede auf den Markt gebrachte DVD-Kollektion, jeder Schulkinotag, jeder Themenabend bei Arte, jede Filmreihe im Fernsehen, jeder zugesprochene Filmpreis ist eine Wertzuschreibung und eine Selektionshandlung, die manche Filme zu Ungunsten anderer heraushebt. Dass der Film *Drei Haselnüsse für Aschenbrödel* (ČSSR/DDR 1973) zum „Märchenfilm des Jahrhunderts" avancierte, liegt neben seinen unstrittigen Qualitäten (vgl. Liptay 2004, S. 197ff.) auch an einer Dauerpräsenz im Weihnachtsprogramm des öffentlich-rechtlichen Fernsehens – die

---

[7] Vgl. http://www.bjf.info/filmkanon/ (zuletzt aufgerufen am 20.5.2016).
[8] So erklärt sich z.B. und für uns heute unvorstellbar, dass Johann Sebastian Bach im 19. Jahrhundert so gut wie vergessen war, ehe Felix Mendelssohn-Bartholdy ihn wieder entdeckte.

etwa dem Prinzen Achmed nicht zuteilwird. Klassiker werden – im Idealfall aus guten ästhetischen Gründen – zu solchen gemacht. Dass sie Klassiker bleiben, liegt aber ganz erheblich auch daran, dass sie als solche (weiter-)gepflegt werden.

Wenn wir ungeachtet aller definitorischen Probleme und konzeptionellen Bedenken die in diesem Band besprochenen Texte als *Klassiker des Kinder- und Jugendfilms* vorstellen, so soll damit zweierlei zum Ausdruck kommen: Erstens gibt es nicht nur in der (Schrift-)Literatur, sondern auch beim Film herausragende Werke, die zurecht als Klassiker bezeichnet werden. Zweitens sind Klassiker keine ewig gültigen Museumsobjekte, sie müssen vielmehr ihren Rang und ihre Relevanz immer wieder aufs Neue erweisen, kritischer Prüfung standhalten – und ggf. Platz für Anderes machen. Die auf den DVDs als solche gehandelten „MärchenKlassiker" der DEFA sind filmhistorische Dokumente; aber man darf fragen, wie viel diese Art Märchenfilm uns heute noch zu sagen hat oder ob so etwas wie *Die Schöne und das Biest* von 2012 nicht näher liegt. Die *Emil*-Verfilmung von 1930 gilt als Klassiker, weil sie repräsentativ für die Bildästhetik des Stummfilms war, gleichzeitig das Tonfilmzeitalter mit einläutete und weil sie einen damals modernen Realismus in den Film brachte (vgl. Reich 2005, S. 56; Felsmann 2010, S. 28). Zu fragen wäre aber, ob dieser Film noch zu heutigen Kindern spricht und ob wir mit *Rico, Oskar und die Tieferschatten* (D 2014) vielleicht noch keinen Klassiker, wohl aber einen Klassiker-Kandidaten haben. Der Klassiker-Status eines Textes kann nicht einfach vorausgesetzt, er muss immer wieder neu festgestellt werden, vielleicht auch, wie für *Die unendliche Geschichte* (D/USA 1984) versagt bleiben. Der vorliegende Band begreift sich als Beitrag zu diesem kulturellen Aushandlungsprozess. Er betreibt keine Klassiker-Huldigung, er setzt keinen eigenen Kanon, und er verordnet kein Pflichtkorpus für schulische Filmbildung.[9]

Wir danken allen Autoren/-innen für ihre Beiträge, der Deutschen Akademie für Kinder- und Jugendliteratur und dem Schneider Verlag Hohengehren für die Unterstützung der Publikation, Frau Sigrid Bernhard und Herrn Dominik Endemann für die Mitbetreuung der Ringvorlesung, Frau Sandra Hackenberg für die Korrekturlektüre des Manuskripts und Herrn Martin Anker für die Einrichtung der Druckvorlage.

Klaus Maiwald / Anna-Maria Meyer / Claudia Maria Pecher
Augsburg und Frankfurt am Main, im Mai 2016

---

[9] Gegen derlei programmatische Ansprüche steht allein schon die Pragmatik, von der eine Ringvorlesung und damit auch dieser Band geprägt ist: Welche Beiträger/-innen gewinnt man und was sind deren thematische Präferenzen?

Einleitung

Quellen

Primärliteratur / Filmografie

Das Dschungelbuch, R. Wolfgang Reithermann, USA 1967.
Der Junge im gestreiften Pyjama, R. Mark Herman, UK/USA 2008.
Die Abenteuer des kleinen Muck, R. Wolfgang Staudte, DDR 1950.
Die Abenteuer des Prinzen Achmed, R. Lotte Reiniger, D 1926.
Die Reise zum Mond, R. George Méliès, F 1902.
Die Schöne und das Biest, R. Marc-Andreas Bochert, D 2012.
Die unendliche Geschichte, R. Wolfgang Petersen, USA/D 1984.
Drei Haselnüsse für Aschenbrödel, R. Václav Vorlíček, ČSSR/DDR 1973.
E.T., R. Steven Spielberg, USA 1982.
Emil und die Detektive, R. Gerhard Lamprecht, D 1931.
Hugo Cabret, R. Martin Scorsese, USA 2011.
La Belle et la Bête, R. Jean Cocteau, F 1946.
Lord of the Flies (Dt. Herr der Fliegen), R. Peter Brook, UK 1963; R. Harry Hook, USA 1990.
Rico, Oskar und die Tieferschatten, R. Neele Vollmar, D 2014.
Ronja Räubertochter, R. Tage Danielsson, SE/NOR 1984.
Shrek, R. Andrew Adamson und Vicky Jenson, USA 2001.
Sonnenallee, R. Leander Haußmann, D 1999.
Tadellöser & Wolff, R. Eberhard Fechner, D 1975.
Wo ist das Haus meines Freundes, R. Abbas Kiarostami, IRN 1988.

Sekundärliteratur

Doderer, Klaus: Klassische Kinder- und Jugendbücher. Kritische Betrachtungen. Weinheim u. a.: Juventa 1975.
Ewers, Hans-Heino: Literatur für Kinder und Jugendliche. Eine Einführung. München: Fink 2000 (UTB; 2124).
Faulstich, Werner: Filmgeschichte. Paderborn: Fink 2005.
Felsmann, Klaus-Dieter: Emil und die Detektive. In: Kümmerling-Meibauer, Bettina/Koebner, Thomas (Hrsg.): Filmgenres. Kinder- und Jugendfilm. Stuttgart: Reclam 2010, S. 25-29.
Frizzoni, Brigitte: „Shrek" – ein postmodernes Märchen. In: Schmitt, Christoph (Hrsg.): Erzählkulturen im Medienwandel. Münster [u. a.]: Waxmann 2008, S. 186-202.
Hickethier, Knut: Film- und Fernsehanalyse. 4. Aufl. Stuttgart: Metzler 2007.
Holighaus, Alfred (Hrsg.): Der Filmkanon. 35 Filme, die Sie kennen müssen. Berlin: BPB 2005.

Kammerer, Ingo: „"... dat krieje mer später!" 10 Jahre „Filmkanon" und Deutschdidaktik. In: Der Deutschunterricht 65 (2013), H. 3, S. 76-80.

Kümmerling-Meibauer, Bettina: Einleitung. In: Kümmerling-Meibauer, Bettina/Koebner, Thomas (Hrsg.): Filmgenres. Kinder- und Jugendfilm. Stuttgart: Reclam 2010, S. 9-23.

Kurwinkel, Tobias/Schmerheim, Philipp: Kinder- und Jugendfilmanalyse. Konstanz/München: UVK 2013 (UTB; 3885).

Liptay, Fabienne: WunderWelten. Märchen im Film. Remscheid: Gardez! 2004.

Maiwald, Klaus/Wamser, Willi: Schluss mit Märchen!? Was der Animationsfilm *Shrek* für literarästhetisches und medienkulturelles Lernen zu bieten hat. In: Maiwald, Klaus/Josting, Petra (Hrsg.): Comics und Animationsfilm. München: Kopaed 2010 (Jahrbuch Medien im Deutschunterricht; 2009), S. 108-121.

Pfeiffer, Joachim/Staiger, Michael: Grundkurs Film 2. Filmkanon, Filmklassiker, Filmgeschichte. Braunschweig: Schroedel 2010.

Reich, Uschi: Emil und die Detektive. In: Holighaus, Alfred (Hrsg.): Der Filmkanon. 35 Filme, die Sie kennen müssen. Berlin: BPB 2005, S. 51-56.

Schilcher, Anita/Pecher, Claudia Maria (Hrsg.): „Klassiker" der internationalen Jugendliteratur. Kulturelle und epochenspezifische Diskurse aus Sicht der Fachdisziplinen. Baltmannsweiler: Schneider 2012 (Bd. 1)/2013 (Bd. 2).

Schweikle, Günther/Zabka, Thomas: Klassik. In: Burdorf, Dieter/Fasbender, Christoph/Moenninghoff, Burkhardt (Hrsg.): Metzler Lexikon Literatur. 3. Aufl. Stuttgart/Weimar: Metzler 2007, S. 385.

Vossen, Ursula: Shrek – Der tollkühne Held. In: Friedrich, Andreas (Hrsg.): Filmgenres: Fantasy- und Märchenfilm. Stuttgart: Reclam 2003, S. 229-233.

Zabka, Thomas: Klassiker/Klassisch. In: Burdorf, Dieter/Fasbender, Christoph/Moenninghoff, Burkhardt (Hrsg.): Metzler Lexikon Literatur. 3. Aufl. Stuttgart/Weimar: Metzler 2007, S. 386.

ULF ABRAHAM

Was macht einen Film zum „Klassiker"?
Emil und die Detektive, *Die Reise zum Mond* und andere Referenzfilme der frühen kinderliterarischen Verfilmung

Als in Caroline Links wunderbarer Neuverfilmung von *Pünktchen und Anton* (1998) die dicke Berta, Haushälterin und Pünktchens mütterliche Freundin, ihren freien Abend hat, will sie ins Kino (vgl. 1:16:50-1:17:28). An der Kasse verlangt sie eine Karte für *Emil und die Detektive*, aber die Vorstellung war schon am Nachmittag. Jetzt könne sie *Das Grauen im Kinderzimmer* sehen, das sei sehr lustig. Sie lehnt ab, das habe sie selber zu Hause. Das ist ihr Glück, denn so ist sie relativ schnell wieder daheim und kann gerade noch den Einbruch verhindern, den der zwielichtige Freund des Au-pair-Mädchens geplant hat. Gewarnt wird sie natürlich von Anton, der damit zeitweise die Detektivrolle übernommen hat.

Die kleine Szene an der Kinokasse ist eine Verbeugung der Regisseurin vor einem Klassiker. Gefragt, welchen der Romane Kästners sie neu adaptieren wolle, hatte sich Caroline Link für *Pünktchen und Anton* entschieden und ausdrücklich gegen die andere Option: „*Emil und die Detektive* von 1931 ist ein so starker Film, daß ich große Bedenken hätte, den noch einmal aufzunehmen" (zit. nach Lukasz-Aden 1998, S. 4).

1 Was ist ein „Klassiker"?

Die einfachste Klassikerdefinition, die ich kenne, stammt von Martin Walser: „Ein Klassiker ist, was gebraucht wird" (1985, S. 3). Ein Werk bleibt im kulturellen Gedächtnis so lange erhalten, wie nachfolgende Generationen es benötigen, um ihr Verständnis einer Gattung, eines Genres oder eines Mediums zu schärfen, Vergleiche mit späteren Werken derselben Art anzustellen oder sich die Zeit der Entstehung an einem besonders gelungenen Werk in Erinnerung zu rufen. Klassikerlisten des Films drücken unser entsprechendes Bedürfnis aus und sind nicht nur ein Thema für Filmwissenschaftler/-innen und Cineasten/-innen, sondern für alle mit Interesse an Allgemeinbildung, z. B. für angehende Lehrer/-innen.

Der Kinder- und Jugendfilm ist in vielen solchen Listen allerdings leider eher schwach vertreten. So sind etwa unter den *111 Meisterwerken des Films* von Engelhard/Schäfer/Schorbert (1989) nur *Emil und die Detektive* und *Ronja Räubertochter* Kinderfilme im engeren Sinn. In den *50 Filmklassikern* von Nicolaus Schröder (2000) findet sich nichts Einschlägiges außer *Schneewittchen und die sieben Zwerge* in der Zeichentrick-Fassung von David Hand (USA 1937). Zwar hat diese Zurückhaltung durchaus Gründe. Ästhetische Qualität (filmsprachliche Stimmigkeit und Avanciertheit) und pädagogische Qualität (thematische Relevanz sowie Alters- und Entwicklungsangemessenheit) sind zwei deutlich unterscheidbare Maßstäbe, die sich nicht ohne Weiteres miteinander vereinbaren lassen; ein Kanon für die Schule ergibt sich aus der Verschränkung der Kriterien ästhetische Qualität (…) und pädagogische Qualität. Eine Auswertung einschlägiger Quellen ergab 2002, dass man von „klassischen Filmen für Kinder und Jugendlichen" durchaus sprechen kann (vgl. Abraham 2002). Bestätigt wird das seither etwa durch Kümmerling-Meibauer/Koebner (2010), die in ihrem Band der Reclam-Reihe *Filmgenres* 70 Kinder- und Jugendfilme präsentieren.[1]

Auch für Kinder- und Jugendfilme gilt, nicht anders als für Filme überhaupt, dass als Klassiker gelten kann, was folgende Bedingungen erfüllt:

– Präsenz in (Programm-)Kino und Fernsehen und damit Bekanntheit bei mehreren Generationen (Unterschied zum Kultfilm, der in der Regel eine Generation betrifft),
– Referenzfunktion für ein Filmgenre, eine Epoche der Filmgeschichte, das Gesamtwerk eines berühmten Regisseurs, bestimmte filmische Mittel (z. B. Montage) oder für die Theorie des Films,
– ggf. Ruf einer gelungenen Literaturadaption,
– Bezugnahmen in anderen Filmen: filmische Zitate, Remakes, Parodien.

2 Qualitätskriterien für den Kinder- und Jugendfilm

„Die Klassiker des Kinderfilms stehen für hochwertige künstlerische Leistungen und attraktives Kino" (Schäfer 1995, S. 4). „Klassiker" ist allerdings für sich genommen noch kein Qualitätsprädikat, auch wenn die Vorstellung eines besonders gelungenen, prototypischen Werkes in dem Begriff mitschwingt. Zum „Klassiker" werden Werke eher durch ihren Gebrauch als auf der Ba-

---

[1] Fraglich ist allerdings, ob der Kinder- bzw. Jugendfilm tatsächlich ein eigenständiges Genre ist. Viele der Filmgenres, die es im Erwachsenenfilm gibt, wären auch hier zu unterscheiden.

sis einer von Fachleuten gefällten Wertentscheidung. So ist Disneys *Bambi* (1942) als Adaption der Vorlage von Felix Salten (1923) sicherlich ein Klassiker des Zeichentrickfilms, aber nicht unbedingt in jeder Hinsicht ein hochwertiger Kinderfilm. Während die eben genannten (Gebrauchs-)Bedingungen sich (wenigstens theoretisch) empirisch überprüfen lassen, muss man normativ argumentieren, wenn es um Qualitätskriterien für den Kinder- und Jugendfilm geht. Zunächst sind also *Erwartungen* an diese Filmgattung zu klären.

> Kinderfilme sind fürs Fernsehen, Kino oder für die DVD- bzw. Videoauswertung produzierte Filme, die sich in erster Linie an Kinder richten. In thematischer und stilistischer Hinsicht gibt es kaum Beschränkungen, ihre Präsentation passt sich jedoch den Ansprüchen und Bedürfnissen der Zielgruppe an.[2]

Diese (Wikipedia)-Definition, so eingängig sie zunächst scheint, ist unzureichend. Besser wäre es zu sagen, dass Kinder- bzw. Jugendfilme nicht nur die jeweilige Zielgruppe ansprechen, sondern die Sozialisation Heranwachsender einerseits begleiten, andererseits aber thematisieren. Und je besser sie sind, desto entschiedener tun sie das. Adaptionen von Romanen Mark Twains, Erich Kästners, Astrid Lindgrens, Michael Endes und vieler anderer begleiten das Aufwachsen der Kinder und verbinden ihre Generation mit denen ihrer Eltern und Großeltern. Weil es aber nicht nur um die „Zielgruppe" geht, sondern um die Themen dieser Klassiker des Kinder- und Jugendfilms, gehören dann auch Filme von eher unklarer Adressatenorientierung dazu, zum Beispiel

- *Herr der Fliegen* (UK 1963 und USA 1990, nach dem Roman von William Golding 1954),
- *True Grit* (USA 2010, nach dem Roman von Charles Portis 1968),
- *Hugo Cabret* (USA 2011, nach dem grafischen Roman von Brian Selznick 2008).

Solche Filme sind anspruchsvolle Vertreter ihrer Gattung unter den vier Aspekten, die Sahr gewinnt, indem er vier Hauptströmungen der Filmkritik auf die Beurteilung von Kinderfilmen anwendet (1997, S. 30f.): Zu beurteilen seien sie *filmästhetisch* (Erzähl- und Ausdrucksmittel des Mediums), *psychologisch* (Passung zwischen Kind und Film), *soziologisch* („Gesellschaftsbezug") und *pädagogisch* („Humanismus", „Respekt vor dem Zuschauer"). Abraham (2002) zieht die Richtlinien des *European Children's Film Network*[3]

---

[2] https://de.wikipedia.org/wiki/Kinderfilm (zuletzt aufgerufen am 23.5.16).
[3] Das ECFA unterhält eine Website (http://www.ecfaweb.org), auf der Qualitätskriterien für den Kinderfilm diskutiert werden (zuletzt aufgerufen am 23.5.2016).

hinzu und kommt zu einer Übersicht über das, was gute Kinder- und Jugendfilme leisten können. Zwar werde – leider – nicht jeder *high quality film* zum Klassiker, aber jeder Klassiker erfüllt die folgenden Kriterien:[4]

Gute Kinder- und Jugendfilme ...

- berücksichtigen die Wahrnehmung der Heranwachsenden und setzen filmsprachliche Möglichkeiten (alters-)angemessen ein,
- kommen dem Bedürfnis Heranwachsender nach Erwerb von Weltwissen, Vorstellungsbildung und Orientierung in der Welt entgegen,
- nehmen ihre Funktion als generationenübergreifendes Medium ernst und klagen das Recht auf Kindheit und die Würde werdender Persönlichkeiten ein.

3 Der literarische Kinder- und Jugendfilm – eine lange Geschichte

Das von der schwedischen Pädagogin Ellen Key im Jahr 1900 ausgerufene „Jahrhundert des Kindes" ist zugleich das Jahrhundert des Kinos gewesen.

Am Anfang der Filmgeschichte aber steht die Adaption. Von der sog. Hochliteratur (z. B. *Faust*) bis zu verschiedenen Genres der Unterhaltung (z. B. *Dracula*) bot die Buchliteratur Stoffe an, die den frühen Film herausforderten und zugleich aufwerteten. Auch ältere und ganz aktuelle Jugendliteratur wurde adaptiert, z. B. Jules Verne und Erich Kästner: Die „Literaturverfilmung" ist nicht nur die Wiege des Films, sondern begleitet die Entwicklung der Kinder- und Jugendliteratur seit über einhundert Jahren. *Cinema Paradiso* („100 klassische Filme für Kinder und Jugendliche auf Video") unterscheidet zwar sinnvoller Weise zwischen Kinder- und Jugendfilmen und für Kinder und Jugendliche empfohlenen (Erwachsenen-)Filmen, aber in der Kategorie „Literaturverfilmungen" sind doch zwölf der 33 genannten tatsächlich Kinder- bzw. Jugendfilme.

Auch im Medium Film, wie in der Kinderliteratur, geht es um „bewährte Geschichten", die „über Alltagsprobleme hinaustragend" elementare Bedürfnisse nach Fiktionalität und „großen Stoffen" befriedigen – so Hurrelmann (1996, S. 18) über kinderliterarische Klassiker. Ihrer Langlebigkeit wegen vermögen diese Geschichten oft mehrere Generationen zu verbinden (vgl. ebd., S. 19). Werden klassische Kinderbuchgeschichten immer wieder neu herausgegeben,

---

Vertreten und erwünscht sind pädagogische und medienästhetische Perspektiven.
[4] Ausführlicher diskutiert werden diese Kriterien in Abraham 2002.

illustriert oder nacherzählt, so sind es beim Film das Remake und die Neuadaption, die das leisten.

Und es geht hier nicht nur um Unterhaltung. In diesem Sinn verschränken bewährte (Film-)Geschichten sowohl in realistischen als auch in fantastischen Filmen Spannung und Abenteuer oft mit einem pädagogischen Diskurs, also mit Antworten auf die Frage nach der *Erziehbarkeit* des Menschen:

> Heidi und Pünktchen, Winnetou und Freitag, Mowgli und Ronja, Pinocchio und Nils Holgersson, Emil und Kalle Blomquist: Sie alle fordern uns, was immer sie sonst tun, jedenfalls auf, mit Kindern zusammen – und wo darüber hinaus nötig, in ihrem Namen! – über das Recht zum selbstbestimmten Lernen nachzudenken, und über die kulturellen Bedingungen, Schranken und Hindernisse solchen Lernens. (Abraham 2002, S. 10)

Auch Disneys *Bambi* tut das zwar, erscheint allerdings in seinem Gesellschaftsmodell zu zeitverhaftet und in seinem Kinderbild zu sehr am (auch seinerzeit schon vergangenen) 19. Jahrhundert orientiert, um in diese Reihe zu passen. Kinderfilme entwerfen, wie Erlinger (2001) schreibt, *Modelle* sowohl für die Wahrnehmung von Kindheit als auch für Lösungen exemplarischer Sozialisationsprobleme. „Insofern ist Kinderfilm zugleich auch Film für Erwachsene" (ebd., S. 654). Und dass viele, die „das Buch" nicht gelesen haben, dann „den Film" sehen, dürfte noch mehr für Erwachsene als für Kinder gelten, wenn es um eigentlich kinderliterarische Stoffe geht. Man denke nur an das, was Peter Jackson (2012, 2013, 2014) aus Tolkiens *Hobbit* (1937) in seiner dreiteiligen Adaption gemacht hat: einen Film für alle Altersgruppen. Als zweites, ursprünglich deutschsprachiges Beispiel sei Cornelia Funkes *Tintenherz* (2003) in der Adaption von Ian Softley (*Inkheart*, 2008) erwähnt. Auf *Hugo Cabret* als ein drittes, recht aktuelles Beispiel gehe ich noch ein. Allgemein gilt: Aus Kinderbüchern werden nicht unbedingt Kinderfilme, jedenfalls nicht im Sinn einer dominanten Adressatenorientierung – wohl aber im erwähnten Sinn einer Thematisierung kindlicher Sozialisation in einer Welt, die für Kinder nicht unbedingt eingerichtet ist.

4 *Emil und die Detektive* (1931)

Diese Thematisierung beginnt mit *Emil und die Detektive* von 1931. Nach Reich gehört diese Erstverfilmung von Kästners Roman „zu den bedeutendsten Werken der frühen Tonfilmzeit" (2005, S. 54). Er ist aber nicht nur ein Klassiker des Films überhaupt und des frühen Tonfilms, sondern auch eine

Pionierleistung des Kinderfilms. In Deutschland zum ersten Mal und auch international Maßstäbe setzend, schuf Gerhard Lamprecht einen wirklichen Kinderfilm, der den bis dahin als kindgemäß in den Kinos viel gezeigten Slapstick-Angeboten Konkurrenz machte (vgl. Lutz-Kopp 2002, S. 85f.).

Es ist oft gesagt worden, dass der (auch noch nach 1933) kommerziell sehr erfolgreiche Film Maßstäbe gesetzt hat, nicht nur allgemein für den deutschen Film in den 1930er Jahren, sondern auch speziell für die Literaturverfilmung, insoweit sie den Anspruch erfüllt, sowohl der Vorlage als den Möglichkeiten und Erfordernissen des Mediums Film gerecht zu werden (vgl. Lukasz-Aden 1998). Und sieht man den Film als (frühen) Kinderfilm, so besticht die Natürlichkeit, mit der die Kinder sich mitten in der Großstadt unter Erwachsenen bewegen, von ihnen übersehen oder unterschätzt werden und gerade deshalb der Gerechtigkeit zum Sieg verhelfen können. Dabei sind sie kooperativ und solidarisch (Emil ist ein fremder Junge aus der Kleinstadt!) und zeigen den Wert des Zusammenhaltens in einer unübersichtlichen Welt. Allerdings sind „Selbstdisziplin, Solidarität, Tapferkeit" (Tornow 1998, S. 35) bzw. „Kameradschaft, Pflichtbewusstsein und Opferbereitschaft" (Kleber 1995, S. 59) nicht so sehr Werte einer demokratischen Zivilgesellschaft (so hat Siegfried Kracauer Kästner interpretiert) als solche einer quasi-militärischen Organisation, die die Überführung des Diebes „generalstabsmäßig" angeht (Tornow 1998, S. 30). Die von den Kindern verkörperten Werte wirken in der Tat ambivalent: Auf der einen Seite umfassen sie Hilfsbereitschaft und Anständigkeit, auf der anderen Seite eine aggressive Rücksichtslosigkeit, die vor fast nichts zurückschreckt.

Diese Ambivalenz dürfte zum Erfolg des Filmes beigetragen haben. Gleichzeitig wird die Großstadt als kindlicher Sozialisationsraum, bereits ein wichtiges Thema der Kästner'schen Vorlage im Geist der „Neuen Sachlichkeit", im Film wirkungsvoll inszeniert: Schon Kracauer bescheinigt ihm „saubere, unprätentiöse Dokumentaraufnahmen von Berliner Straßenszenen" (1979, S. 36; vgl. *Emil und die Detektive* 1931, 0:21:31-0:22:37).

Diese Szenen wurden, was damals keine Selbstverständlichkeit war, nicht im Studio gedreht, sondern in den Straßen von Berlin. Lukasz-Aden nennt deshalb den Film in ihrem Artikel für das *Lexikon des Kinder- und Jugendfilms* „ein hervorragendes Zeitdokument aus dem Berlin Anfang der dreißiger Jahre" (1998, S. 2). Wie Wege durch Berlin durch dazwischen geschnittene Straßenschilder und andere Erkennungszeichen des Stadtbildes nachvollziehbar dokumentiert werden, das mag seinerzeit auch erwachsene Zuschauer fasziniert haben; dass Film Wirklichkeit in Bild und Ton zeigen kann, war ja nun zu dieser Zeit gleichsam erst noch zu beweisen.[5] Und das große Publikum, das den Film nicht nur in deutschen Kinos, sondern auch in Paris, London und New York bis zu ein Jahr lang goutierte, bestand selbstverständlich nicht vorwiegend aus Kindern (vgl. Kleber 1995, S. 58). Einige Figuren des Romans, u. a. Pony Hütchen, wurden für Lamprechts Film nicht zuletzt deshalb verändert, weil man damit auch ein erwachsenes Publikum besser zu erreichen hoffte (vgl. Tornow 1998, S. 33). Insofern trifft Erlingers zitierte These, jeder gute Kinderfilm sei auch ein Film für Erwachsene, hier exemplarisch zu. Nicht nur wurden die komischen Seiten von Emils Geschichte im Film deutlich herausgearbeitet, um auch Erwachsene ins Kino zu holen, sondern es geht – wie übrigens auch in den beiden folgenden Adaptionen von 1954 und 2001 (vgl. Franke 2006, S. 144f.) – um das Kinderbild der (jeweils) aktuellen Gesellschaftsordnung.

Nicht unwichtig für die Klassikerkarriere eines Films ist neben kommerziellem Erfolg und Remakes[6] aber auch die Beachtung, die er im Kontext von Schule und (Deutsch-)Unterricht erfahren hat: Wie wenige andere Kinderfilme ist er filmdidaktisch aufgearbeitet, und es gibt eine ganze Reihe von Unterrichtskonzepten zum inter- und intramedialen Vergleich (u. a. Frederking 2006, Erlinger 2008, Maiwald 2010). Auch schulische Thematisierung, das ist beim Film nicht anders als bei der Buchliteratur, trägt zu Gewinnung und Erhalt des Klassikerstatus' Wesentliches bei.

5 *Die Reise zum Mond* (1902)

Ist *Emil und die Detektive* von 1931 also unbestritten ein Klassiker des Kinderfilms, der Literaturverfilmung und des Films überhaupt, so hat *Die Reise zum Mond* es nur in die dritte Kategorie geschafft. Auch sie gilt zwar längst als Klassiker, nämlich des frühen Science Fiction-Films (vgl. Seeßlen 1980, S. 83), war aber lange in Darstellungen der Geschichte des Kinder- und Jugendfilms nicht zu finden (vgl. jetzt allerdings Kurwinkel/Schmerheim 2013, S. 36f.). Man mag ihn in dieser Kategorie als Teil einer Vorgeschichte

---

[5] In diesem Zusammenhang ist interessant, dass Drehbuch-Coautor Billy Wilder kurz vorher an der filmischen Reportage *Menschen am Sonntag* (1929) beteiligt war, einem Stummfilm mit Spielhandlung, der das Leben der Berliner zeigt. Zu diesem Film als Gegenstand von Deutschunterricht vgl. Preuß 2015.

[6] Schon 1935 entstand in England ein Remake von Lamprechts Film, das indessen in den USA weniger erfolgreich war als dieser, der dort ebenfalls in die Kinos kam (vgl. Quinlan 1984, S. 63).

des Kinos betrachtet haben, die nicht weiter darzustellen war, zumal der Film lange Zeit nur fragmentarisch erhalten zu sein schien. Giesen (vgl. 1990, S. 14) und Seeßlen (vgl. 2013, S. 239) beginnen allerdings ihre Darstellungen einer Geschichte des fantastischen Films mit *Le voyage dans la lune*. Folgt man Seeßlen, so hat das Medium Film zwei Wurzeln – die eine, für die die Brüder Lumière stehen, im Versuch, durch bewegte Bilder Wirklichkeit einzufangen, die andere aber in der Jahrmarkttradition selber, in der alle frühen Filmemacher/-innen sich bewegten, bevor es Lichtspielhäuser gab. Für diese Wurzel steht exemplarisch Méliès, den Toeplitz in seiner *Geschichte des Films*, Band *1895-1928*, den „Schöpfer des Filmschauspiels" nennt (1975, S. 25). Er wollte nicht, wie die Lumières, Wirklichkeit einfangen, sondern „mit den Mitteln des Films die Grenzen des Darstellbaren in verschiedener Hinsicht erweitern" (ebd., S. 240). Auch in Lamprechts *Emil und die Detektive* werden zwar filmische Mittel wie Perspektive, Hell-Dunkel-Kontraste und durch Bühnenbau und Filmtricks erzeugte Raumillusion innovativ genutzt, aber eben besonders in der berühmten, expressionistisch anmutenden Sequenz, die Emils Rausch-Traum im Zug umsetzt (vgl. *Emil und die Detektive* 1931, 0:15:59-0:18:10): Es ist das Fantastische, das den Film als Medium besonders herausfordert. Die Entdeckung filmischer Mittel und Tricks, von der Doppelbelichtung bis zur Stop-Motion, ist untrennbar mit dem fantastischen Film verknüpft und macht Méliès zum ersten Meister einer Filmkunst, die Realität nicht wiedergibt, sondern erschafft.[7] Er nutzt nicht nur alle Möglichkeiten des Bühnenbaus und der Raumillusion, sondern erfindet die *post production*, indem er Zeichnungen in den Filmstreifen einfügt und ihn von Hand, Bild für Bild, koloriert. Die Weiterentwicklung der Technik und Ästhetik des Bewegtbildes ist bis heute mit der Geschichte der Genres besonders stark verbunden, in die Seeßlen den fantastischen Film untergliedert: Science Fiction, Horror und Fantasy (Seeßlen 2013, S. 240-244). „Phantastische Filme repräsentieren nicht zuletzt den State of the Art in der Tricktechnik und Postproduction" (ebd., S. 247). Der erste Film, der aus meiner Sicht die 3D-Technik nicht nur effektvoll demonstrierte, sondern als Teil eines narrativen Konzepts nutzte, war James Camerons *Avatar* von 2012. Was immer man über seine Botschaft denken mag, hat er damit ebenso Maßstäbe für das 21. Jahrhundert gesetzt wie Méliès' *Le voyage dans la lune* für das 20. Jahrhundert. Von diesem frühen Film aus, sagt Seeßlen weiter, führt eine Linie zu Fritz Langs *Die Frau im Mond* (1929) – übrigens ebenfalls eine Literaturverfilmung (1928) – und weiter zu US-amerikanischen Science Fiction-Filmen der Nachkriegszeit (ebd., S. 240).

---

[7] Seeßlen (1980, S. 85) macht darauf aufmerksam, dass es eigentlich nur eine wichtige Erzähltechnik des Films gibt, die Méliès nicht schon verwendet: den Schnitt.

Gerhard Lamprechts Kästner-Verfilmung, ebenso wie eine lange Liste weiterer Adaptionen Kästner'scher Kinderromane bis zur einstweilen neuesten Emil-Adaption durch Franziska Buch (2001),[8] steht unverkennbar in der Tradition der Realitätsdarstellung. (Schon Lamprechts fiktionaler Film spielt nicht nur in Berlin, sondern erzählt Berlin.) Im Rückblick auf die vergangenen 100 Jahre Filmgeschichte ist jedoch auch die andere, durch Méliès begründete Tradition des Films als Medium fantastischer Wirklichkeiten immer wichtiger geworden.

Deshalb lohnt ein zweiter Blick auf den lange Zeit nicht zugänglichen, erst nach der Entdeckung eines handkolorierten Exemplars 2002 aufwändig rekonstruierten und restaurierten frühen 16-Minuten-Stummfilm (vgl. Abb. 1).

Abb. 1: Georges Méliès, *Le voyage dans la lune* (1902), restauriert 2011, 0:10:54

Le voyage dans la lune beruht ebenfalls auf literarischen Vorlagen, auch wenn Méliès Jules Verne nicht ‚werktreu' umsetzt und Motive von dessen Roman *De la Terre à la Lune* (1865) mit Ideen aus einem gerade erschienenen anderen Roman, *The First Men in the Moon* von H.G. Wells (1901), kombiniert.

---

[8] Zur Adaptionsgeschichte von *Emil und die Detektive* vgl. Frank 2006, zur medialen Vermarktung insgesamt Häfele/Marci-Boehncke 2011.

Zu beiden Vorlagen „verhält sich der Film eher parodistisch" (Seeßlen 1980, S. 83). Zwar gab es um 1900 überhaupt noch keine Filmgenres im heute geläufigen Sinn und es wäre deshalb unsinnig zu behaupten oder zu bestreiten, dass *Die Reise zum Mond* ein Kinder- oder Jugendfilm sei, aber Jules Verne ist seiner ganzen Rezeptionsgeschichte nach ein Jugendschriftsteller. Ich halte den Film schon deshalb für einschlägig für das Thema dieses Bandes, will aber unten noch ein weiteres Argument für meine Einschätzung liefern. Der Film, nur einer unter vielen Kurzfilmen des rastlosen Filmpioniers, wurde wohl auch deshalb zum internationalen Erfolg in den frühen Lichtspielhäusern, weil er die erste filmische Umsetzung des alten Menschheitstraums von der Mondfahrt ist. Kurze Zeit später wird in Deutschland *Peterchens Mondfahrt* von Gerdt von Bassewitz zunächst im Theater (1912), dann als Buch ein Erfolg (1915). Die Verfilmung dieser Vorlage als Realfilm (1959, durch Gerhard F. Hering) und später als Trickfilm (1990, durch Wolfgang Urchs) ließ zwar auf sich warten. Aber sichtbar wird hier doch, wie wichtig auch kulturgeschichtlich bedeutsame Motive für die Langlebigkeit eines Stoffes und seiner filmischen Adaptionen sind. Es gibt nicht erst seit *Harry Potter* auch eine Fantastik für Kinder im Medium des Films.

An den Filmen von Méliès ist gut zu sehen, wie stark der Film in seiner Anfangszeit vom Theater geprägt war; gefilmt wird noch die jeweils aufgebaute Bühne und was sich auf ihr tut. Zudem sorgt der Regisseur als erfahrener Theaterdirektor und Zauberkünstler für komödiantische Effekte und akrobatische Einlagen. Über diese Wurzel des Films erfährt man nichts aus klassischen Adaptionen wie *Emil und die Detektive*.

Übrigens beginnt mit dem berühmtesten unter Méliès' etwa 500 Filmen nicht nur die Geschichte des Science-Fiction-Films und je nach Standpunkt auch die der Jugendliteraturverfilmung, sondern auch die Geschichte der Raubkopie und illegalen Verwertung. Wenn der Filmpionier in der Wirklichkeit verarmt und verbittert starb (nicht jedoch in *Hugo Cabret*, denn das zu verhindern ist ja Hugos Bestimmung), so nicht zuletzt deshalb, weil Mitarbeiter von Edisons Studio in den USA heimlich Kopien anfertigten, selbst vermarkteten und den Regisseur damit um alle Einnahmen aus Aufführungen in den USA prellten.

Jeder Klassikerstatus ist gleichsam auf Wiedervorlage angelegt: Das letzte Wort ist nie gesprochen. Jede Zeit muss neu darüber nachdenken, was ins kulturelle Gedächtnis gehört und worauf sie sich berufen will. Über *Emil und die Detektive* gibt es keine Diskussion; als einen von ganz wenigen Kinderfilmen findet man ihn in allen Klassikerlisten. Über *Le voyage dans la lune* wird im Augenblick neu verhandelt. Wenn nicht alles täuscht, kommt jetzt die Stunde von Georges Méliès: Die Bamberger Kurzfilmtage 2015 eröffneten mit ihm,[9] zudem haben wir nun nicht nur einen Dokumentarfilm über *Le voyage dans la lune* von Serge Bromberg und Eric Lange, sondern auch ein Bilderbuchbeispiel für das, was ich eingangs die Referenzfunktion des Klassikers und seine intertextuelle Präsenz in anderen Filmen genannt habe.

6   *Hugo Cabret* (2011)

Gemeinsam ist *Emil* und *Hugo* bzw. den literarischen Vorlagen, denen sie entsprungen sind, die Inszenierung einer urbanen Welt, die zum Lebensraum des autonomen Kindes wird. Über diese Vorlagen sagt Ines Wagner, die Kästners Roman mit Brian Selznicks *The Invention of Hugo Cabret* vergleicht: „In *Emil und die Detektive* (1929) wird dem kleinen Jungen die Stadt Berlin gleichermaßen als Rummelplatz vorgestellt wie auch als Angstbild entworfen" (Wagner 2009, S. 35). Und: „Die Darstellung der Stadt in den sequentiellen kunstvollen Bildfolgen entspricht dem inneren Seelenleben des kleinen Hugo Cabret" (ebd., S. 32).

Die Adaption durch Martin Scorsese wurde zu Recht gelobt. Die 3D-Technik ermöglicht die Umsetzung eines Raumkonzepts, in dem der Bahnhof von Montparnasse zum wahrhaft dreidimensionalen Modell wird: Für die Reisenden ein Durchgangsraum, ist er für Erwachsene, die hier arbeiten wie etwa der alte, mürrische Papa Georges mit seinem Souvenir- und Spielwarenlädchen, ebenso ein Lebensraum wie für elternlose Kinder, die sich unauffällig hier aufhalten und durch Mundraub ernähren. Eine Sonderstellung unter diesen hat Hugo, der als Waise auch seinen Onkel, einen versoffenen Bahnhofsangestellten, überlebt hat, in den Maschinenräumen des Bahnhofs in einer Art Innenraum im Innenraum haust und so lange unbehelligt bleibt, wie niemand den toten Onkel aus der Seine zieht, er die Bahnhofsuhren zuverlässig wartet und dabei dem invaliden Bahnhofsvorsteher nicht unter die Augen kommt, der streunende Kinder ins Waisenhaus bringen lässt. Zusammen mit seiner etwas

---

[9] Im Programmheft heißt es: „Georges Méliès zählt zu den Pionieren der Filmhistorie. Er gilt als Erfinder des narrativen Films und der Special Effects. Als Magier und Varietébesitzer erkannte er früh die Möglichkeiten des gerade erst erfundenen Kinos. 1898 baute er in Paris eines der ersten Filmstudios und schuf mit Hilfe von Falltüren, Doppelbelichtungen, Modellaufnahmen und Stop-Motion magische Bilderwelten [...]. Die Reise zum Mond von 1902 gilt als erster Science-Fiction-Film und avancierte gleichzeitig zum ersten weltweiten Publikumsrenner" (http://www.bambergerkurzfilmtage.de/eroeffnungkft, zuletzt aufgerufen am 23.5.2016).

älteren Freundin Isabelle, der Nichte von Papa Georges, löst Hugo das Rätsel des kaputten Schreibautomaten, den er als Andenken an seinen bei einem Museumsbrand umgekommenen Vater hütet und immerzu reparieren möchte, bis sich herausstellt, dass sein Konstrukteur Papa Georges ist, der von seinem Leben als berühmter Zauberkünstler und Filmpionier nichts mehr wissen möchte, weil er sich für gescheitert hält. Scorseses Film zitiert, indem er diese Geschichte erzählt, Dokumente des frühen Films und rekonstruiert die Entstehung von *Le voyage dans la lune*. Soweit ist er eine *hommage* an einen Filmpionier und ein Bekenntnis zum fantastischen Film, also durchaus auch ein Film für Erwachsene. Allerdings ist da auch die mitlaufende Thematisierung der Sozialisationsgeschichte Hugos, der Robin Hood liebte und eine frühe Verfilmung mit seinem Vater im Kino gesehen hat und der Isabelle zeigt, wie man durch den Hinterausgang ins Kino kommt ohne zu zahlen. Hier wird *Hugo Cabret*, ein Kassenschlager der vergangenen Jahre, zum Kinderfilm im eingangs definierten Sinn, der darin besteht, die Sozialisation Heranwachsender zu begleiten und zu thematisieren. Kindheitsgeschichte ist heute mit Mediengeschichte verschränkt. War es um 1930 nötig, die Großstadt in ihrer Anonymität als Kindheitsraum zu zeigen und auf dem Recht der Kinder zu bestehen, darin nicht nur zu leben, sondern sich als autonom zu erfahren und Werte auszubilden, und zwar auch gegen die Erwachsenen, so ist es in unserer Gegenwart offensichtlich nötig, Kinderalltag als Ausbildung von Überlebensstrategien in einer Welt zu zeigen, die Erwachsene für sich gestaltet haben und in denen „unbegleitete" Kinder nicht vorgesehen sind: Hugo ist darin so etwas wie das resiliente Kind, das sich holt, was es braucht. Dazu gehören die Bücher und Filme, aber auch Sozialbeziehungen, und dazu gehört vor allem ein Ziel und eine Vorstellung vom Sinn des eigenen Lebens: In einer Sequenz, in der Hugo und Isabelle im Uhrturm des Bahnhofs hoch über dem nächtlich erleuchteten Paris stehen, sprechen sie über die Welt als ein riesiges Räderwerk, das nur weiterlaufen kann, wenn jedes Rädchen an seinem Platz ist und seinen Zweck erfüllt (vgl. 1:16:42ff.). Daraus schließt der Waisenjunge Hugo, dass auch er seinen Platz in der Welt hat und seine Bestimmung finden kann, auch sein Leben muss einen Sinn haben. Neben dem Ernst, der darin aufscheint – und den auch Lamprechts *Emil* durchaus kannte – sind es aber vor allem Humor und Komik, die gute Filme für und über Kinder zu guten Filmen machen.

7 Resümee und Ausblick

Wir haben nun eine Reihe älterer literarischer Kinder- und Jugendfilme Revue passieren lassen, die bewusst aus so verschiedenen Genres wie realistischer Film (*Emil und die Detektive*), Märchenfilm (*Schneewittchen und die sieben*

Zwerge), Science Fiction-Film (*Die Reise zum Mond, Peterchens Mondfahrt*) und *animal fantasy* (*Bambi*) ausgewählt wurden: Wir brauchen heute zwei so unterschiedliche frühe Filme wie *Le voyage dans la lune* von 1902 und *Emil und die Detektive* von 1931, um unser Verständnis des jeweiligen Genres und des Mediums Film überhaupt zu schärfen, Vergleiche mit späteren Werken der (jeweils) selben Art anzustellen und uns die Zeiten ihrer Entstehung in Erinnerung zu rufen: Wie wurde Film zu dem, was er heute ist? Und welche Rolle spielt dabei der Kinderfilm als Produkt literarischer Adaption? Wir haben besonders zwei Monumente der frühen Filmgeschichte gesichtet, das jeweils Klassische an ihnen zu erfassen versucht und schließlich mit Hilfe eines ganz neuen Films festgestellt, dass Filmklassiker nur am Leben bleiben können, wenn sie neu verfilmt, zitiert oder parodiert werden. *Hugo Cabret* ist ein Film, der einerseits zu den Anfängen der Filmgeschichte zurückkehrt (neben Ausschnitten aus *Le voyage dans la lune* sieht man auch den berühmten dokumentarischen Kurzfilm *L'Arrivée d'un train en gare de La Ciotat* von 1895), andererseits aber in die Zukunft des Kinder- und Jugendfilms weist: Nicht um Zielgruppen für das Vorabendprogramm der Fernsehsender geht es hier, sondern um eine Auseinandersetzung mit der Frage, was Kinder brauchen – außer Medien, die sie allerdings auch brauchen. Sie brauchen einander, wie schon Emil seine Detektive, und sie brauchen Erwachsene, die sich kümmern, auch wenn das nicht immer die Eltern sein können.

Ich schließe mit der Vermutung, dass *Hugo Cabret* einst als Klassiker in den Handbüchern kommender Jahrhunderte stehen wird. Als Illustration dieser These diene nicht nur die schon beginnende didaktische Verwendung des Stoffes (vgl. z. B. Staiger 2012), sondern der fiktive Mitschnitt eines Dialogs zwischen zwei Schülern (*200 years from the release of H. C.*).

„Klar, Alter", oder: *Emil heißt doch kein Schwein*

Ein Dialog zwischen Schülern des Jahres 2211 auf dem Heimweg im SDA (*short distance airbus*):

Hast'n du in den Ferien gemacht?
 – Papa besucht. Der is' im Moment wieder auf'm Mond stationiert. Cooler Trip. Obwohl, diesmal hab ich unterwegs nicht viel gesehen, zu viel Smog.
Was sagst'n zu unseren Referatsthemen? Olles Zeug, oder?
 – Find ich nicht. Filmgeschichte halt, is' doch wichtig.
Welchen Film musst du?
 – *Hugo Cabret*, 200 Jahre alt.

Wenn das nicht oll is'.
— Is' aber ein Klassiker des frühen 3D-Kinos.
Wie, 3D?
— Na, vorher war alles 2D.
FLACH, der ganze Film?
— Klar, Alter. Dein Film is' flach.
Dieser Emil und die Dektive?
— Jau. Und Schwarzweiß.
(stöhnt) Schwarzweiß und flach, ätzend.
— Aber immerhin hat er schon Ton. Erstaunlich, wo er doch 280 Jahre alt is'.
Wie, Ton?
— Klar, Alter. Vorher waren die Filme stumm. Zum Beispiel reden die in *Hugo Cabret* dauernd von einem noch viel älteren Film, *Die Reise zum Mond*, der is' über 300. Und war mal stumm.
Ach, deshalb hast du dich dafür gemeldet?
— Klar, Alter.
Und du weißt den ganzen Kram schon. (Stöhnt) Keine Peilung, was „Dektive" sind. Und Emil heißt doch kein Schwein. Hilfst du mir?
— Klar, Alter.

8 Quellen

8.1 Primärliteratur / Filmografie

Bambi, R. David Hand, USA 1942.
Der Herr der Ringe (Teil 1-3), R. Peter Jackson, NZ/USA 2001, 2002, 2003.
Der Hobbit: Eine unerwartete Reise, R. Peter Jackson, NZ/USA/UK 2011.
Hugo Cabret, R. Martin Scorsese, USA 2011.
Le Voyage dans la lune (dt. *Die Reise zum Mond*), R. George Méliès, F 1902. DVD 2012 (restaurierte Fassung).
Die Frau im Mond, R. Fritz Lang, D 1929,
    https://www.youtube.com/watch?v=9MVga1D6rRQ.
Emil und die Detektive, R. Gerhard Lamprecht, D 1931.
Emil und die Detektive, R. Franziska Buch, D 2001.
Georges Méliès' „Reise zum Mond". Die wunderbare Geschichte seiner Wiederentdeckung, R. Serge Bromberg/Eric Lange, F 2012 (Dokumentarfilm).
Menschen am Sonntag, R. Robert Siodmak/Edgar G. Ulmer/Billy Wilder, D 1929 (Dokumentar-Stummfilm).
Peterchens Mondfahrt, R. Gerhard F. Hering, BRD 1959,
    https://www.youtube.com/watch?v=C9sWia-Yfes.

Peterchens Mondfahrt, R. Wolfgang Urchs, D 1990.
Ronja Räubertochter, R. Tage Danielsson, SE/NOR 1984.
Schneewittchen und die sieben Zwerge, R. David Hand, USA 1937.
True Grit, R. Ethan Coen/Joel Coen, USA 2010.

8.2 Sekundärliteratur

Abraham, Ulf: Kino im Klassenzimmer. Klassische Filme für Kinder und Jugendliche im Deutschunterricht. In: Praxis Deutsch 175 (2002), S. 6-18.
Belach, Helga/Bock, Hans-Michael (Hrsg.): *Emil und die Detektive*. Drehbuch von Billy Wilder. München: edition text + kritik 1998.
Engelhard, Günter/Schäfer, Horst/Schorbert, Walter (Hrsg.): 111 Meisterwerke des Films. Das Video-Privatmuseum, in Zusammenarbeit mit der Wochenzeitung *Rheinischer Merkur/Christ und Welt*. Frankfurt/M.: Fischer 1989.
Erlinger, Hans Dieter: Aschenbrödel, Dornröschen, Emil und Lottchen. Medienkinder in der Geschichte des Kinderfilms. In: Behncken, Imke/Zinnecker, Jürgen (Hrsg.): Kinder – Kindheit – Lebensgeschichte. Velber: Kallmeyer'sche Verlagsbuchhandlung 2001, S. 652-662.
— *Emil und die Detektive* – ein Roman und zwei Filme. In: Lecke, Bodo (Hrsg.): Mediengeschichte, Intermedialität und Literaturdidaktik. Frankfurt/M.: Peter Lang 2008, S. 233-249.
Exner, Christian (Hrsg.): 50 Kinderfilmklassiker. Remscheid: KJF 1995.
Franke, Sabine: Die Mobilmachung des kolossalen Kindes. Was in drei Filmepochen von *Emil und die Detektive* übrig blieb. In: Braun, Michael (Hrsg.): Kontext Film. Beiträge zu Film und Literatur. Berlin: Erich Schmidt Verlag 2006, S. 128-145.
Frederking, Volker: Symmedialität und Synästhetik. Begriffliche Schneisen im medialen Paradigmenwechsel und ihre filmdidaktischen Implikationen am Beispiel von Erich Kästners *Emil und die Detektive*. In: Ders. (Hrsg.): Filmdidaktik und Filmästhetik. München: Kopaed 2006, S. 204-229 (Jahrbuch Medien im Deutschunterricht 2005).
Giesen, Rolf: Sagenhafte Welten. Der phantastische Film. München: Heyne 1990.
Häfele, Katharina/Marci-Boehncke, Gudrun: Erich Kästner konvergent. In: Marci-Boehncke, Gudrun/Rath, Matthias (Hrsg.): Medienkonvergenz im Deutschunterricht. München: Kopaed 2011, S. 96-105 (Jahrbuch Medien im Deutschunterricht 2010).
Hurrelmann, Bettina: Klassiker der Kinder- und Jugendliteratur. In: Praxis Deutsch 135 (1996), S. 18-25.
Josting, Petra/Maiwald, Klaus (Hrsg.): Verfilmte Kinderliteratur. Gattungen, Produktion, Distribution, Rezeption und Modelle für den Deutschunterricht. München: Kopaed 2010.
Kinder- u. Jugendfilmzentrum in der Bundesrepublik Deutschland (Hrsg.): Cinema Paradiso: 100 klassische Filme für Kinder und Jugendliche auf Video. München: Kopaed 1995.

Kleber, Reinhard (1995): *Emil und die Detektive*. In: Exner (Hrsg.), S. 57-60.
Kracauer, Siegfried: Von Caligari zu Hitler. Eine psychologische Geschichte des deutschen Films (1949). Frankfurt/M.: Suhrkamp 1979.
Kümmerling-Meibauer, Bettina/Koebner, Thomas (Hrsg.): Filmgenres: Kinder- und Jugendfilm. Stuttgart: Reclam 2010.
Kurwinkel, Tobias/Schmerheim, Philipp: Kinder- und Jugendfilmanalyse. Konstanz: UVK 2013.
Lukasz-Aden, Gudrun: *Emil und die Detektive*. In: Lexikon des Kinder- und Jugendfilms, Grundwerk September 1998, Teil 1: Kinder- und Jugendfilme, S. 1-6.
Lutz-Kopp, Elisabeth: *Emil und die Detektive* – ein Klassiker und seine Verfilmungen. In: Josting, Petra/Stenzel, Gudrun (Hrsg.): Auf heißer Spur in allen Medien: Kinder- und Jugendkrimis zum Lesen, Hören, Sehen und Klicken. Weinheim: Juventa 2002, S. 82-96.
Maiwald, Klaus: Der dreifache Emil – ästhetisches Lernen an den Verfilmungen von Erich Kästners Detektivklassiker. In: Kepser, Matthis (Hrsg.): Fächer der schulischen Filmbildung. München: Kopaed 2010, S. 123-145.
Preuß, Christine: Mit *Menschen am Sonntag* unterwegs in Berlin. In: Praxis Deutsch 253 (2015), S. 28-35.
Quinlan, David: British Sound Films. The Studio Years 1928-1959. London: Batsford 1984.
Reich, Uschi: *Emil und die Detektive*. In: Holighaus, Alfred (Hrsg.): Der Filmkanon. 35 Filme, die Sie kennen müssen. Bonn: Bundeszentrale für Politische Bildung 2005, S. 51-56.
Sahr, Michael: Kinder Bücher Verfilmungen. Der literarische Kinderfilm im Unterricht. Kallmünz: Laßleben 1997.
Schäfer, Horst: Carpe diem. Einleitung zu Exner (Hrsg.) 1995, S. 3f.
— (Hrsg.): Lexikon des Kinder- und Jugendfilms im Kino, im Fernsehen und auf Video, in Zusammenarbeit mit dem Kinder- und Jugendfilmzentrum in Deutschland (KJF) und der Kinder- und Jugendfilmkorrespondenz. Meitingen: Corian 1998ff.
Schröder, Nicolaus: 50 Filmklassiker. Die wichtigsten Werke der Filmgeschichte. Hildesheim: Gerstenberg 2004.
Seeßlen, Georg: Kino des Utopischen. Geschichte und Mythologie des Science-fiction-Films. Reinbek: Rowohlt 1980.
— Film. In: Brittnacher, Hans Richard/May, Markus (Hrsg.): Phantastik. Ein interdisziplinäres Handbuch. Stuttgart; Weimar: Metzler 2013, S. 239-249.
Staiger, Michael: Ein Roman in Worten und Bildern. Erkundung der Erzählform von Brian Selznicks *Die Entdeckung des Hugo Cabret*. In: Praxis Deutsch 232 (2012), S. 20-25.
Toeplitz, Jerzy: Geschichte des Films. 1895-1928. München: Rogner & Bernhard 1975.
Tornow, Ingo: Erich Kästner und der Film. Mit den Songtexten Kästners aus *Die Koffer des Herrn O. F.* München: dtv 1998.

Wagner, Ines: Die illustrative Urbanisierung der Kinderliteratur. In: Dérive. Zeitschrift für Stadtforschung. Nr. 35 (2009): Stadt und Comic, S. 32-35.

Walser, Martin: Was ist ein Klassiker? In: Honnefelder, Gottfried (Hrsg.): Warum Klassiker? Ein Almanach zur Eröffnung der Bibliothek deutscher Klassiker. Frankfurt/M.: Dt. Klassikerverlag 1985, S. 3-10.

8.3 Internetquellen

Website der ECFA – European Children's Film Association. (Online unter http://www.ecfaweb.org, zuletzt aufgerufen am 23.5.2016).

Website der Bamberger Kurzfilmtage 2015. (Online unter http://www.bamberger-kurzfilmtage.de/eroeffnungkft, zuletzt aufgerufen am 23.5.2016).

Wikipedia-Artikel „Kinderfilm". (Online unter https://de.wikipedia.org/wiki/Kinderfilm, zuletzt aufgerufen am 23.5.2016).

MATTHIS KEPSER

Die Abenteuer des Prinzen Achmed (D 1926)
Die Geburt des Animationsfilms aus dem Geist des Papiers

1 *Die Abenteuer des Prinzen Achmed* – ein unbekannter Klassiker und seine unbekannte Schöpferin

Der Status eines klassischen Werkes ist u. a. an seinem Bekanntheitsgrad abzulesen (vgl. die Einleitung zu diesem Band), und das gilt auch für Filmklassiker: Von *Metropolis* (D 1927), *Citizen Kane* (USA 1941) oder *2001 – Odyssee im Weltraum* (UK 1968) haben wohl nicht nur die meisten Leser/-innen dieses Bandes schon einmal gehört; auch deren Regisseure Fritz Lang, Orson Welles und Stanley Kubrick sind weithin bekannte Namen. Für den hier vorzustellenden Film und dessen Macherin gilt das nicht. Das deutsche Fernsehen, eine der wichtigsten Institutionen, die das filmkulturelle Gedächtnis speisen, hat *Die Abenteuer des Prinzen Achmed* (D 1926) erst 1979 zum ersten Mal ausgestrahlt (vgl. Lexikon des internationalen Films 1995, Bd. 1, S. 34) – da war der Film bereits über 50 Jahre alt. Auch heute kann man ihn nur selten auf der Mattscheibe bewundern, und wenn, dann nur auf einem Spartensender wie *Arte*. In bekannten Filmnachschlagewerken wie *Metzlers Filmlexikon* (2005) oder in Reclams fünfbändiger Besprechung von *Filmklassikern* (2006) sucht man vergebens nach *Prinz Achmed*. Selbst die von Wolfgang Jacobsen und anderen herausgegebene *Geschichte des Deutschen Films* aus dem Jahr 2004 hält den Streifen für keine Erwähnung wert und seine Schöpferin Lotte Reiniger taucht nur in einer Randnotiz zum experimentellen Film der Weimarer Republik auf (vgl. Noll Brinckmann 2004, S. 465). Eine kleine Ausstellung, die ihrer und ihres Schaffens gedenkt, gibt es lediglich in einem Provinzmuseum, nämlich dem Stadtmuseum Tübingen. Eine schmale Gedenktafel, die an sie erinnert, hat man erst unlängst (17. Nov. 2014) an ihrem Geburtshaus in Berlin/Charlottenburg angebracht. Im englisch- und französischsprachigen Ausland ist das ein wenig anders: Französische Filmmuseen und Filmfestivals zeigen ihre Filme regelmäßig; auf *screen online,* dem „definitive guide to Britain's film and TV history", herausgegeben vom British Film Institute (BFI), findet man einen langen Eintrag zu Lotte Reiniger.[1]

---

[1] Vgl. http://www.screenonline.org.uk/people/id/528134/ (zuletzt aufgerufen am 23.5.2016)

Dass das so ist, hat ganz wesentlich mit ihrer Biografie zu tun (vgl. zum Folgenden Happ 2004). 1899 geboren, begeisterte sich die kleine Lotte schon früh für Scherenschnitte und das Schattentheater. Vom zweidimensionalen Schattentheater zur Leinwand ist es nur ein kurzer Schritt und so nimmt es nicht Wunder, dass sich Reiniger auch bald ins Kino verliebte. Besonders angetan war die Jugendliche von Paul Wegeners Gruselfilm *Der Student von Prag* (D 1913). Sie suchte und fand die Nähe des von ihr verehrten Regisseurs und wurde von ihm beauftragt, die Titelsilhouette zu einem seiner nächsten Filme zu gestalten (*Rübezahls Hochzeit*, D 1916) – da war Lotte Reiniger gerade einmal 17 Jahre alt. Märchenfilme sollten fortan ihr ganzes filmisches Schaffen leiten. So konnte sie etwa zwei Jahre darauf an den Tricksequenzen zu Wegeners *Rattenfänger von Hameln* (D 1918) mitwirken und Erfahrung in jener Technik sammeln, mit der sie bald darauf ihre Scherenschnitte zum filmischen Leben erwecken sollte: der Stop-Motion-Technik. Dabei werden leblose Gegenstände Bild für Bild aufgenommen, wobei zwischen jeder Aufnahme kleine Veränderungen in deren Lage vorgenommen werden, sodass der fertige Film eine Bewegungsillusion beim Betrachter erzeugt. Ihr erster kurzer Silhouettentrickfilm entstand 1919 und schon damals arbeitete daran auch jener Mann mit, den sie zwei Jahre darauf heiraten sollte und der bis zu seinem Tod an all ihren Filmen maßgeblich beteiligt war: Carl Koch. Zwischen 1920 und 1923 entstanden weitere sechs Kurzfilme dieser Art, darunter auch zwei Werbefilme für die Marke *Nivea*.

Die folgenden drei Jahre gehörten ihrem Großprojekt *Die Abenteuer des Prinzen Achmed*. Ab 1926 produzierte sie zahlreiche weitere Tricksequenzen für längere Realfilme sowie eigenständige Schattenkurzfilme. Inspirationsquellen waren dabei neben Märchenstoffen und Kinderbüchern wie *Doktor Dolittle und seine Tiere* (D 1927/28) nicht zuletzt Opern und Operetten wie *Carmen* (D 1933) oder *Die Zauberflöte* (unter dem Titel *Papageno*, D 1935). Mehrmals bereiste sie Frankreich. Zu ihren damaligen Bekannten, ja man kann schon sagen Freunden und Bewunderern, gehörten so berühmte Schriftsteller, Musiker und Künstler wie Bertolt Brecht, Kurt Weill oder Jean Renoir. Ihren Wegzug aus Deutschland 1935 begründete sie 30 Jahre später in einem Interview:

> Ich bin aus Deutschland weggegangen, weil mir diese Hitlerveranstaltung nicht passte und weil ich sehr viele jüdische Freunde hatte, die ich nun nicht mehr Freunde nennen durfte, und das ging mir gegen den Strich. (Zit. nach Happ 2004, S. 41)

Die Sache mit den Freunden ist aber sicherlich nur ein Motiv gewesen. Ein mindestens ebenso wichtiger Beweggrund war, dass das Ausland bessere Arbeitsbedingungen für sie und ihren Mann bot, denn die Nationalsozialisten mochten ihre als „romantisch" eingestuften Filme nicht sonderlich, wenngleich sie während des sog. Dritten Reichs nie mit einem Aufführungsverbot belegt worden sind. Ihre nächsten sieben Kurzfilme realisierte sie in London, Paris und Rom, bevor sie 1943 wieder nach Berlin zurückkehrte. Dort entstand der 13-minütige Silhouettentrickfilm *Die goldene Gans* – im Auftrag der deutschen Reichsanstalt für Film und Bild. Eine konsequente Antifaschistin war Lotte Reiniger sicherlich nicht. Vielmehr ist ihrem Biografen Alfred Happ Recht zu geben, wenn er sie als „im Grunde ihres Wesens ein[en] unpolitische[n] Mensch[en]" charakterisiert (ebd., S. 41). In der – nicht sehr umfänglichen – Reiniger-Forschung oft zitiert ist ihr Selbstbekenntnis:

> Ich habe meine Filmarbeit mit Märchenfilmen begonnen und war mit der Welt der Märchen verbunden, ich sehe in ihnen mehr Wahrheit als in vielen ‚modernen' Dingen. (Etwa ebd.)

Ihre eigentliche Emigration aus Deutschland betrieb sie jedenfalls erst in den Nachkriegsjahren: Sie zog 1949 mit ihrem Mann nach Großbritannien. In der dortigen Filmindustrie Fuß fassen zu können, verdankte sie vor allem einem weiteren ganz Großen der Filmgeschichte: John Grierson, der als Vater des modernen Dokumentarfilms gilt. Durch seine Vermittlung konnte sie einige Silhouettenkurzfilme für staatliche und private Organisationen drehen, bevor sie 1953 ihr eigenes Studio, die *Primrose Production* in London, gründete. Diese Firma existiert bis heute und vermarktet jetzt von Deutschland aus Lotte Reinigers filmisches Erbe. Unter dem Dach der *Primrose Production* entstanden an die 20 weitere Kurzfilme, worunter sich auch einige abgefilmte Schattentheaterstücke befinden. Abnehmer waren fast immer die BBC und US-amerikanische Fernsehanstalten, wodurch verständlich wird, warum Lotte Reiniger in England und den Vereinigten Staaten bis heute vielen inzwischen erwachsen gewordenen Kindern ein Begriff ist. Nach dem Tod ihres Mannes 1963 hielt sie zudem in zahlreichen Ländern Vorträge und Workshops zum Schattenspiel und Schattenfilm, darunter mehrmals in den USA und Kanada, wo auch ihre letzten beiden Silhouettentrickfilme 1975 und 1978 entstanden. Nach Deutschland zurück kam Lotte Reiniger erst zum Sterben. Ihre letzten Lebensmonate verbrachte sie in einem Tübinger Altersheim sowie bei einer befreundeten Familie im nahegelegen Dettenhausen, wo sie am 19. Juni 1981 starb.

2 Die Entstehung der *Abenteuer des Prinzen Achmed*

Über den künstlerischen Wert ihres Gesamtwerks sagte Lotte Reiniger retrospektiv selbstkritisch, dass es die frühen Filme waren, in der sie die Kunst des

Schattenfilms am höchsten entwickeln konnte, darunter in *Prinz Achmed* (vgl. Happ 2004, S. 154). Kehren wir also wieder zurück und fragen noch einmal, warum dessen filmische Abenteuer zu Recht ein Klassiker der Filmgeschichte genannt werden können.

Weit verbreitet dürfte wohl die Annahme sein, dass der erste Animationsfilm in Spielfilmlänge von Walter Elias – kurz Walt – Disney stammt. Tatsächlich produzierte der US-Amerikaner aber erst 1937 mit *Snow White and the Seven Dwarfs* (dt. *Schneewittchen und die sieben Zwerge*) seinen ersten abendfüllenden Trickfilm (vgl. dazu auch Maiwald/Wamser 2010). Es war in der Tat Lotte Reiniger, der diese Pionierleistung gelang. Vor *Prinz Achmed* gab es lediglich Animationskurzfilme. Als erster reiner Animationsfilm gilt der 30 Sekunden lange Spot *Matches: An Appeal* (UK 1899), in dem ein Streichholzmännchen dafür wirbt, die britischen Soldaten im Burenkrieg mit einer Spende zu unterstützen (vgl. Basgier 2007, S. 33). Neben Streichhölzern kamen in der Folgezeit auch Puppen und Plastilinfiguren zum Einsatz, Varianten der Stop-Motion-Animation, die bis heute verwendet werden, z. B. zuletzt bei Tim Burtons *Frankenweenie* (USA 2012) und in den zahlreichen britischen *Wallace & Gromit*-Streifen (UK 1989ff.). Auch die Legetechnik, bei der zweidimensionale Figuren aus Papier oder Pappe verwendet werden, ist bereits eine Erfindung dieser Zeit; wir finden sie heute z. B. in den *South Park*-Folgen der ersten Serienstaffeln (USA 1997ff.). Als erster Zeichentrickkurzfilm gilt *Fantasmagorie* des Franzosen Emile Cohl (F 1908). Ihm folgten vor allem US-amerikanische Künstler wie Winsor McCay und Pat Sullivan (vgl. Basgier 2007, S. 34-36).

Niemand dachte aber daran, mit Hilfe dieser Tricktechnik einen abendfüllenden Spielfilm zu drehen – zu gewaltig schien der dafür notwendige Aufwand. So war es auch keines der bekannten Filmstudios, das dieses wahnwitzig erscheinende Projekt initiierte, sondern ein reicher Bankier. Louis Hagen schätzte Lotte Reiniger und ihre Silhouettenfilme, weshalb er im Frühjahr 1923 bei ihr anfragte, ob sie sich nicht an einem Langfilm versuchen wollte (vgl. Happ 2003, S. 21f.). Er finanzierte nicht nur das dafür erforderliche Trickstudio, sondern auch den Lebensunterhalt von Lotte Reiniger, Carl Koch sowie ihren weiteren Mitarbeitern. Im nur fünfköpfigen Team befand sich ein Mann, der kurze Zeit später seinerseits Filmgeschichte schreiben sollte: Walter Ruttmann, der mit *Berlin – Die Sinfonie der Großstadt* 1926 eine kunstvolle Form des Dokumentarfilms schuf, die bis in die unmittelbare Gegenwart wirkmächtig ist. Eine zentrale Rolle in diesem Unternehmen spielte weiterhin der Komponist Wolfgang Zeller, der schon sehr früh in die Produktion einbezogen wurde und eine Partitur für großes Filmorchester schaffen sollte. Musik und Film entstanden daher in einem synchronen Arbeitsprozess und waren bestens aufeinander abgestimmt. Der hohen musikalischen Qualität sollte die visuelle in nichts nachstehen, sodass 24 Einzelbilder pro Sekunde aufgenommen wurden – üblich waren damals in der Trickfilmproduktion noch 15 Bilder. Figuren und Hintergründe wurden aus schwarzem Papier geschnitten, gelegentlich auch aus dünnem Blei, das besser auf der Glasplatte des Tricktisches liegen blieb. Da die damalige Kameratechnik keinen Zoom zuließ, mussten viele Figuren in mehreren Größen hergestellt werden, damit man sie sowohl in Totalen wie in Nahaufnahmen einsetzen konnte. Nicht zuletzt galt es, zahlreiche Hintergründe mit transparentem und halbtransparentem Papier anzufertigen, sodass den naturgemäß recht flach wirkenden Bildern doch eine gewisse Dreidimensionalität zu entlocken war. Es ist folglich kein Wunder, dass Lotte Reiniger und ihr Team fast vier Jahre an dem Projekt arbeiteten. Am Ende hatte man 250.000 Einzelaufnahmen geschossen, wovon dann 96.000 verwendet wurden. Die Laufzeit betrug etwa 66 Minuten. Die Kopien wurden viragiert, also durch verschiedene Farbbäder gezogen, sodass die Zuschauer/-innen 1926 bei der Uraufführung im Berliner Gloria Palast keineswegs einen schwarzweißen Stummfilm erlebten, sondern einen Farbfilm mit großer Orchesterbegleitung.

Was sie da damals ganz genau zu sehen bekamen, wissen wir nicht. Wie so häufig im frühen Film existieren keine deutsche Originalfassung und kein Kamera-Negativ mehr. Als sich das Deutsche Filmmuseum in Frankfurt am Main 1999 daran machte, zum 100. Geburtstag von Lotte Reiniger eine restaurierte Fassung von *Prinz Achmed* zu produzieren, konnte es aber auf außergewöhnlich gutes Material zurückgreifen:[2] Im British Film Institute (BFI) und seinen Archiven lag und liegt nämlich eine englische Fassung als viragiertes Nitro-Positiv, ein ganz ungewöhnlicher Fund, denn Nitrofilm ist äußerst zerstörungsanfällig. Die daraus entstandene neue deutsche Fassung mit der Musik von Wolfgang Zeller, erhältlich als DVD, bildet im Folgenden die Grundlage der Filmbeschreibung.

3 Filmbeschreibung

Wie auch bei Realfilmen dieser Zeit üblich, setzt der Film mit einer Vorstellung der Hauptprotagonisten ein. Man hatte damals noch wenig Vertrauen in das Potenzial der Zuschauer/-innen, die so schnell laufenden Bilder kognitiv zu verarbeiten, sodass man ihnen auf diese Weise Orientierungshilfen an die

---

[2] Vgl. dazu http://deutsches-filminstitut.de/filmverleih/highlights/die-abenteuer-des-prinzen-achmed/ (zuletzt aufgerufen am 23.5.2016).

Hand gab. Im Mittelpunkt steht natürlich der mutige Titelheld Prinz Achmed, der sich im Laufe der Geschichte in die wunderschöne Fee Peri Banu verlieben wird. Weil bis zur Hochzeit auf der märchentypischen Heldenreise noch so manche Abenteuer zu bestehen sind, braucht Achmed einen guten Freund, den er in Aladin findet. Dieser wiederum wird Dinarsade, Achmeds Schwester heiraten. Jenen allesamt sympathischen Figuren steht ein Bösewicht entgegen, der afrikanische Zauberer. Er ist nicht nur auf Reichtum aus, sondern auch auf Dinarsade. Weil er ein sehr mächtiger Zauberer ist, braucht man auf der Seite der Guten ebenfalls ein wenig Magie, und so kommt die Hexe ins Spiel, die Achmed und Aladin im Kampf gegen das Böse unterstützen wird. Um die Personenkonstellation zu vervollständigen, sei hier auch gleich auf die wichtigsten Nebenfiguren verwiesen, so auf den Kalifen, den gutmütigen Vater von Achmed und Dinarsade, sowie gute Geister, die Aladins Wunderlampe entsteigen werden. Auf der Seite des Bösen gibt es diverse Dämonen, die einerseits zum Gefolge des afrikanischen Zauberers gehören und andererseits zur Zauberinsel Wak-Wak, der Heimat von Peri Banu. Zudem wird noch der Kaiser von China eine unrühmliche Rolle spielen. Damit haben wir ein Figurentableau, das in seinem Gut-Böse-Dualismus nicht nur märchentypisch ist, sondern durch die Verwandtschaftsverhältnisse der „Guten" auch gängigen Personenkonstellationen des Dramas nahesteht (vgl. Abb. 1).

Abb. 1: Figurenkonstellation in *Prinz Achmed*

Wir finden es beispielsweise in ganz ähnlicher Konfiguration bei Lessings *Nathan der Weise* (vgl. Kepser 2003, S. 195).

Am Drama orientiert ist auch die Aufteilung der Filmhandlung in fünf distinkte Akte, die in jenen Jahrzehnten des frühen Films häufig verwendet wurde. In der fulminant gestalteten ersten Szene des ersten Aktes erschafft der afrikanische Zauberer mittels seiner Magie ein fliegendes Pferd. Jenes Zauberpferd bietet er dem Kalifen an, will dafür aber kein Geld, sondern dessen Tochter Dinarsade. Er stößt damit allerdings auf Widerstand bei deren Bruder Achmed, sodass er ihn aus dem Weg zu schaffen trachtet. Der Zauberer weiß um Achmeds Schwäche für wundersames Spielwerk, führt den jungen Mann zum Zauberpferd, lässt ihn aufsitzen und erklärt ihm auch, wie man das Pferd gen Himmel aufsteigen lässt: Achmed muss dafür einen Knauf am Zaumzeug ziehen, der ein wenig an einen Steuerknüppel für ein Flugzeug erinnert. Der Pilot hebt ab und verschwindet in den Wolken auf Nimmerwiedersehen – der hinterlistige Zauberer hat ihm nämlich verschwiegen, wie das Pferd wieder zu Boden gelassen werden kann. Darüber erzürnt, lässt ihn der Kalif in Ketten legen.

Der zweite Akt beginnt hoffnungsvoll, denn Achmed hat entdeckt, wie er den Sinkflug veranlassen kann: Das Pferd muss dazu am Schweif gezogen werden. Er landet im geheimnisvollen Inselarchipel Wak-Wak, wo er ein prächtiges Schloss vorfindet. Dessen Besitzerin, die Fee Peri Banu, ist im wahrsten Sinne des Wortes ausgeflogen, wie man später erfahren wird. So trifft Achmed nur auf deren hübsche Dienerinnen, die sich sogleich um den jungen ansehnlichen Mann kümmern. Achmed genießt zunächst deren kulinarische Dienste und sonstige Zuneigungen – die Viragierung wechselt passend in erotische Rottöne. Dann aber geraten die jungen Damen in heftigen Streit um die Vorherrschaft im Liebeswerben. Der Prinz kehrt dem Eiland schnellstmöglich den Rücken, um auf einer Nachbarinsel zu landen. Versteckt in einem Gebüsch beobachtet er, wie sich mehrere Paradiesvögel an einem See niederlassen, ihr Gefieder ablegen und ein Bad nehmen – eine kinotypische Voyeur-Situation. Es sind Peri Banu und ihre Gespielinnen, die sich hier splitternackt im Wasser vergnügen. Achmed raubt Peri Banus Federkleid und zwingt sie so, sich auf den verliebten Prinzen einzulassen. Der überredet sie schließlich, auf das Zauberpferd zu steigen, um mit ihm „in seine schöne Heimat" (Zwischentitel 0:19:13) zu fliegen. Allerdings landen die beiden unversehens erst einmal in China. Das beobachtet weit entfernt der gefangene Zauberer in einem Zauberspiegel und beschließt, wieder ins Geschehen einzugreifen. Er streift seine Ketten ab, verwandelt sich in eine Fledermaus und fliegt ins Land der aufgehenden Sonne. Dort lockt er Achmed in Gestalt eines Kängurus [!] von Peri Banu weg und stößt ihn in eine Schlangengrube. In einer dramatischen

Parallelmontage sehen wir, wie Achmed mit der Schlange kämpft, während sich gleichzeitig der Zauberer an Peri Banu heranmacht.³ Er bringt ihr ein neues Kleid, das angeblich von Achmed stammt, und verleitet sie dadurch, mit ihm das Zauberpferd zu besteigen. Zwar gelingt es Achmed, die Schlange zu besiegen und mit Hilfe ihres toten Körpers wieder aus der Grube herauszuklettern. Aber er kommt zu spät: Der Zauberer hat Peri Banu bereits entführt.

Nach diesem klassischen, Spannung erzeugenden *cliffhanger* setzt der dritte Akt am Hofe des Kaisers von China ein. Das ist nun nicht nur ein neuer exotischer Schauplatz, sondern kann auch als eine Referenz auf den medialen Vorläufer des Scherenschnittfilms gelesen werden: das Schattentheater. Schattentheater kannte man in Deutschland bereits Ende des 17. Jahrhunderts, wohin es über italienische Schausteller gelangt war. Ein französischer Jesuit vermutete seinen Ursprung in China, weshalb sich bald die nobilitierende Bezeichnung *ombres chinoises* („chinesische Schatten") durchzusetzen begann (vgl. Braun 2012, S. 3). Neben China kennen allerdings auch Indonesien, Thailand und Indien eine viele Jahrhunderte zurückreichende Tradition des Schattentheaters (ebd., S. 5). Lotte Reiniger war mit diesen historischen Wurzeln bestens vertraut, wie man ihrem eigenen Buch über „Schattentheater, Schattenpuppen, Schattenfilm" entnehmen kann (vgl. Reiniger 1981, S. 11-30). Auch einige ihrer Szenerien und Figuren scheinen direkt in Anlehnung an chinesische Vorbilder kreiert worden zu sein (vgl. Abb. 2).

Abb. 2: Links: Springender Tiger, eine chinesische Schattenspielfigur aus Szetchuan (vgl. Reiniger 1981, S. 19). Rechts: Drachenfigur am Hofe des Kaisers von China

---

³ Die Parallelmontage war zu dieser Zeit bereits ein recht gängiges filmdramaturgisches Konzept. Eingeführt hatte sie schon Edwin S. Porter im ersten Western der Filmgeschichte, *The Great Train Robbery* (USA 1903).

Die Abenteuer des Prinzen Achmed (D 1926)

Der afrikanische Zauberer bietet nun dem Kaiser von China Peri Banu zum Kauf an und wird für die schöne Fee auch reichlich entlohnt. Nachdem sich Peri Banu aber weigert, auf den Kaiser einzugehen, verschenkt dieser die Fee an einen seiner Hofgünstlinge, einen musikalischen, gleichwohl grundhässlichen Gnom. Der Magier bringt währenddessen Prinz Achmed in seine Gewalt und lässt ihn von finsteren fliegenden Wesen zu den Feuerbergen bringen, (wo auch immer sich diese nun gerade auf der Welt befinden mögen, der Film lässt das im Unklaren). Auf einem Gipfel begräbt er ihn unter einem schweren Stein und verkündet, sich nun seiner Schwester Dinarsade bemächtigen zu wollen. In den Feuerbergen lebt allerdings auch eine Hexe, die sich als Todfeindin des Zauberers entpuppt. Sie befreit Achmed und stattet ihn mit Waffen aus, damit er Peri Banu aus den Händen des Gnoms befreien kann. Gemeinsam machen sie sich auf den Weg zum Hof des Kaisers von China. Dort ist man bereits mit den Hochzeitsvorbereitungen zu Gange, die erneut in Parallelmontage zur Ankunft von Prinz und Hexe gezeigt werden. Achmed befreit Peri Banu ohne großen Widerstand aus den Händen des Gnoms. Doch das Glück der Liebenden währt nicht lange, denn auf einmal tauchen die schwarzen Dämonen des Inselarchipels Wak-Wak auf, die ihre Herrin Peri Banu zurückhaben wollen. Der Prinz wehrt sich tapfer gegen die ihm zahlenmäßig weit überlegenen Gegner, denen es aber trotzdem gelingt, die Fee zu entführen. Zwar kann Achmed einen verbliebenen Dämon dazu zwingen, ihn zu den Inseln mitzunehmen. Aber Peri Banu wird in die dortigen Berge eingeschlossen, deren Tor sich nur durch die Wunderlampe Aladins öffnen lässt.

Das scheint machbar zu sein, denn im vierten Akt trifft Achmed auch gleich auf besagten Aladin, den er aus den Klauen eines Monsters retten kann. Doch Aladin hat die Lampe nicht mehr. In einer langen Rückblende erzählt er Prinz Achmed seine Geschichte:

Aladin lebte als armer Schneider in Achmeds Heimatstadt, der Stadt des Kalifen. Eines Tages tauchte dort ein geheimnisvoller Fremder auf, dessen finstere Physiognomie der Zuschauer/-innen schon kennt: Es handelt sich natürlich um den afrikanischen Zauberer. Er führte ihn zum Schloss des Kalifen, wo er ihm die schöne Dinarsade zeigte und ihm in Aussicht stellte, dass er sie mit seiner Hilfe erobern könnte. Dazu müsste er ihm aber erst eine Wunderlampe verschaffen, die in einem tiefen Brunnen versteckt wäre. Aladin war einverstanden, ließ sich an einer Strickleiter in den besagten Brunnen hinunter und fand dort auch tatsächlich die magische Lampe. Als er aber wieder aus dem Brunnen herausklettern wollte, kam es zum Streit zwischen ihm und dem Fremden, von dem er schließlich in den Brunnen zurückgestoßen wurde. Ohne rettende Leiter saß er lange Zeit im Brunnenschacht gefangen, bis er die magischen Kräfte der Lampe entfesseln konnte: Mit Hilfe eines mächtigen Lampengeistes gelang es ihm, der Höhle zu entkommen und in die Stadt des Kalifen zurückzukehren. Hier konnte er dank der Geister aus der Wunderlampe Dinarsade mit kostbarem Schmuck beschenken und in Windeseile einen prächtigen Palast erbauen, was nun offenbar auch deren Vater, den Kalifen, tief beeindruckte: Er gab ihm Dinarsade zur Frau. Dass diese Verbindung also nicht einer romantischen Begegnung entsprungen ist, sondern der plötzlichen materiellen Potenz des ehemals armen Schneiders, sei nur am Rande vermerkt. Erneut währte das Glück aber nicht lange – das dramaturgische und dramatische Grundmuster des Films! – eines Tages waren Reichtum, Palast und Dinarsade verschwunden. Der Kalif machte Aladin für den plötzlichen Verlust seiner Tochter verantwortlich und verurteilte ihn zum Tode, der sich zu Unrecht beschuldigt nur durch eine dramatische Flucht über das Meer retten konnte. Diese Sequenz (vgl. Abb. 3) gehört zu den ästhetisch bedeutendsten des Films, wie Andreas Platthaus vermerkt: „Die simple, aber eindrucksvolle Gestaltung des Wellengangs ist die schönste Darstellung von Wasser im frühen Trickfilm" (Platthaus 2007, S. 43).

Abb. 3: Aladins bewegende Flucht über das bewegte Meer, maßgeblich gestaltet von Walter Ruttmann

Am Ende seiner ungewollten Seereise wurde Aladin also an Land gespült. Und hier schließt sich dann die Rückblende, denn das ist der Landstrich, wo ihn Achmed aus den Fängen des hungrigen Monsters befreit hat.

Zu den beiden Freunden gesellt sich nun wieder die Hexe und bringt kurz und knapp auf den Punkt, was zu tun ist: Peri Banu muss aus den Fängen der eifersüchtigen bösen Dämonen befreit werden. Dazu ist freilich die Wunderlampe vonnöten, die sich derzeit im Besitz des Zauberers befindet. Die Hexe erklärt sich bereit, gegen ihn anzutreten: In einem dramatischen und optisch erneut überwältigend gestalteten Kampf, bei dem sich die beiden Kontrahenten in immer neue Tierfiguren verwandeln, tötet sie den Zauberer und bekommt so die Wunderlampe.

Im fünften Akt tauchen die Freunde gerade rechtzeitig vor den Toren Wak-Waks auf, denn die schwarzen Dämonen haben sich gegen ihre ehemalige Herrin Peri Banu empört und wollen sie von der Klippe stürzen – ein schönes Beispiel für eine *last minute rescue*, die Rettung in letzter Minute, die als Erster David W. Griffith in *Birth of a Nation* 1915 in die Filmdramaturgie eingebracht hatte. Der erste Versuch, die Dämonen mit Hilfe der Geister aus der Lampe zu besiegen, schlägt fehl: In Massen entströmen sie den Feuerbergen, setzen Achmed unter Druck und können sich Aladins Lampe bemächtigen. Erst als die Hexe eingreift, wendet sich das Blatt, denn sie kann die Lampe zurückerobern. Es kommt zum finalen Kampf, bei dem unsere Helden eng zusammenarbeiten müssen, denn nur gemeinsam können sie der Dämonen Herr werden und sie schließlich in die Feuerberge zurückverbannen.[4] Der Rest der Geschichte ist und wird dann schnell erzählt: Nach dem Sieg über die schwarze Magie setzt sich wieder die weiße durch, der verschwundene Palast Aladins samt Dinarsade taucht wieder auf. Während die Hexe auf Wak-Wak zurückbleibt, fliegen die glücklich vereinten Paare mit dem Palast in die Stadt des Kalifen zurück, der sie in die Arme nimmt, während der Vorhang aus Papier sich schließt. Diese letzte Szene erinnert erneut an Lessings *Nathan*: Auch hier endet das Schauspiel bekanntlich „[u]nter stummer allseitiger Umarmung" der glücklich vereinten Familie im orientalischen Palast des Saladin, während der Vorhang fällt (Lessing 1984, S. 740).

4 Kritische Einordung des Films

Wem dieser Plot ein wenig wirr vorkommt, teilt dieses Gefühl mit dem damaligen Publikum. Schon die zeitgenössische Kritik sprach von einer „sehr krause[n] und bizarre[n] Geschichte" (Wollenberg 1926). Zwar stammen ein-

---

[4] Heutigen Computerspieler/-innen ist diese Dramaturgie aus Rollenspielen bestens vertraut; auch hier wartet nach etlichen kleineren Scharmützeln am Ende die finale sog. Boss Battle, bei der meist mehrere Spieler/-innen zusammenarbeiten müssen.

zelne Figuren, Motive und Handlungsfragmente aus den morgenländischen Erzählungen von *Tausend und eine Nacht*.[5] Im Einzelnen gibt es Bezüge zur

- Rahmengeschichte („Eingang"): Dinarsad [ohne „e" am Schluss!] wird hier als die Schwester von Scheresad eingeführt (*Tausend und eine Nacht* 1865, Bd. 1, S. 20);
- „Geschichte des Prinzen Kamr essaman mit Bedur", wo unter anderem ein Feuerberg Schauplatz ist (ebd., S. 399-470);
- „Geschichte vom Zauberpferde". Sie ist wohl die wichtigste Quelle. Das Zauberpferd wird hier von einem „Weisen" geschaffen, der es dem persischen König Sabur zum Geschenk macht, wofür er eine seiner drei Töchter bekommen soll. Ihr Bruder will die Hochzeit mit dem hässlichen Greis verhindern, worauf ihn der Weise das Pferd besteigen lässt, das den Prinzen durch die Lüfte in ein fernes Land entführt. Nach einigen Abenteuern kehrt er an den väterlichen Hof zurück. Aus Rache lockt der Weise die Geliebte des Prinzen auf das Zauberpferd und fliegt mit ihr zum König von China. Aber natürlich gelingt es dem Prinzen, sie zu befreien (vgl. ebd., S. 471-489).
- „Geschichte des Hasan aus Baßrah und der Prinzessinnen von den Inseln Wak-Wak" (*Tausend und eine Nacht* 1865, Bd. 2, S. 189-279). Jene Prinzessinnen sind in der Lage, sich in Vögel zu verwandeln, und der Titelheld beobachtet sie, wie sie an einem See ihr Federkleid ablegen, um dort zu baden. In die Schönste von ihnen wird er sich verlieben.
- „Geschichte des Prinzen Ahmed und der Fee Pari Banu" (*Tausend und eine Nacht* 1865, Bd. 3, o. S.), aus der aber nur die beiden titelgebenden Personen entliehen sind;
- „Geschichte Alaedins [sic] und der Wunderlampe" (ebd., o. S.). Hier finden sich zahlreiche Bezüge zu den Erlebnissen, die Aladin in der Rückblende erzählt. Auch der afrikanische Zauberer ist eine Figur dieser Geschichte.

Um eine Literaturverfilmung handelt es sich also in keiner Weise, denn Reiniger bedient sich der verschiedenen Erzählungen für ein eigenständiges Potpourri. Obendrein kontaminiert sie die morgenländischen Geschichten mit abendländischen.[6] Der Zauberwettkampf im vierten Akt, bei der sich die magischen Geg-

---

[5] Die nachfolgende Recherche bezieht sich auf die von Gustav Weil übersetzte, populäre Ausgabe in vier Bänden (1865), die vermutlich auch Lotte Reiniger verwendet haben dürfte. Sie liegt heute in zahlreichen rechtefreien Ausgaben sowohl in Printform als auch elektronisch vor. Hier wurde die Amazon Kindle-Ausgabe benutzt. Bd. 3 besitzt leider keine Paginierung.

[6] In der Intertextualitätsforschung meint der Begriff der Kontamination die Durchmischung zweier oder mehrerer Texte.

ner in mehrere Tiere verwandeln, ist eine Erfindung Ludwig Bechsteins (*Der Zauberwettkampf*, vgl. Bechstein 1857/1965, S. 164-168), der dabei allerdings seinerseits auf antike Motive zurückgreifen konnte. Dass Zauberer und Hexen in ein- und derselben Geschichte als Antagonisten auftreten, ist weder in der abendländischen noch in der morgenländischen Märchentradition bekannt. Letztere kennt ohnehin keine „Hexen", sondern nur „Zauberinnen". Gemeinsam treten Hexen und Zauberer erst in der modernen Kinderliteratur auf, so etwa in Lyman Frank Baums Roman *Der Zauberer von Oz* (1900/2011), den Lotte Reiniger gekannt haben dürfte. Der Zauberer von Oz ist freilich gar kein echter Magier und er vermeidet daher auch absichtlich jegliche direkte Konfrontation zwischen ihm und den (bösen) Hexen. Hexe vs. Zauberer ist eine dramatische Konstellation, die sich wohl Lotte Reiniger als Erste ausgedacht hat.[7] In der Tat handelt es sich also um einen „krausen" Motivmix, der auch manche Leerstelle aufweist. So ist nicht immer ganz klar, wo die verschiedenen Schauplätze zu verorten sind: Die Entführung von Aladins Palast durch den afrikanischen Zauberer passt jedenfalls zeitlich nicht zum Rest des Geschehens.

Auch dramaturgisch besticht das Werk nicht gerade durch Eleganz. Zwar übernimmt Reiniger die zeittypische Fünf-Akt-Struktur, in der man aber nicht den aristotelischen Konfliktverlauf wiederfinden kann, dem andere Filmemacher dieser Periode folgen, etwa Sergej Eisenstein in *Panzerkreuzer Potemkin* (UdSSR 1925; vgl. Rüsel/Anders 2013, S. 27f.), der ein Jahr vor *Prinz Achmed* in die Kinos kam. Vielmehr benutzt Reiniger eine Art Thriller-Dramaturgie mit rasch aufeinanderfolgenden Spannungsmomenten. Beeindruckend ist der Film vor allem durch seine optische und musikalische Opulenz, mit der Reiniger ihre Zuschauer/-innen zu überwältigen versucht. Sinnlichkeit durchzieht den ganzen Film, nicht zuletzt in den erotischen Szenen wie etwa jener mit den nacktbadenden Feen (vgl. Lange 2012, S. 6f.). Damit ist *Prinz Achmed* ein relativ spätes Beispiel für das, was Tom Gunning mit Bezug auf die Anfänge des Films als *cinema of attractions*, also Kino der Attraktionen, bezeichnet hat (vgl. Gunning 1990). Nicht die Geschichte steht hier im Vordergrund, sondern die kinematografisch erzeugte Wunderwelt, die das Publikum vorwiegend auf Jahrmärkten bestaunen konnte. Ein Beispiel dafür ist etwa auch Georges Méliès'

---

[7] Fantastische Figuren aus zwei verschiedenen Erzählwelten gegeneinander antreten zu lassen, ist eine narrative Strategie, die man in vielen Comicserien und Filmen wiederfindet. So treffen in *Frankensteins Haus* (USA 1944) Frankenstein und Dracula aufeinander, in *Die Rückkehr des King Kong* (J 1962) der Riesenaffe und Godzilla, und wer in *Alien vs. Predator* (USA 2004) kämpft, ergibt sich schon aus dem Titel. Tatsächlich kann man sagen, dass Lotte Reiniger die Erfinderin des popkulturellen Vermarktungskonzepts „Das Beste aus zwei Welten" ist.

Reise zum Mond (F 1902; vgl. den Beitrag von Abraham in diesem Band), bei der ebenfalls mit der Stop-Motion-Tricktechnik gearbeitet worden ist.

Jene künstlerischen Schauwerte sind auch in der zeitgenössischen Kritik ausdrücklich wertgeschätzt worden. Der „Geist des Märchens sei hier in der filmischen Bilderfolge aufs glücklichste neu geboren", „die Welt orientalischer Wunder, fabelhafter Verwandlungen, traumhafter Vorgänge mit den Mitteln einer an türkischen und japanischen Vorbildern geschulten Silhouettenkunst neu geschaffen" worden. Man befinde sich hier „im Bereiche des absoluten Films, der sich an keine realistischen Vorbilder anlehnt, sondern auch in seiner Formenwelt schöpferisch vorgeht." So urteilte etwa ein Rezensent des *Vorwärts* am 9.5.1926 (vgl. Deutsche Kinemathek 1969, S. 53f.).

In Deutschland war der Film gleichwohl ein kommerzieller Misserfolg. Die Gründe, die man dafür gefunden hat, sind vielfältig (vgl. Lange 2012, S. 1-3). So erwies sich die Entscheidung, die Filmmusik für ein großes Kinoorchester zu komponieren, als nachteilig für die Vermarktung. Solche Aufführungsbedingungen konnten nur die Filmpaläste der Großstädte bieten; in die Provinz war der Film so nicht zu verkaufen. Manche Verleiher mögen auch das Risiko gescheut haben, einen Trickfilm ins Hauptprogramm aufzunehmen. Das Publikum kannte Trickfilme bislang nur aus dem Vorprogramm und der Werbung, weshalb der Animationsfilm nicht das Image eines ernstzunehmenden kinematografischen Kunstwerks hatte. Schwierig war auch die Zielgruppe zu bestimmen. Der Kinder- und Jugendfilm als intendiertes Genre war damals noch nicht geboren. Langfilme richteten sich an Erwachsene, wenngleich nicht auszuschließen ist, dass Kinder *Prinz Achmed* seinerzeit gesehen haben. Insofern kann streng genommen auch nicht von einem Klassiker des Kinder- und Jugendfilms gesprochen werden. Das alles erklärt aber wiederum nicht, warum der Film im Ausland, namentlich in England und Frankreich, mit weit größerer Begeisterung und Publikumsanteilnahme rezipiert worden ist.

Heute sind sich die Fachleute, die sich mit Animationsfilmen beschäftigen, aber weltweit einig, dass *Prinz Achmed* als Meilenstein der Filmgeschichte angesehen werden muss (vgl. Lange 2012, S. 3). Das gilt nicht nur, weil Reiniger hier den ersten abendfüllenden Animationsfilm geschaffen hat. Filmwissenschaftler/-innen heben heute z. B. hervor, dass unter ihrer Regie Märchen und Silhouettenfilm eine ästhetisch sehr glückliche Ehe eingegangen sind. Ebenso wie das Märchen im flächenhaft Unverbindlichen die Phantasie der Leser/-innen anzuregen vermag, so kann dies auch der Schattenfilm, der vieles im wahrsten Sinne des Wortes im Dunkeln lässt (vgl. Özbek 2012). Mit der überzeugenden Verbindung von Musik und Bild sei Reiniger ihrer Zeit weit voraus gewesen und habe in gewisser Weise die Ästhetik des Tonfilms vorweggedacht (vgl. Lange 2012, S. 11f. sowie Fitzner 2012).

Die Meinung von Fachleuten genügt indes nicht, um einem Werk den Klassikerstatus zusprechen zu können. Im Sinne von Aleida und Jan Assmann (1994) trifft das erst dann zu, wenn es als lebendiges Monument im kulturellen Gedächtnis bezeichnet werden kann. Ob ein Werk lebendig geblieben ist, kann man daran ermessen, dass es von nachfolgenden Schaffenden aufgegriffen worden ist, z. B. als Anspielung, Zitat oder Hommage. Das ist nun für *Prinz Achmed* und den von Reiniger erfundenen Silhouettenfilm insgesamt durchaus nachweisbar und zwar bis in die unmittelbare Gegenwart hinein. Die Konfrontation zwischen Hexe und Zauberer hat etwa Walt Disney zu einem eigenen Zeichentrickfilm in Spielfilmlänge inspiriert, in dem der Wettkampf mit der Verwandlung in verschiedene Tierfiguren wieder vorkommt (*Die Hexe und der Zauberer*, USA 1963). Auch gibt es eine Figur namens Prinz Achmed in Disneys *Aladdin* (USA 1992), obwohl dieser in der entsprechenden Erzählung aus *Tausend und eine Nacht* keine Rolle spielt. Im Abspann von *Lemony Snicket – Rätselhafte Ereignisse* (USA 2004) tauchen Reinigers Schattenfiguren aus *Prinz Achmed* auf. Besonders schöne Reverenzen haben ihr Vincent Paronnaud und Marjane Satrapi in der Verfilmung von Satrapis Graphic Novel *Persepolis* (F 2007) erwiesen (vgl. Abb. 4). So wird dort etwa die Geschichte des Schah-Regimes auf einer Art Schattenfiguren-Bühne erzählt, wobei der Schah den Iran ebenso im Handumdrehen zu einem modernen Industrie-Staat macht, wie Aladin bei Reiniger einen Palast aus dem Boden zaubert (vgl. dazu ausführlicher Kepser 2010, S. 127f.).

Abb. 4: Eine Szene aus *Persepolis* (links) und Lotte Reinigers *Die Abenteuer des Prinzen Achmed*

Dem Silhouettenfilm selbst scheint allerdings keine dauerhafte Existenz beschieden worden zu sein. So schreibt Andreas Platthaus in seinem Aufsatz zu *Prinz Achmed*: „Doch nur das Dresdener DEFA-Trickfilmstudio griff ihre [d. h. Lotte Reinigers und Carl Kochs] Anregungen auf und pflegte die als deutsche Tradition verstandene Technik weiter. Mit dem Untergang der DDR endete zunächst auch die Geschichte der Silhouettenfilme" (Platthaus 2007, S. 45).

Aber hat er damit wirklich Recht? Lotte Reiniger selbst hat jedenfalls schon zu Lebzeiten dafür gesorgt, dass der Silhouettenfilm weiterlebt, wenn schon nicht unter den berufsmäßigen Filmemachern, so doch unter den Amateuren: 1970 erscheint ihr Buch *Shadow Puppets, Shadow Theater, Shadow Films* (London, New York), 1981 die deutsche Ausgabe unter dem Titel *Schattentheater, Schattenpuppen, Schattenfilm. Eine Anleitung*. Darin beschreibt sie detailliert, wie jede(r) halbwegs begabte Bastler/-in selbst einen Tricktisch für eine 8- oder 16-mm-Kamera bauen kann, wie Silhouettenfilm-Figuren und Hintergründe herzustellen sind und wie der Aufnahmeprozess funktioniert. Dass damalige Hobbyfilmer ihre Anregungen aufgegriffen haben, davon darf man ausgehen. Erforscht hat das allerdings noch niemand. Inzwischen hat sich die Filmtechnik bekanntlich weiterentwickelt: Durch die Digitalisierung ist es wortwörtlich ein Kinderspiel geworden, Schattenfilme selbst zu drehen (vgl. Kepser 2010, S. 217f.) und tatsächlich findet man auf YouTube etliche Silhouettenfilme „in Lotte Reinigers Style" von Amateuren aus der ganzen Welt.[8] Der Samen, den Lotte Reiniger gesät hatte, ist also aufgegangen. Lotte Reinigers Kunst lebt und *Prinz Achmed* darf mit Fug und Recht ein Klassiker genannt werden, wenn auch ein vergleichsweise unbekannter und wieder neu zu entdeckender.

5 Quellen

5.1 Primärliteratur / Filmografie:

2001: Odyssee im Weltraum (Orig. *2001: A Space Odyssey*), R. Stanley Kubrick, UK/USA 1968.
Aladdin, R. Ron Clements / John Musker, USA 1992.
Alien vs. Predator, R. Paul W. S. Anderson, USA 2004.
Berlin – Die Sinfonie der Großstadt, R. Walter Ruttmann, D 1926.
Birth of a Nation, R. David W. Griffith, USA 1915.

---

[8] Vgl. z.B. https://www.youtube.com/watch?v=cXJmqr_nWIc, https://www.youtube.com/watch?v=jRzl1T1cgJw, https://www.youtube.com/watch?v=MAAap-ZoRdQ (zuletzt aufgerufen am 23.5.2016).

Carmen, R. Lotte Reiniger, D 1933.
Citizen Kane, R. Orson Welles, USA 1941.
Der Student von Prag, R. Stellan Rye/Paul Wegener, D 1913.
Der Rattenfänger von Hameln, R. Paul Wegener, D 1918.
Die Abenteuer des Prinzen Achmed, R. Lotte Reiniger, D 1926, restaurierte Fassung D 1999 (z. B. DVD, SZ Junge Cinemathek 11, 2011).
Die goldene Gans, R. Lotte Reiniger, D 1944-47 (Uraufführung 1963).
Die Hexe und der Zauberer (Orig. *The Sword in the Stone*), R. Wolfgang Reitherman, USA 1963.
Die Reise zum Mond (Orig. *Le Voyage dans la Lune*), R. Georges Méliès, F 1902.
Die Rückkehr des King Kong (Orig. *Kingu Kongu tai Gojira*), R. Ishirō Honda, J 1962.
Doktor Dolittle und seine Tiere, R. Lotte Reiniger, D 1927/28.
Fantasmagorie, R. Emile Cohl, F 1908.
Frankensteins Haus (Orig. *House of Frankenstein*), R. Erle C. Kenton, USA 1944.
Frankenweenie, R. Tim Burton, USA 2012.
Lemony Snicket – Rätselhafte Ereignisse (Orig. *Lemony Snicket's a Series of Unfortunate Events*), R. Brad Silberling, USA 2004.
Matches: An Appeal, R. Arthur Melbourne Cooper, UK 1899.
Metropolis, R. Fritz Lang, D 1925/26.
Panzerkreuzer Potemkin, (Orig. Броненосец Потёмкин), R. Sergej Eisenstein, UdSSR 1925.
Papageno, R. Lotte Reiniger, D 1935.
Persepolis, R. Marjane Satrapi/Vincent Paronnaud, F 2007.
Rübezahls Hochzeit, R. Paul Wegener, D 1916.
Snow White and the Seven Dwarfs (dt. *Schneewittchen und die sieben Zwerge*), R. David D. Hand, USA 1937.
The Great Train Robbery (dt. *Der große Postzugraub*), R. Edwin S. Porter, USA 1903.

5.2 Sekundärliteratur:

Assmann, Aleida/Assmann, Jan: Das Gestern im Heute. Medien und soziales Gedächtnis. In: Merten, Klaus/Schmidt, Siegfried J./Weischenberg, Siegfried (Hrsg.): Die Wirklichkeit der Medien. Eine Einführung in die Kommunikationswissenschaften. Opladen: Westdeutscher Verlag 1994, S. 115-140.
Basgier, Thomas: Pioniere des Animationsfilms. In: Friedrich, Andreas (Hrsg.): Filmgenres. Animationsfilm. Stuttgart: Reclam 2007, S. 26-40.
Baum, Lyman Frank: Der Zauberer von Oz (Orig. The Wizard of Oz). Übers. v. Ursula C. Sturm. München: Knesebeck 1900/2011.
Bechstein, Ludwig: Sämtliche Märchen. Vollst. Ausg. d. Märchen Bechsteins n. d. Ausg. letzter Hand u. Berücksichtigung d. Erstdr., m. Anmerkungen u. e. Nachw. v. Walter Scherf. Darmstadt: Wissenschaftliche Buchgesellschaft 1965.

Braun, Peter: Schattenspiele. Lotte Reiniger und die visuelle Kultur des Schattens um 1800. In: Lange, Barbara et al. (Hrsg.): Animationen: Lotte Reiniger im Kontext der Mediengeschichte. Tübingen: Reflex 2012 (Tübinger Kunstgeschichte zum Bildwissen; 5). (Online unter http://nbn-resolving.de/urn:nbn:de:bsz:21-opus-61428, zuletzt aufgerufen am 23.5.2016).

Deutsche Kinemathek Berlin (Hrsg.): Lotte Reiniger – eine Dokumentation. Berlin 1969.

Fitzner, Frauke: Zwischen Stumm- und Tonfilm. Zur Beziehung von Musik und Bild in *Die Abenteuer des Prinzen Achmed*. In: Lange, Barbara et al. (Hrsg.): Animationen: Lotte Reiniger im Kontext der Mediengeschichte. Tübingen: Reflex 2012 (Tübinger Kunstgeschichte zum Bildwissen; 5). (Online unter: http://nbn-resolving.de/urn:nbn:de:bsz:21-opus-61475, zuletzt aufgerufen am 23.5.2016).

Gunning, Tom: The Cinema of Attractions. Early Film, Its Spectator and the Avant-Garde. In: Elsaesser, Thomas (Ed.): Early Cinema: Space – Frame – Narrative. London: BFI-Publishing 1990, S. 56-62.

Happ, Alfred: Lotte Reiniger. Schöpferin einer neuen Silhouettenkunst. Tübingen: Kulturamt 2004.

Jacobsen, Wolfgang / Kaes, Anton / Prinzler, Hans Helmut (Hrsg.): Geschichte des deutschen Films. Stuttgart: Metzler 2004.

Kepser, Matthis: Für die Schule ... Lessing. Berlin: Volk und Wissen 2003.

— Handlungs- und produktionsorientiertes Arbeiten mit (Spiel-)Filmen. In: Ders. (Hrsg.): Fächer der schulischen Filmbildung. Deutsch, Englisch, Geschichte u. a. Mit zahlreichen Vorschlägen für einen handlungs- und produktionsorientierten Unterricht. München: Kopaed 2010, S. 187-240.

Koebner, Thomas (Hrsg.): Filmklassiker. 5 Bde. 5. akt. u. erw. Aufl. Stuttgart: Reclam 2006.

Lange, Barbara: Die Abenteuer des Prinzen Achmed (1926). Ein cineastisches Experiment. In: Lange, Barbara et al. (Hrsg.): Animationen: Lotte Reiniger im Kontext der Mediengeschichte. Tübingen: Reflex 2012 (Tübinger Kunstgeschichte zum Bildwissen; 5). (Online unter http://nbn-resolving.de/urn:nbn:de:bsz:21-opus-61463, zuletzt aufgerufen am 23.5.2016).

Lessing, Gotthold Ephraim: Nathan der Weise. In: Ders.: Lessing Dramen. Hrsg. v. Kurt Wölfel. Frankfurt / M.: Insel 1984, S. 593-740.

Lexikon des internationalen Films. 10 Bde. Hrsg. v. Kath. Institut für Medienforschung u. d. kath. Filmkommission für Deutschland. Reinbek b. Hamburg: Rowohlt 1995.

Maiwald, Klaus / Wamser, Willy: Schluss mit Märchen!? Was der Animationsfilm *Shrek* für literarästhetisches und medienkulturelles Lernen zu bieten hat. In: Maiwald, Klaus / Josting, Petra (Hrsg.): Comics und Animationsfilm (Jahrbuch Medien im Deutschunterricht 2009). München: Kopaed 2010, S. 108-121.

Metzlers Filmlexikon. Hrsg. v. Michael Töteberg. 2. akt. Aufl. Stuttgart: Metzler 2005.

Noll Brinckmann, Christine: Experimentalfilm, 1920-2003. In: Jacobsen, Wolfgang et al. (Hrsg.) 2004, S. 461-496.

Özbek, Olga B.: Konturen der Realität: Lotte Reinigers Märchenadaptionen. In: Lange, Barbara et al. (Hrsg.): Animationen: Lotte Reiniger im Kontext der Mediengeschichte. Tübingen: Reflex 2012 (Tübinger Kunstgeschichte zum Bildwissen; 5). (Online unter http://nbn-resolving.de/urn:nbn:de:bsz:21-opus-61433, zuletzt aufgerufen am 23.5.2016).

Platthaus, Andreas: Die Abenteuer des Prinzen Achmed. In: Friedrich, Andreas (Hrsg.): Filmgenres. Animationsfilm. Stuttgart: Reclam 2007, S. 41-45.

Reiniger, Lotte: Schattentheater, Schattenpuppen, Schattenfilm. Eine Anleitung. Tübingen: texte verlag 1981.

Rüsel, Manfred/Anders, Petra: Filmheft: Filmkanon – Panzerkreuzer Potemkin. Hrsg. v. der Bundeszentrale für politische Bildung. Bonn 2013.

Tausend und eine Nacht. Arabische Erzählungen. Erste werkgetreu und vollständig aus dem Urtext übersetzte Ausg. Herausgegeben u. übersetzt v. Gustav Weil. 4 Bde. Berlin 1865 (hier in der Amazon Kindle-Ausgabe verwendet).

Wollenberg, Hans (= H. W.): Die Geschichte des Prinzen Achmed. In: Lichtbild-Bühne 104, 3.5.1926. (Online unter http://www.filmportal.de/node/37873/material/719719, zuletzt aufgerufen am 23.5.2016).

CLAUDIA MARIA PECHER / IRENE WELLERSHOFF

Faszination Erlösungszauber
Die Schöne und das Biest neu verfilmt

Männlichen Liebesgöttern im Schlaf oder im Traum zu begegnen, ist in der Literatur allgegenwärtig. Vor allem aber hat das ungleiche Rendezvous einer irdischen Schönen mit einem schreckenerregenden Biest, dessen numinose Herkunft die Rückverwandlung in einen ebenso schönen Liebesgott im Sinne eines märchenhaften Happy Ends möglich macht, die literarischen und filmischen Gemüter bewegt.

Im Fall von ‚Die Schöne und das Biest' ist davon auszugehen, dass besonders literarische und mediale Vorlagen in Frankreich und in deren Folge die Disney'sche Version zu einer „Kontinuierung" und einer „Dynamisierung" (vgl. Assmann/Assmann 1994, S. 114) des Stoffes entschieden beigetragen haben und eine Art Erzählschema für einen Evergreen klassisch-medialer Produktionen vorgelegt haben. Im Folgenden wird zunächst auf die literarische Erzählung als Grundlage für spätere Adaptionen eingegangen. Sodann wird ein Einblick in verschiedenartige Bearbeitungen, insbesondere die Verfilmungen von Cocteau und Disney, gegeben. Abschließend informiert Irene Wellershoff über Ziele und Entstehungsprozesse bei der Neuverfilmung des Stoffes 2012 in der Märchenreihe des ZDF.

1   Zur Entwicklung der literarischen Erzählung

1740 hat die französische Schriftstellerin Gabrielle-Suzanne de Villeneuve erstmals die Begegnung der schönen Belle mit dem absonderlich verwandelten Tier als Erzählung mit dem Titel *La Belle et la Bête. Conte* in *La Jeune Américaine et les contes marins* zum Anlass genommen, einmal mehr auf die Bedeutung und den Zusammenhang von Vernunft, Tugend und Pflicht hinzuweisen, ohne dabei auf vergnügliche Unterhaltung zu verzichten.

Belle zeigt sich in ihrer vollkommenen Schönheit, geht aber der angesprochenen weiblichen Jungleserschaft auch in ihrer Vollkommenheit sinnlicher Erkenntnis mutig voran (vgl. Biancardi 2008, S. 17). Hierbei gilt es, die äußere Schönheit mit der inneren Vorstellungswelt in Einklang zu bringen. Vernunft und Tugendhaftigkeit sind oberste Maximen für das eigene Handeln in der Gesellschaft. Noch einmal deutlich wird dies im Ausgang der Erzählung: Nach einer eindrucksvollen Nacht mit ihrem bezaubernden Schläfer erklärt Belle, ohne zu zögern, ihren bereitwilligen Verzicht auf ihr persönliches Glück zugunsten höfischer Erwartungen. Nobilitiert und ehetauglich werden kann die einfache Kaufmannstochter letztlich erst durch die unerwartete Verwandtschaft zu einer Fee, die die ersehnte Heirat dann den Erwartungen der Leserinnen entsprechend doch noch möglich macht. Bis an das Ende der Geschichte bleibt jedoch die mahnende Erinnerung an die „unerläßlichen Pflichten" eines Königspaares erhalten (Apel/Miller 1984, S. 663).

Im Zentrum der Geschichte stehen dabei also zunächst einmal weniger der wundersame Tierbräutigam und der damit verbundene Erlösungszauber als vielmehr die Vernunft- und die Erkenntnisbegabung der jüngsten und offenbar auch vollkommenen Tochter, die mit ihrem vorbildlichen Vorgehen nicht allein Vater und Tierbräutigam aus prekären Situationen befreit, sondern sich zugleich noch in Demut, Bescheidung und Dankbarkeit übt. Gezeichnet wird eine idealisierte Liebe in einem kulturell vorgegebenen Gesellschaftsmodell (vgl. Biancardi 2008, S. 16).

Erst die deutlich kürzere Variante der französischen Privatlehrerin und Schriftstellerin Jeanne-Marie Le Prince de Beaumont, veröffentlicht im *Magasin des enfants*[1] (zuerst 1756), sollte zum Bekanntheitsgrad der Erzählung entschieden beitragen. Es ist Beaumonts „erste Erziehungsschrift für Mädchen", die „zu einem Bestseller der Erziehungsliteratur des 18. Jahrhunderts" (Herz 2014, S. 13) avancierte, geschrieben von einer *femme de lettres*, „philosophe chrétienne, éclairée à la fois par la religion et par la raison, sans concession et sans fadeur" (Artigas-Menant 2004, S. 301).

---

[1] Der vollständige Titel lautet *Magasin des enfants, ou dialogues d'une sage gouvernante avec ses élèves de la premiere distinction. Dans lesquels on fait penser, parler, agir les jeunes gens suivant le génie, le tempérament et les inclinations d'un chacun. On y représente les défauts de leur âge, l'on y montre de quelle maniere on peut les en corriger; on s'applique autant à leur former le coeur qu'à leur éclairer l'esprit. On y donne un abrégé de l'histoire sacrée, de la fable, de la géographie, etc., le tout rempli de réflexions utiles, et de contes moraux pour les amuser agréablement; et écrit d'un style simple et proportionné à la tendresse de leurs années*. Deutlich werden schon im Titel von Beaumonts Handreichungen adressatenspezifische und pädagogische Anliegen. Ausführlichere Untersuchungen zu Bedeutung und Wirkung des *Magasins des enfants* haben bereits u. a. Brüggemann 1982, Kaltz 1989 und 2000, Artigas-Menant 2004, Biancardi 2008 und Chiron/Seth 2013 vorgelegt.

Die Erzählungen sind hier in eine belehrende Unterhaltung zwischen einer Gouvernante und ihren sieben Schülerinnen eingefügt, die sinngemäß sprechende Namen wie Lady Sensée, Lady Spirituelle, Lady Mary, Lady Charlotte, Miss Molly, Lady Babiole und Lady Tempête tragen. *La Belle et la Bête* befindet sich im fünften Dialog des dritten Tages. Auffällig ist, dass schon von Beginn der Erzählung an großen Wert auf die Bildung der Töchter gelegt wird: „so scheute er [der Kaufmann] keine Kosten bei der Erziehung seiner Kinder und hielt ihnen allerlei Lehrmeister" (Apel/Miller 1984, S. 712). Belle findet sodann auch im Schloss ihres späteren Gemahls „eine große Bibliothek, ein[en] schöne[n] Flügel und viele Notenbücher" (Apel/Miller 1984, S. 720). Die Schöne wird in verdichteter Form auf ihre zukünftige Rolle vorbereitet. Vor Augen hat Beaumont dabei eine noch kindliche Leserschaft, „des jeunes filles liées à l'enfance" (Biancardi 2008, S. 17). Biancardi bezeichnet das *Magasin des enfants* als „véritable bestseller de la littérature d'enfance et de jeunesse" (ebd., S. 935). Es wurde relativ zügig europaweit übersetzt und erreichte allein in französischer Originalfassung mindestens 130 Auflagen zwischen 1756 und 1887 (vgl. dazu Anmerkung Herz 2014, S. 19).[2] Besonderer Beliebtheit erfreute sich in Deutschland beispielsweise die Übersetzung Johann Joachim Schwabes *Der Frau Maria Le Prince de Beaumont lehrreiches Magazin für Kinder zu richtiger Bildung ihres Verstandes und Herzens für die deutsche Jugend eingerichtet* (Kaltz 1989, S. 283).

Erhart weist mit Blick auf die rasche Verbreitung der Erzählung insbesondere auch auf deren wichtige Bedeutung für die Erzählforschung hin, die als Erzähltyp ATU 425C *Beauty and the Beast* im Typenkatalog verzeichnet ist und in diesem Fall nachweislich auf „*eine* literarische Vorlage zurückzuführen ist" (Erhart 2007, S. 53).[3] Dies zeige auch die Relevanz französischer Feenmärchen für die weitere Erzähltradition.

Als klassischer Vorläufer dieser Liebesnovelle in Feengewandung wird in der Regel die Erzählung von *Amor und Psyche* benannt (vgl. Eintragung *la belle et la bête* in der *Enzklopädie des Märchens* 2, 1999, Sp. 88, mit direktem Verweis auf *Amor und Psyche*).[4] Bereits Wilhelm Grimm vertritt in seinen *Anmerkungen* zu den *Kinder- und Hausmärchen* die Ansicht, dass in „vielfachen

---

[2] Eine Zusammenfassung der *Éditions collationnées des Magasins des enfants* gibt Élisa Biancardi (2008), S. 935ff.
[3] Eine ausführliche Beschreibung zu Forschungsansätzen und Interpretationsmöglichkeiten von *Amor und Psyche* bietet Erhart 2007, S. 41ff.
[4] Vgl. hierzu Swahn 1955 und Fehling 1977; siehe auch aktuellere Erörterungen: Wardetzky 2012 und Reinhardt 2012, vor allem zu *Amor und Psyche*, S. 53-137.

Auffassungen [...] immer das aus dem Apuleius so bekannte Märchen von der Psyche" Ausdruck findet (Originalanmerkungen der Brüder Grimm zu den *Kinder- und Hausmärchen*, zit. nach Rölleke 2003, S. 167).

Giovanni Francesco Straparola und Giambattista Basile trugen mit ihren Erzählungen aus den *Piacevoli nocci* (1550-1553) bzw. aus dem *Pentamerone* (1634-1636) zur Ausgestaltung der Tierbräutigammärchen in klassischer Form bei. So findet sich in der Sammlung Straparolas die Geschichte eines Prinzen (*Il re porco*), der in ein Schwein verwandelt wurde und mühsam auf der Suche nach der rechten Braut ist, die ihn erlösen wird. Basile erzählt in einer Geschichte (*Lo serpe*) von einer Schlange, die sich mit einer Prinzessin vermählt. Der Mann wird letztlich durch eine Suchwanderung der Frau erlöst.

Vor allem Mitte des 17. Jahrhunderts erfuhr die Geschichte um Amor und Psyche in Frankreich eine besondere Aufwertung, die bis weit ins 19. Jahrhundert anhielt. Von besonderer Bedeutung sind auch die *Contes des fées* der Mme d'Aulnoy (1697-1698), die unter anderem das Feenmärchen als literarische Erzähl- und Unterhaltungsform gesellschaftsfähig machte. Gerade Erzählungen über Liebesbeziehungen zwischen Göttern und Menschen sollten sich, folgt man dem Standardwerk von Manfred Grätz zum Märchen der Aufklärung (1988), im darauffolgenden 18. Jahrhundert sowohl in Frankreich und Deutschland großer Beliebtheit erfreuen. Hinzu trat die übliche Verbreitung beliebter Erzählungen in Kolportageheften (vgl. Erhart 2007, S. 25). Neben zügiger Verteilung durch billige Heftchen-Formate und der raschen Verbreitung durch Übersetzungen in vielfältige Editionen setzt sich die Erzählung von der Schönen und dem Biest ähnlich der Geschichte von *Amor und Psyche* auch als beliebter Bühnenstoff des 18. Jahrhunderts fort. Bereits 1742 findet sich eine erste französische Theaterbearbeitung *Amour pour Amour* von Nivelle de la Chaussée.

Beaumont hatte im Anschluss an Villeneuve mit ihrer Verdichtung der Erzählung eine Form gefunden, die zum einen einer vorherrschenden Feenmode im Frankreich und Deutschland des 18. Jahrhunderts mit Blick auf die jungen Leser/-innen entsprach und die zum anderen der literarischen Entwicklung des Märchens zwischen Volkserzählung, Heiratsgeschichte, literarisiertem Buchmärchen und novellistischer Liebeserzählung im 19. Jahrhundert entgegenkam. Neben dem moralischen Anspruch auf Basis eines naiv-ethischen Urteilsprinzips rückt bei Beaumont auch die Erlösung des verzauberten Tiermenschen durch allmählichen Vertrauens- und Liebesgewinn in den Vordergrund (vgl. Liptay 2004, S. 209). Der Jüngling im Traum, ausschweifende Amüsements im verzauberten Schloss, standesbedingter Verzicht und Zwangsnobilitierung, wie sie bei Villeneuve anzutreffen sind, weichen im Beaumont'schen Text einer belesenen und gebildeten Protagonistin, einem deutlich kommunikativeren Tierbräutigam sowie eigenen Erfahrungen mit männlichen Verehrern, die manche Einsicht durchaus begünstigen können. So stellt Belle verständig fest: „Weder die Schönheit noch der Witz eines Mannes machen die Frau vergnügt, *nur die Güte seines Gemüts*, die *Tugend*, die *Gefälligkeit* tun es, und das Tier hat all diese guten Eigenschaften" (Apel/Miller 1984, S. 724f.). Die Frau erkennt den rechten Bräutigam, zeigt ihm gegenüber Hochachtung und führt seine Erlösung zielgerichtet herbei (vgl. ebd., S. 725f.). Die Fee wird zur Vollstreckerin jener Ethik des Geschehens, wie sie André Jolles (1930) später in ‚Märchen' als einfache und vorliterarische Form entdecken wird, indem sie Belle zur Königin macht und die beiden Schwestern in Bildsäulen verwandelt: „Ihr sollt an der Türe des Palastes eurer Schwester stehenbleiben, und ich lege euch keine andere Strafe auf, als daß ihr Zeuginnen ihres Glücks sein sollt" (ebd., S. 726). Rasches Voranschreiten und knappe Benennungen der Figuren sowie der Außen- und Innenwelt führen in Beaumonts Erzählung zu einer verdichteten Darstellungsart. Die Hauptträger gehören der menschlich-diesseitigen Welt an, auch das Tier, das von seiner Tiergestalt erlöst werden muss. Rose, Spiegel und Ring verbinden diesseitige und jenseitige Welt. Damit zeigen sich Wesenszüge, wie man sie allgemein den europäischen Volks- und Zaubermärchen zuschreiben wird. Eher zaghaft wird der Grund der Verwünschung angedeutet, vielmehr liegt der Akzent auf der Erlösung. Das Märchen sieht den Menschen, wie Lüthi es zusammenfasst, als „erlösungsbedürftig [...] an. Damit ist es, wie andersartig auch sein Gewand ist, gar nicht weit von christlicher Auffassung entfernt" (Lüthi 1976, S. 85). Erlösung entspricht, so kommentiert Röhrich in der *Enzyklopädie des Märchens*, „einem anthropologischen Modell und einer menschlichen Notwendigkeit. Weil es das Böse, weil es Schuld und daraus resultierend den Tod gibt, muß es auch Erlösung geben. [...] In allen Religionen, in denen der Mensch von der Schuld her verstanden wird, bedeutet Erlösung den zentralen Begriff in der Bestimmung des Verhältnisses von Gott und Mensch" (Röhrich 1999, Sp. 215-217). Verallgemeinert bedeutet Erlösung im Märchen nach Röhrich: „eine positive Veränderung der Existenzform" (ebd., Sp. 217). Im Kontext der Volksdichtung werde der Begriff Erlösung vor allem in den beiden Gattungen Märchen und Sage verwandt. Und insbesondere im Märchen werde der Mensch durch den Menschen erlöst, um eine Rückkehr ins diesseitige Leben zu ermöglichen. Auffällig ist, dass Erlösung im Märchen erst einmal nur den Körper betrifft. Sie bedeutet zunächst „Entwandlung, Ausziehen, Abstreifen der tierischen Hülle", die einfach nur vernichtet werden muss (ebd., Sp. 202). „Die Vorstellung von der erlösenden Liebe ist", so attestiert es Röhrich, „Lieblingsmotiv einer Spätzeit, und das Überhandnehmen der erotischen Erlösungsmotive erst eine Folge der Entwicklung des Märchens zur kunstvollen Liebesnovelle hin" (ebd., Sp. 205). Erlöserin und zu Erlösender sind zumeist jung und unterschiedlichen Geschlechts. Das Ziel der Erlösung ist häufig die Heirat. „Erlösungsreif sein heißt im Märchen: im heiratsfähigen Alter sein" (ebd., Sp. 205). Vor allem die Fortschreibungen Richard Wagners, der nicht müde wird, die Erlösungs- und die Mitleidsthematik mit fast allen großen Figuren seiner Opern zu verbinden, treiben die Idee der Erlösung durch Liebe entschieden voran (vgl. ebd., Sp. 215). Die Erlösungsart im Märchen in seiner Entwicklung hin zur Liebesnovelle wird auch gerne dadurch anregender inszeniert, indem die Erlösung durch einen Kuss oder eine Liebesumarmung geschieht. „So plötzlich der Zauber wirkt, so plötzlich gewinnt der Verwandelte seine menschliche Gestalt wieder" (ebd., Sp. 205). Mit einem „Knalleffekt" (ebd., Sp. 208) wird auch Beaumonts Erzählung ruckartig zu einem Happy End geführt: „In dem Augenblicke tat die Fee einen Schlag mit ihrer Rute, und alle diejenigen, die in dem Saale waren, wurden in das Königreich des Prinzen versetzt. Seine Untertanen sahen ihn mit Freuden, und er vermählte sich mit der Schönen, die mit ihm sehr lange und in vollkommenem Glück lebte, weil es auf die Tugend gegründet war" (Apel/Miller 1984, S. 727).

Beaumonts Erzählung führt unterschiedliche Erzählanliegen, Erzählerwartungen und Erzählformen zusammen, wie man sie aus der Feenmode des 18. Jahrhunderts für eine junge Leserschaft als geeignet empfand und die eine Art Synkretismus des ‚Märchens' zwischen Volkserzählung und novellistischer Liebeserzählung sichtbar macht.

2 Zur Nachfolge in Wort und Bild

Vor allem die französischen Erzählungen von der Schönen und dem Biest und insbesondere Beaumonts Fassung sollten zahlreiche Künstler des 19. Jahrhunderts auf unterschiedliche Weise inspirieren. Beispiel einer nachfolgenden Ausformung des Stoffes in Versform wäre das *long poem Beauty and the Beast: or a Rough Outside with a Gentle heart* (1811) des englischen Dichters Charles Lamb. Sodann sahen auch die Brüder Grimm unter dem Titel *Der Drache* eine Übernahme des Erzählstoffes in der handschriftlichen Urfassung von 1810 vor, dem im ersten Band der *Kinder- und Hausmärchen* (1812) die Erzählung *Von dem Sommer und Wintergarten* (KHM 68) folgen sollte. Dieses wurde wiederum 1819 durch die Geschichte *Das singende springende Löweneckerchen* (KHM 88) ersetzt und erschien nur mehr in den *Anmerkungen* ebenso wie die Erzählung *Das singende, klingende Bäumchen oder der bestrafte Uebermuth* aus der sogenannten Braunschweiger Sammlung, hinter der sich eine anonym herausgegebene Sammlung an *Feenmährchen. Zur Un-*

terhaltung für Freunde und Freundinnen der Feen-Welt aus dem Jahr 1801 verbirgt (vgl. Erhart 2007, S. 27). Bekannter als die Grimm'schen Märchen im 19. Jahrhundert waren die Erzählungen Ludwig Bechsteins. Auch er verzeichnet als Nummer 18 in seinem *Deutschen Märchenbuch* (1845) eine Variante des Erzählstoffes mit dem Titel *Das Nußzweiglein*.

Zu den Texten waren zunächst Bilder getreten. Einflussgebende Bebilderungen des 19. Jahrhunderts sind insbesondere Illustrationen aus dem englischsprachigen Raum etwa von Walter Crane (*Beauty and the Beast*, 1874 / 1875). Hierunter finden sich Bildbeispiele, die bis in die heutige Bilderbuchkunst einwirken. Man denke an Binette Schroeders *Die Schöne und das Tier* (1986) oder auch das viel diskutierte Ausstellungsprojekt *Die Schöne und Beauty/das Biest and the Beast* (2013/14) der Künstler Richard Müller, Mel Ramos und Wolfgang Joop im Museum der bildenden Künste Leipzig, um nur einige Neugestaltungen zu nennen.

Erhart (2007) führt die Liste der Varianten bis ins 20. Jahrhundert fort. Interessant ist, dass der bekannte Erzählstoff dann vorwiegend für den Film bearbeitet wurde. Bereits Ende des 19. Jahrhunderts (1899) und 1908 erscheinen bei Pathé die ersten zwei Kurzfilme von *La Belle et la Bête*, „denen in England mindestens fünf Stummfilme mit dem Titel *Beauty and the Beast* folgten" (Liptay 2004, S. 216).

Gerade im Film stellt der Tiermensch besondere Herausforderungen. Die glaubwürdigste filmische Darstellung gewinnt er Liptay zufolge, „wenn eine maskenbildnerische Verschmelzung von tierischen und menschlichen Attributen angestrebt wurde" (ebd., S. 212). Von herausragender Bedeutung ist die Maske der Bestie aus Jean Cocteaus *La belle et la bête* (*Es war einmal*, Frankreich 1946).

3 Cocteaus *La belle et la bête* (*Es war einmal*, 1946) und Disneys *Beauty and the Beast* (*Die Schöne und das Biest*, 1991)

Die Stoffe von archaischer Kraft haben wir von unseren Ahnen geerbt, aber jede Generation muss sie sich neu erschließen, damit sie lebendig bleiben. Auch die meisten Verfilmungen des Erzählstoffes sind in Anlehnung an die Beaumont'sche Erzählung entstanden. Sie folgen in Abweichungen dem Handlungsverlauf des Erzähltyps ATU 425C (*Beauty and the Beast*).[5]

---

[5] Im Verzeichnis der Märchentypen findet sich *Beauty and the Beast* als Subtyp C unter dem Oberbegriff „Supernatural or Enchanted Husband (Wife) or Other Relatives" (Uther 2004, S. 252). Da in Verfilmungen selten nur von einer Literatur-

Betrachtet man das Märchen *La Belle et la Bête* von Jeanne-Marie Leprince de Beaumont als „literarische Leitfassung des Erzähltyps", „so kann Cocteaus *La Belle et la Bête* als deren filmisches Pendant bezeichnet werden" (Liptay 2004, S. 216). Cocteaus „als cinematographisches Meisterwerk gefeierte Verfilmung" hat zur weiteren Bekanntheit des Erzählstoffes entschieden beigetragen, so dass sie eben „nicht nur in Filmnachschlagewerken, sondern auch in jüngeren Textausgaben des Märchens sowie in einschlägigen Märchenenzyklopädien" angeführt wird (ebd., S. 245). Liptay hat bereits ausführlich kommentiert, dass Cocteau „einen eigenständigen Kanon an Bildmotiven [...] für das Märchen herausgearbeitet hat" und sozusagen ein „ikonographisches Archiv" vorgelegt hat (ebd., S. 216). In seiner kommerziellen Dimension jedoch wurde Cocteau „von Disneys Zeichentrickversion *The Beauty and the Beast* aus dem Jahr 1991 übertroffen" (ebd., S. 216). Angenommen werden darf, dass es Cocteau sicherlich auch darum ging, dem abendfüllenden Disney'schen Zeichentrickfilm seiner Zeit ein anspruchsvolleres Pendant im Realfilm für den Erwachsenen zu schaffen, „that questions itself and questions the artificial fairy-tale thinking that Disney and others had begun to promulgate in the 1930s" (Zipes 2011, S. 232). Cocteaus Film wurde vielfach interpretiert (vgl. Zusammenstellungen von Erhart 2007, S. 109 bzw. von Zipes 2011, S. 228). Zugesprochen wird dem Film mit Blick auf seine Entstehungszeit „a political utopean aspect". Zipes stellt fest: „that the two realms depicted in the film are images of France's lamentable past and France's possible future with innocent Beauty caught between them" (Zipes 2011, S. 230). Erörtert wird auch sein Bezug zum „Märchen" als literarische Gattung. Dies ist keine einfache Diskussion, zumal der Film an sich Merkmale der literarischen Gattung aufgrund seiner spezifischen Eigenart auflösen muss; zum anderen und paradoxerweise bewirkt die Distanznahme zur kanonischen Märchenvorlage den großen Erfolg als „Märchenfilm" (vgl. ebd., S. 231 bzw. Koebner 2001). Liptay setzt sich in ihrer Abhandlung intensiv mit märchenhaften Gestaltungsmomenten in Cocteaus Werk auseinander. So findet sich die selbstverständliche Akzeptanz von Wundern in Cocteaus Poesieverständnis wieder:

> Die Personen des Films gehorchen den Gesetzen des Märchens. Nichts erstaunt sie in einem Universum, wo Dinge, deren geringstes den Ablauf unserer Welt stören würde, als durchaus normal gelten. Die Schwestern regen sich nicht darüber auf, daß sich das Halsband der Belle in eine alte Kordel

---

quelle auszugehen ist, macht es bei sog. Märchenverfilmungen ggf. Sinn, sich eher auf den literarischen Erzähltyp zu berufen. Seit 2015 liegt von Hans-Jörg Uther herausgegeben ein *Deutsche[r] Märchenkatalog. Typenverzeichnis* vor.

verwandelt, sondern vielmehr darüber, daß diese Verwandlung durch ihre Berührung geschieht. (Cocteau zit. nach Liptay 2004, S. 228)

Eine Art naiven Kinderglauben gegenüber der „wahren" Lüge wünscht Cocteau sich von seinem Publikum, und zwar explizit in einer Texttafel zu Beginn des Films:

> In der Kindheit glaubt man, was einem gesagt wird, und zweifelt nichts an. Man glaubt, dass, wenn man eine Rose pflückt, der Familie ein Unglück widerfährt. Man glaubt, dass die Hände einer menschlichen Bestie, sobald sie jemanden tötet, zu dampfen anfangen, und dass sich die Bestie dafür schämt, wenn ein junges Mädchen in ihrem Hause wohnt. Man glaubt noch tausend andere naive Sachen. Ein bisschen von dieser Naivität erbitte ich mir jetzt von Ihnen, und sage, um uns allen Glück zu bringen, die drei magischen Worte, das wahre ‚Sesam öffne dich' unserer Kindheit: ‚Es war einmal'.

Überdies bindet Cocteau die Erzählung in eine märchenaffine Erzählsituation ein, wenn er „sich selbst seinem Märchen als Erzähler voranstellt (der Prolog ist in seiner Handschrift verfasst und von ihm signiert)" und kommentiert: „*La Belle et la Bête* ist erneut meine Stimme, die Sie hören werden, und ich bin es, hinter der Leinwand, der das Märchen erzählt" (Liptay 2004, S. 229). Dies ist doch einigermaßen interessant, geht die Erzählforschung im Gegensatz dazu bei *La Belle et la Bête* von einer literarischen Vorlage aus. Cocteau spielt mit den Merkmalen einer märchenhaften Erzählung und versucht – wie Liptay weiterhin erörtert –, das „Miteinander von Wirklichkeit und Nicht-Wirklichkeit" in einer Form von inszeniertem irrealen Realismus „das Überwirkliche als eine zweite Wirklichkeit zu etablieren", die er als sog. „sublimation du style documentaire" einzufangen sucht (ebd., S. 229).

> Dementsprechend wird die unsichtbare Dienerschaft des Schlosses durch nackte Arme dargestellt, die aus Löchern in der Wand und im Tisch hervorkommen, um so scheinbar frei schwebend, dem Gast den Weg zu leuchten oder beim Abendessen den Wein einzuschenken. Den Kamin im großen Speisesaal rahmen die Köpfe zweier Darsteller, die als lebendige Steinbüsten auf Säulen in die Architektur integriert sind. (Ebd., S. 232)

Besonders herausragend ist die Umsetzung der Sprache in das filmische Medium:

> Worte werden durch Blicke ersetzt, reale Bilder werden durch ihre Zusammensetzung und Ausarbeitung surreal. [...] Licht und Schatten geben häufig nur noch Konturen und Details preis, verstecken ebensoviel wie sie zeigen. Bewegungen frieren ein, die Einstellungen werden länger, es bedarf nur weniger Worte in dieser Welt. Das Licht wird in den Szenen im Schloss dunkler, unzuverlässig und ungewohnt. Die Räume sind nicht bis in die Ecken ausgeleuchtet,

sondern wirken wie eine schwarze Bühne. Die Kamera bleibt häufig statisch und lässt der Handlung Zeit und Raum sich zu entwickeln. (Erhart 2007, S. 110)

Hell-Dunkel-Kontraste und plastische Ausbildung von Körpern, lichte Gesichter und vereinfachte Konturen dominieren die Figur- und Raumgestaltung in *La Belle et La Bête* und erzielen eine Art abstrakt-präzisen Stil, der „den ästhetischen Bruch" sucht (Liptay 2004, S. 235). Augenfälliges Beispiel hierfür ist die „schnell erzählte Parallelhandlung am Ende des Films [...], in der Cocteau im Wechsel zeigt, wie Belle dem sterbenden Unhold zur Rettung eilt, während ihr Bruder und sein Freund Avenant etwa zeitgleich mit dem Ziel aufbrechen, das Untier zu töten" (ebd., S. 235). Damit wird das Prinzip der Einsträngigkeit des klassischen Erzählschemas aufgehoben. Die „Duplizität der erzählten Märchenhandlung" zeigt sich in der wechselnden „Szenerie zwischen ländlichem Alltag und aristokratischem Prunk, Ökonomie und Verschwendung, Melodramatik versus holzschnittartigem Theaterspiel im Stil der Molièr'schen Komödie" (ebd., S. 236). Um die ihm eigene Diesseitigkeit des Wunders zu veranschaulichen, orientiert sich Cocteau bei der Ausgestaltung von Innenraumszenen im Haus des Kaufmanns an Gemälden des Delfter Malers Jan Vermeer, dessen Bildwerk ohnehin eine weitere Sinnebene eröffnet. Für den „offensichtlichen Zauber der jenseitigen Welt um das Schloss der Bête" zitiert Cocteau den Illustrator Charles Perraults, Gustave Doré, französischer Spätromantiker des 19. Jahrhunderts (ebd., S. 239). Wohl aber verzichtet Cocteau im Gegensatz zu Beaumont auf den Einsatz einer Fee und entfernt damit den moralisch-didaktischen Gestus. Belle ist ebenso frei von jedem Bildungseifer. Rationalisierungen werden abgewendet, da Cocteau der Ansicht sei: „Die Sucht zu verstehen verschließt uns die ganz großen herrlichen Gefühle, die die Kunst in der Verlorenheit findet, in der der Mensch nicht mehr verstehen will, sondern fühlen" (Cocteau zit. nach Liptay 2004, S. 247). Eingeführt wird die Figur des Avenant, ein Herumtreiber und Gefährte von Bellas Bruder Ludovic. Avenant macht Bella den Hof. Gemeinsam mit Ludovic möchte er am Ende des Filmes über das verglaste Dach in die Schatzkammer des Biestes eindringen. Dabei wird er von einem Pfeil in den Rücken getroffen und nimmt „im Moment seines Todes die Gestalt der Bestie an [...], während das Tier zeitgleich mit dem Aussehen Avenants als Prinz wieder aufersteht" (ebd., S. 247). Liptay sieht hierin die These bestätigt, „daß Tier und Mensch zwei untrennbare Seiten einer Figur darstellen, als janusköpfige Einheit also immer gleichzeitig existieren" (ebd., S. 247). Das Tier bleibt bestehen, so lehrt es uns die psychologische Komponente Cocteaus: „Verstörend fokussiert die Kamera Avenant als Bestie im Schnee des Pavillons" (ebd., S. 247). Das übliche Happy End der Erzählung wird demnach nicht eingelöst, die Gestalten-Trennung bleibt erhalten. Zipes kommentiert:

> Cocteau shows the horrific underbelly of courting and the mating process and transforms the happy end of Le Prince de Beaumont's conventional fairy tale into a mock celestial flight toward happiness. There is no wedding. Beauty's father and daughters are totally out of the picture. Who knows what will happen to Beauty, who obviously was disappointed when she beheld a dandy prince after the Beast died. (Zipes 2011, S. 229)

Jean Marais tritt uns in der Verfilmung Cocteaus als majestätisch gekleideter Tiermann entgegen. Liptay (2004, S. 212f.) fasst treffend zusammen:

> Eine aufwendig gefertigte, Haar für Haar auf Tüll genähte Gesichtsperücke ermöglicht eine lebendig wirkende Maskierung, die auch den Spielraum für mimische Nuancierungen nicht wesentlich einschränkt und Großaufnahmen zulässt. Über das Gesicht hinaus werden lediglich noch Hände und Brust mit Fell bedeckt, während der Rest des Körpers durch eine Königsrobe im Renaissancestil sein menschliches Aussehen beibehält. Die gespaltene Doppelexistenz als Mann und Tier, die sich hier bereits in der Maske abzeichnet, überträgt Jean Marais ferner auf seinen Schauspielgestus, der die Zerrissenheit zwischen edelmännischer Zivilisiertheit und animalischer Wildheit illustriert.

Aus dem Untier der Erzählvorlage ist in der Interpretation Cocteaus ein raubtierartiges Wesen „von trauriger Eleganz" und umgeben von „einer Aura des Mythischen" geworden (Messias 2006, S. 50). „Höfische Kostüme aus Samt und Brokat mit steifen Kragen, prunkvolle Stoffe, breite Medici-Kragen aus Spitze, riesige Ärmel und Schulterpolster und eine untersichtige Kameraperspektive vergrößern die Erscheinung des Biests" (Liptay 2004, S. 251).

Als neueres Gegenüber zu Cocteaus Verfilmung zeichnet sich Disneys Zeichentrickfilm *Die Schöne und das Biest* aus dem Jahr 1991 ab, der nicht umhinkommt, hie und da von Cocteaus Ideenreichtum, wie etwa den zahlreichen belebten Gegenständen, zu profitieren. Renate Erhart hat Besonderheiten der Verfilmung zusammengefasst: Die Protagonistin wird mit Blick auf die vorangegangenen Disney-Filme auffällig modern präsentiert, nicht zuletzt um den Anliegen des jungen Familienpublikums zu entsprechen. Hauptaugenmerk liegt jedoch auf der Entwicklung des Ungeheuers, dessen tierisches Verhalten anfänglich doch große Betonung erfährt, das jedoch zusehends liebenswerter wird (vgl. Erhart 2007, S. 163). Zudem wird in einem Prolog erläutert, warum der grausame Prinz in ein Biest verwandelt wurde: Da er einer als Bettlerin verkleideten Fee weder Schutz noch Unterkunft geben wollte. Damit entscheidet sich Disney im Gegensatz zu Cocteau für eine klare Didaktisierung der Erzählung, in der Fehlverhalten Strafe nach sich zieht. Das raubtierartige Biest ist „unhöflich, jähzornig, unbeherrscht" (ebd., S. 163). Es ist entsprechend laut und bewegt sich auch auf allen Vieren fort. „Seine Versuche, sich ein zivilisiertes Benehmen anzueignen, sind komisch und berührend zugleich" (ebd.). Ansehnlich, aber eitel präsentiert sich Gaston, ein männlicher Gegenspieler des Untiers. Während das Biest der jungen Frau eine Bibliothek bereitstellt, findet der ehe dümmliche Macho Gaston Lesen für Frauen unangemessen. Gastons Tragik resultiert aus einem stillen Einvernehmen mit dem Publikum, das wenig Verständnis für dessen allzu plumpe Wünsche aufbringen kann (vgl. ebd., S. 164). Belle ist ein intellektuelles Einzelkind. Sie wirkt etwas arrogant, sehr lebendig, hilfsbereit und neugierig. Engagiert steuert sie den Verlauf der Geschichte voran. „Ihre Erfahrungen mit Gaston und die Verantwortung für ihren Vater" (ebd., S. 165) prägen ihre Erziehungsbemühungen um das Tier. Letztlich gibt das Tier die junge Frau frei und ermöglicht ihr eine freie Entscheidung. Damit ist der Höhepunkt der Entwicklung des Tieres herbeigeführt. Gezeigt wird ein neuer Held, „männlich, aber zärtlich, natürlich, aber kultiviert, verantwortungsbewusst und dennoch ausgelassen und fröhlich" (ebd., S. 165). Die Darstellung des Vaters als verrückter Erfinder Maurice ist gegenüber den literarischen Vorläufern deutlich abgeschwächt. Belle befreit ihn aus vielen eher unglücklich wirkenden Situationen, ähnlich wie sie dann dem Biest zu Hilfe eilt. Man könnte geradezu annehmen, dass hier Belles mütterliche Vaterliebe auf den tierischen Partner übergeht (vgl. ebd.). Belles Auftreten wirkt eigentlich sehr emanzipiert, dennoch wird dies mit der Verwandlung des Biestes in einen Prinzen dann in einen „romantische[n] Mädchentraum" mit Happy-End aufgelöst (ebd.).

Stimmungsvolle Musik, große Emotionen und kleine magische Helfer sorgen für rasche kindliche Empathie. Jack Zipes hält in seinen Untersuchungen fest, Disney "re-transform[s] the story back into a didactic fairy-tale that pretends to offer hope to feminists and enlightened beasts while blithely concealing its reactionary ideological meanings" (Zipes 2011, S. 232).

Neben einem Broadway-Musical wurden zum Film marktbewusst zwei Midquels geschaffen: *Beauty and the Beast: The Enchanted Christmas* (1997) und *Beauty and the Beast: Belle's Magical World* (1998). Auffällig bleiben die ungleiche Verhandlung von Klassen und die eher eingeschränkte Bedeutung von Glück. „If the ruling classes are happy, then everyone will be happy. They know better than the masses how to arrange the affairs of the world so that everyone supposedly will profit" (Zipes 2011, S. 233).

Da im Hauptteil des Märchens eher wenig Handlung angeboten wird, gilt als ein wichtiges, zu gestaltendes Moment der Verfilmungen „die wachsende Beziehung zwischen der Schönen und dem Tier" (Erhart 2007, S. 186). So werden etwa die wiederkehrenden Begegnungen des Paares zur Essenszeit regelrecht „zum Stilmittel, das die anwachsende Menschwerdung des Biests" (ebd.) veranschaulicht. „Gemeinsames Essen und Trinken legen die Basis gegenseitigen Vertrauens" (ebd.) und gehen symbolisch engeren, intimeren Schritten voraus. Gute Manieren zu Tisch sind Teil einer gelungenen Erziehung, der Affekt- und Triebkontrolle innewohnen. Erhart zieht mit Blick auf Cocteau und Disney eine interpretative Gegenüberstellung von Hans Messias zurate, die an Norbert Elias' Studie *Über den Prozeß der Zivilisation* (1939) erinnert:

> Die Bestie/das Tier, naturgemäß nicht mit den Tischmanieren gesegnet, legt ausgesprochenen Wert auf Belles/Bellas Tischgesellschaft. Hier dokumentiert sich am augenfälligsten der Verlust von Zivilisation, treten das animalische und das zivilisatorische Prinzip offen gegeneinander an; Metaphern, die eine Interpretation ins Sexuelle nahelegen. Interessant ist nun, daß die Schöne sich im Zeichentrickfilm durch ihre Übernahme der Verhaltensweisen der Bestie, sie nimmt ihre unschönen Essensweisen an, zur Annahme des animalischen Prinzips verleiten läßt und die ‚Leiter der Zivilisation' hinabsteigt. Bei Cocteau funktioniert dies umgekehrt. Bella beobachtet das Tier beim gierigen Trinken am Teich. Angewidert und angerührt zugleich reicht sie ihm dann das Wasser in ihren Händen: ein Hauch von Zivilisation beseelt diese Szene, und sie zeugt von einem großen Herzen, das bereits Dinge erkannt hat, die den Augen noch verborgen bleiben. Bella ist bereit, das Tier auf die Stufe ihrer Reinheit zu heben. (Messias zit. nach Erhart, S. 187)

Die Analogie zu Elias ist überdeutlich, da er gerade an den Veränderungen des Essverhaltens und der Tischsitten die fortschreitende ‚Zivilisation' nachvollzieht (vgl. Elias 1990, bes. S. 157ff.). Geschieht dies hier auf phylogenetischer Grundlage, so spielt sich dieser entscheidende Prozess beim ‚Biest' in individuell-ontologischer Form ab.

Im Vordergrund der beiden genannten filmischen Erzählungen sowie in weiteren filmischen Bearbeitungen darüber hinaus zeigt sich nicht mehr nur ein Mädchen, das ihrem Vater vertraut, die innere Schönheit des Tieres erkennt und eine für sie vorgesehene Ehe als vorteilhaft annimmt. Der didaktische Impetus in märchenhafter Gewandung, adressiert an junge Mädchen mit Blick auf ihre zukünftige Rolle, tritt zugunsten eines Austausches der Protagonisten auf Augenhöhe und einer Ausgestaltung der männlichen Partner zurück. Dabei bildete sich ein breites Spektrum an Möglichkeiten aus, etwa mit der Rückkehr der Götter im mythologisch-geladenen Fantasy-Blockbuster, der das Zauberhafte in einer raschen Abfolge von *special effects* betont, wie unlängst Christophe Gans mit seiner Villeneuve-Verfilmung *Die Schöne und das Biest* (2014). Gelegentlich bestätigt sich auch die Annahme skeptischer Märchenforscher, die Verfilmung eines Märchens könne nur ein trivial-dunkler Actionfilm werden, wie etwa David Listers *Blood of Beasts* (2005), der seine Erzählung um ein brutales Biest in der Wikinger-Zeit spielen lässt. Freilich:

Märchen sind Stoffe, die sich jede Generation neu erschließen kann und muss, damit sie lebendig bleiben. Dass eine solche Neuerschließung nicht in triviale Action abgleiten muss, zeigt die Verfilmung von *Die Schöne und das Biest* in der Märchenreihe des ZDF (D 2012).

4 *Die Schöne und das Biest* (2012) – neu verfilmt. Ein Erfahrungsbericht von Irene Wellershoff

Was ist Liebe und wie kann sie sich entwickeln? Das müssen die Schöne und das Biest herausfinden, um zueinander zu kommen. Und diese Frage müssen auch Filmemacher immer wieder neu und zeitgemäß beantworten, die diesen Stoff verfilmen wollen. Die Geschichte von der unmöglichen Liebe des schönen Mädchens und des wilden Biestes bietet alle Bausteine, die einen spannenden Film ausmachen: Abenteuer und Geheimnis, Schrecken und Glück, Magie und Humor – und eine Symbolik, die weit in die Vergangenheit der Menschheit zurückreicht: Eine der ältesten bekannten Skulpturen der Menschheit stellt einen Löwenmenschen dar.

An jeder Märchenverfilmung des ZDF wird über mehrere Jahre gearbeitet. Aber warum? Steht denn nicht schon alles in den Märchenbüchern? Märchen sind bei genauerem Hinsehen kryptische Texte, voller Sprünge und Widersprüche, ihr Gehalt ist vielfältig ausdeutbar. Gerade darin liegt die Herausforderung, denn die Urthemen der Märchen lassen sich von jeder Generation neu interpretieren.

Als Schülerin ist mir Cocteaus *Die Schöne und das Biest* (1946) zum ersten Mal begegnet. Jahrzehnte später war davon nur noch ein schattenhaftes Bild des Biestes und der jungen Frau in einem geheimen Garten in Erinnerung und ein Gefühl von Märchenromantik, die das Bild begleitete. Als ich mich beruflich mit dem Stoff beschäftigte, erneuerte sich die Faszination für das Mischwesen, das durch die Liebe erlöst wird.

Die Grundkonstellation des Märchens überzeugt auch heute noch, unseren Blick darauf mussten wir aber erst finden. Götz Brandt und ich haben uns zunächst mit verschiedenen Märchen aus dem Motivkreis des „verwandelten Bräutigams" beschäftigt, wie mit Bechsteins *Das Nußzweiglein*. Wir entschieden uns für die berühmte französische Variante *Die Schöne und das Biest* von Jeanne-Marie Leprince de Beaumont als Ausgangstext. Natürlich sahen wir Jean Cocteaus Film wieder und fanden die Atmosphäre seines Films nach wie vor zauberhaft – aber den Film insgesamt doch auch in eine historische Ferne gerückt, nicht nur weil er schwarz-weiß ist oder wegen der opernhaften Inszenierung mit fast noch stummfilmartig agierenden Darstellern, sondern vor allem wegen der Anlage der handelnden Figuren. Mit einer so demütigen und passiven Heldin, wie sie Cocteau zeigt, kann sich heute keine Frau mehr identifizieren.

Eine wesentliche Neuinterpretation des Märchens hat Disney 1991 mit seinem Zeichentrick-Musical geleistet, das in der Charakterentwicklung eine größere Inspiration für uns war als Cocteau. Wir waren uns bei unserem Vorhaben immer bewusst, dass es galt, sich mit einem relativ bescheidenen Fernsehbudget zwei sehr großen Vorläufern zu stellen.

Offensichtlich lag es in der Luft, das Märchen neu zu verfilmen. Tatsächlich wurde – ohne dass wir es wussten – zur gleichen Zeit in Frankreich von Christophe Gans (2014) eine Neuverfilmung für das Kino vorbereitet. Gans hat seinen Schwerpunkt darauf gelegt, mit einem erheblichen Etat digitale Bildwelten aus dem Computer zu erschaffen. Fast möchte ich sagen: Glücklicherweise hatten wir nicht so viel Geld für Effekte, so dass wir auf das setzen mussten, was nach unserer Überzeugung den Kern nicht nur von Märchenfilmen ausmacht: Charaktere und Geschichte.

Die Schöne und das Biest ist eine Geschichte über Verwandlung und Metamorphose, über physische und mentale Veränderung. Mann und Frau sind anfangs maximal weit voneinander entfernt. Sie müssen sich beide verändern, um zueinander zu finden. Wie kann man diese Geschichte glaubhaft, plausibel, spannend und kraftvoll, vor allem emotional und bewegend für ein Publikum von heute erzählen, für eine Zielgruppe von Erwachsenen und Kindern?

Und was bedeutet „von heute"? Oft werde ich gefragt, warum wir die Geschichte nicht einfach in die heutige Zeit versetzen. Aber Märchen fangen nicht ohne Grund mit „Es war einmal..." an oder „Als das Wünschen noch geholfen hat". Sie spielten also schon immer in der Vergangenheit. Die Gegenwart entspricht unserer Erfahrungswirklichkeit, und dort funktionieren Magie und Zauber eben nicht so leicht wie in einer märchenhaften Vergangenheit. Entscheidend ist, dass die Art und Weise, wie eine Geschichte erzählt wird, heutige Zuschauer interessiert. Damit sind Regie, Kamera, Schnitt, *special effects* gemeint, aber vor allem geht es darum, einen Aussageschwerpunkt zu finden, der uns heute etwas sagt. Den findet man nach meiner Erfahrung erst im Prozess der Arbeit an einem Stoff. Goethe lässt seinen Faust sagen: „Was du ererbt von deinen Vätern hast, / erwirb es, um es zu besitzen." Dieses Zitat beschreibt sehr gut den Prozess der Arbeit an den Märchen. Jede Generation muss sich das Ererbte neu erschließen. Ebenso wichtig wie die Deutung, die man dem Märchen gibt, sind für eine Verfilmung plausible Charaktere mit nachvollziehbaren Motiven. Die Drehbuchentwicklung für ein Märchen braucht eine Psychologisierung der Helden. Die holzschnittartigen Figuren der Texte müssen zu Individuen werden, denn Regisseur und Schauspieler müssen bis in jede Regung hinein wissen, wie und warum ein Charakter so handelt, wie er es tut. Ein 90 Minuten langer Film fordert und gibt Raum für charakterliche Komplexität und Entwicklung, die schon in der Exposition des Films angelegt sein müssen. Der biographische Hintergrund der Figuren, der später im Film nur mitschwingt, muss geklärt werden, die inneren und äußeren Beziehungen der Figuren müssen entwickelt werden.

Wir entschieden uns, aus dem Kaufmann der französischen Textfassung einen Wirt zu machen, um andere Szenen und Szenerien erzählen zu können als in früheren Filmen. Ebenso haben wir die sechs Töchter des Beaumont'schen Textes auf eine reduziert. Im 17. und 18. Jahrhundert wurde Mädchen mit der Geschichte vom hässlichen Biest, dessen gute Eigenschaften man erst im Laufe der Zeit erkennt, eine pädagogische Botschaft vermittelt: Man kann getrost auch mit einem unattraktiven Mann verheiratet werden. Die bösen Schwestern bei Beaumont wollen keinen unattraktiven Mann heiraten, die gute fügt sich tugendhaft in ihr Schicksal. Uns ging es nicht um Tugendhaftigkeit. Weniger Figuren zu bespielen heißt auch, sie komplexer anlegen zu können. Auf einen Rivalen des Biestes, wie es ihn bereits bei Cocteau und Disney gibt, wollten wir jedoch nicht verzichten, denn er erhöht die Hürde für das Biest, die Liebe der Schönen zu gewinnen. Wir haben uns immer für die Variante entschieden, die die Konflikte verstärkt.

In jeder Szene der Exposition haben wir neue Konflikte angelegt, die die Grundlage für die Entwicklung der Geschichte und ihrer Charaktere bilden. In der Eröffnungsszene reitet der Ritter Bertold von Hohentau mit seinem Gefolge den Wirt Hugo fast über den Haufen, so dass zwei seiner Weinfässer zerschellen. Damit ist ein Konflikt zwischen Hugo und Bertold auf persönlicher und sozialer Ebene eröffnet. Währenddessen muss Hugos Tochter Elsa sich mit zwei zahlungsunwilligen Gästen auseinandersetzen. Doch Hugo kommt bei seiner Rückkehr seiner Tochter nicht zu Hilfe, sondern lässt die Gäste anschreiben, was wiederum zu einer Auseinandersetzung zwischen Vater und Tochter führt, weil das Wirtshaus kurz vor der Pleite steht.

Unsere schöne Elsa sollte eine tatkräftige, willensstarke junge Frau sein. Ihre Mutter ist bei ihrer Geburt gestorben, weshalb sie ein heimliches Schuldgefühl mit sich trägt. An ihren liebenswürdigen, aber wenig realitätstauglichen

Vater hat sie eine umso stärkere Bindung. Sie hilft ihm in seiner Gaststätte, aber nicht in unterwürfiger Art und Weise, denn sie hat mehr Geschäftssinn und Durchsetzungskraft als ihr allzu weicher Vater. Aber Elsa hat auch eine andere, weiche Seite: Bevor man sie sieht, hört man sie das alte Volkslied von den beiden Königskindern singen, die nicht zueinander kommen können. So deutet sich ihre Sehnsucht nach Liebe an. Als der Ritter auftaucht und mit ihr flirtet, ist Elsa durchaus beeindruckt. Zu diesem Zeitpunkt durchschauen weder Elsa noch der Zuschauer, dass der charmante Graf ein Narziss ist, der sich in der Liebe der Frauen selbst bespiegelt. Er ist der Antagonist und Rivale, der besitzt, was dem Biest fehlt: Schönheit.

Ritter Bertold lädt Elsa ein, ihn auf ein Turnier zu begleiten, und schenkt ihr als Zeichen seiner Gunst ein Tuch mit seinem Wappen. Hugo will, trotz seiner Abneigung gegenüber dem „feinen Herren", die Aufstiegschance für seine geliebte Tochter nicht daran scheitern lassen, dass sie kein passendes Kleid besitzt, und schlägt vor, die Kette seiner verstorbenen Frau zum Pfandleiher zu bringen. Elsa ist zunächst empört. Nachts legt sie sich selbst noch einmal die Kette der Mutter um den Hals, um dann aber eine pragmatische Entscheidung zu treffen: Wenn kein neuer Wein gekauft werden kann, droht der Bankrott. So lässt sie den Vater mit dem Schmuck ziehen, wünscht für sich selbst aber nur eine Rose. Elsa fühlt sich zugleich an Vater und Kindheit gebunden, andererseits ist da schon eine heimliche Sehnsucht, das Elternhaus zu verlassen. Innere Widersprüche sind ein Motor für die Entwicklung einer Figur. Als Elsa später auf dem Pferd des Biestes davongaloppiert, hat sie ein doppeltes Motiv aufzubrechen, ein bewusstes und ein unbewusstes: Sie will die Probleme ihres Vaters regeln, und sie will ihre enge häusliche Welt verlassen. Sie ist bereit für das Abenteuer.

Die Aufbruchsszene unterscheidet sich von den entsprechenden Szenen in anderen Verfilmungen des Stoffes: Der Vater hat für die Kette nur drei Kreuzer bekommen und ist auf dem Rückweg in die halb zerfallene Burg des Biestes geraten, wo er im Stall nächtigt, weil ihm niemand die Tür zum Haus öffnet. Wegen des Mangels an Gastfreundschaft fühlt Hugo sich berechtigt, eine Rose abzubrechen. Daraufhin taucht ein unheimliches Biest auf, das Hugo umzubringen droht, wenn er ihm nicht das erste Lebewesen gibt, das ihm zu Hause begegnen wird. Hugo nimmt an, dass es der Hund sein wird, aber es ist seine Tochter. Hugo will sofort mit ihr fliehen, aber Elsa glaubt, dass ihr Vater übertreibt, und bricht spontan auf, um dem Biest eine Ersatzrose samt Entschuldigung zu bringen. Unsere Schöne ist sich also nicht völlig klar über die Risiken ihrer Entscheidung, darüber, dass sie sich selbst in Lebensgefahr bringt. So wird ihr Opfer zwar etwas kleiner, aber sie wird auch menschlicher.

Cornelia Gröschel war für uns die ideale Darstellerin der Schönen. Sie ist begeisterungsfähig und ehrgeizig, kann singen, tanzen und reiten. Normalerweise hat man Doubles für Galoppszenen, kann dann aber auch nicht so eindrucksvolle Zeitlupen-Nahaufnahmen der Heldin machen, die viel zur Atmosphäre des Films beitragen (vgl. Abb. 1). Cornelia Gröschel war in der Rolle energisch und innig. Ihr Spiel mit den Augen erzeugt Tiefe. Und immer wirkt sie authentisch.

Abb. 1: Cornelia Gröschel als schöne und zugleich tatkräftige, willensstarke junge Frau in *Die Schöne und das Biest* (Foto: Hermann Dunzendorfer)

Wie kann man in 90 Minuten glaubhaft machen, dass die Schöne und das Biest sich am Ende lieben werden? Wie nimmt man den Zuschauer mit und führt ihn von „Elsa soll dem Biest entkommen" zu „Elsa, sag ja zum Biest"? Damit der Zuschauer das Biest mögen kann, wandelt es sich: Zu Beginn ist es egozentrisch, distanzlos und nur an seinen eigenen Bedürfnissen orientiert. Naiv glaubt es, Elsas Liebe erzwingen zu können. Es ist kein feiner Herr mit tierischem Aussehen wie bei Beaumont, sondern ein wildes Tier, das Elsa erschreckt, am Arm reißt, ihre Rose wegschleudert und sie gefangen nimmt. Das Tierische spiegelt sich in seinem Knurren und Brüllen. Anfangs spricht das Biest nur in kurzen Sätzen, im Laufe des Films wird seine Sprache komplexer, das Knurren tritt zurück. Der Humanisierungsprozess ist also auch eine Rückgewinnung von Sprache.

Das Biest setzt alles daran, Elsa den Aufenthalt so angenehm wie möglich zu machen und sie von sich zu überzeugen. Es wäscht sich, lässt sauber machen und kochen, schenkt Elsa Kleider und Schmuck. Elsa unternimmt trotzdem zwei Fluchtversuche und riskiert beim zweiten, als sie aus dem Turmfenster klettert, sogar ihr Leben, denn sie stürzt ab. Das Biest, das inzwischen beunruhigt ist, weil sich die Situation anders entwickelt, als es erwartet hat, fängt sie auf und erhält zum Dank eine Ohrfeige. Doch diesmal wird es nicht zornig. Grübelnd sitzt das Biest im Morgengrauen auf der Burgmauer und erspäht plötzlich eine Maus, die es fressen will (vgl. Abb. 2). Die Maus kämpft in der Pranke des Biestes um ihr Leben. Da lässt das Biest die Maus frei. Diese Szene ist ein Wendepunkt, der ganz ohne Sprache auskommt. Das Biest spürt, dass es sich wandeln muss. Es erkennt, dass es Liebe nicht erzwingen kann und dass sie nicht einseitig funktioniert. Es versetzt sich erstmals in Elsa hinein. Das Biest macht Elsa einen Vorschlag: Wenn sie bis zum nächsten Feiertag bei ihm bleibt, um ihn kennen zu lernen, ist sie danach frei und wird mit Gold beschenkt. Die Aussicht, ihren Vater aus der Not zu retten, lässt Elsa zustimmen. Durch den Handel wird aus der Gefangenschaft eine Art Vertragssituation. Damit wird die Beziehung der beiden auf eine neue Stufe gehoben – und gleichzeitig strukturiert das den Film im Handlungsablauf und in der Erzählzeit.

Abb. 2: Das grübelnde Biest auf der Burgmauer in *Die Schöne und das Biest* (Foto: Hermann Dunzendorfer)

Max Simonischek, der für die Rolle jeden Morgen vier Stunden in der Maske verbrachte, hat die Wandlung vom Tierischen zum Menschlichen mit großem Ausdrucksreichtum verkörpert. Anfangs aggressiv, grob, tierisch, auch leidend, bis hin zu zarten Momenten, aber immer kraftvoll. Nach eigener Aussage hat er in seinem Spiel versucht, in sich das Tier zu finden.

Wichtig war uns, dass Elsa auch in der Vertragssituation nicht einfach nur passiv abwartet und die Zeit für sich arbeiten lässt, sondern dass sie entsprechend ihrem energischen Charakter aktiv bleibt: Sie versucht, das Geheimnis des Schlosses und seiner verzauberten Bewohner zu ergründen. Auf den ersten Schlüssel zu diesem Geheimnis stößt sie bei ihrem ersten Fluchtversuch, als sie im Keller auf verstaubte Porträts einer Königsfamilie stößt. Der lange Blick, den sie auf das Porträt des Prinzen wirft, legt eine erste Spur dafür, dass die Lösung des Rätsels ihr gefallen könnte. Elsa fragt sich, wer der Dargestellte sein könnte. Als sie sich umdreht, steht hinter ihr das Biest. Der aufmerksame Zuschauer versteht, dass die Antwort auf Elsas Frage vor ihr steht. Auf Träume, in denen der Schönen das Biest schon in seiner wahren, prinzlichen Gestalt erscheint, haben wir bewusst verzichtet, nicht nur, weil es die Schöne zu passiv gemacht hätte, sondern auch weil ihre Entscheidung für das Biest am Schluss keine Größe hätte, wenn sie schon vorher wüsste, wer in der tierischen Hülle steckt.

Unser Film ist ein *all age*-Film, er ist nicht nur für Erwachsene gedacht, wie Cocteaus Film, sondern auch für Kinder. Daher wollten wir die Spannung und den gelegentlichen Grusel durch humorvolle Elemente auflockern, eine klaustrophobische Atmosphäre vermeiden. Bei Disney wurde dieses Problem durch das personifizierte Geschirr gelöst. In der Diskussion waren sprechende Tiere, bei Dreharbeiten in Innenräumen von historischen Burgen praktisch nicht machbar, und auch sprechende Bilder wie bei *Harry Potter*. Unsere Lösung war lebendig und kostengünstig: zwergenhafte, verzauberte Diener

Abb. 3: Komische Figuren als Zugeständnis an das *all age*-Publikum in *Die Schöne und das Biest* (Foto: Hermann Dunzendorfer)

als komödiantische Elemente. Karsten Kramer und Carolin Walter sind beide etwa 1,50 m groß, Max Simonischek misst über 1,90 m. Der an sich schon komische Größenunterschied wurde durch entsprechende Kameraperspektiven noch hervorgehoben. Regisseur Marc-Andreas Bochert gab den Dienern Wenzel und Irmel noch Eselsohren und eine Schweinenase als äußeres Zeichen, dass auch diese beiden unter demselben Fluch wie das Biest stehen. Bei den Dienern, die dem „niederen Paar" des klassischen Dramas entsprechen, wirkt die tierhafte Verzauberung aber nicht bedrohlich, sondern lustig (vgl. Abb. 3).

Die innere Entwicklung der Figuren spiegelt sich in der äußeren Entwicklung, wobei Szenenbild, Requisite, Kostüm und Maske die inneren Veränderungen visualisieren. Besonders deutlich wird dies in den drei Essensszenen. In der ersten Szene reißt das Biest knurrend blutiges Fleisch vom Knochen. Elsa weigert sich zu essen. In der zweiten Szene wird eine einfache Suppe mit Holztellern und Holzlöffeln serviert. Elsa schmeckt die Suppe, und das Biest lässt von seinen Fleischknochen ab, versucht ungeschickt Suppe zu löffeln und wischt sich den Mund mit dem Tischtuch ab. In der letzten Essensszene ist der Tisch perfekt gedeckt, das Essen aufwendig, und das Biest hat seine höfischen Tischsitten wiedergewonnen.

Wichtig war uns, dass die Schöne dabei nicht die klassische weibliche Rolle spielt und das Biest „erzieht". Sie will zunächst nur den Vertrag erfüllen, um mit dem Geld ihren Vater zu retten. Ebenso wichtig war uns, dass das Biest stark und viril bleibt, auch wenn sich das Kräfteverhältnis zwischen ihm und Elsa allmählich verschiebt. Es sollte nicht ironisiert werden und klein wirken. Wenn das Biest sich ändert und Schritt für Schritt zur Humanität zurückkehrt, dann tut es das, weil es das selbst will, nicht weil Elsa es fordert.

In dieser Geschichte über eine Metamorphose ist alles auf Wandel und Veränderung angelegt: Deshalb treibt jede Szene die Geschichte voran und stellt in sich wiederum ein kleines Miniaturdrama dar. Auf eine Annäherung folgt sofort eine neue Konfrontation: Elsa freut sich über die Suppe, das Biest freut sich über ihren Appetit, doch dann fragt sie ihn nach den Porträts und verdächtigt ihn, die Königsfamilie ermordet zu haben. Schon finden sich die beiden in einem neuen Konflikt, aber eine Stufe weiter, als sie vorher waren. Wendungen und Gefühlsumschwünge gibt es nicht nur in der Gesamtdramaturgie, sondern in jeder Szene.

Zeit und Zeitdruck spielen eine wichtige Rolle in unserem Film. Deshalb wehen immer wieder Rosenblätter im Burghof davon und erinnern daran, dass die verzauberten Burgbewohner sterben müssen, wenn alle Rosen verblüht sind. Die

Notwendigkeit, eine große Entwicklung quasi im Zeitraffer zu erzählen, war eine Herausforderung. Ein Beispiel ist die Bibliotheksszene, in der das Biest seine Lesefähigkeit wiedergewinnt. Erst buchstabiert es mühsam mit dem Krallenfinger auf den Zeilen, dann liest es flüssiger und schließlich spricht es auswendig ein mittelalterliches Gedicht.[6] Auch diese Szene, in der zum ersten Mal eine Nähe zwischen Elsa und dem Biest entsteht, dreht sich, als das Biest das Tuch des Ritters bei Elsa entdeckt. Tief verletzt flieht es in den Wald, während Elsa in ihrem Zimmer die Kette ihrer Mutter findet, die das Biest ihr zurückgeholt hat.

Nicht nur das Biest, auch Elsa verändert sich, als sie am nächsten Tag das Biest in seinem verkommenen Zimmer sucht, um ihm für die Kette zu danken. Sie öffnet sich und erzählt, dass sie sich für den Tod der Mutter verantwortlich fühlt und daher immer bei ihrem Vater bleiben will. Das Biest erlöst Elsa von ihrem Trauma, indem es ihr sagt, die Mutter hätte gewollt, dass ihre Tochter lebt. Damit befreit das Biest Elsa von ihren Schuldgefühlen und zugleich auch von ihrer extremen Vaterbindung. Komplementär zur aufsteigenden Entwicklung Elsas wird parallel der soziale Abstieg des Vaters erzählt. Nun erst ist sie bereit für ein eigenes Leben und die Liebe.

Im letzten Akt sollte die Spannung möglichst noch steigen. Das Geheimnis des Fluchs sollte so spät wie möglich geklärt und in großen Bildern erzählt werden. Am Abend, bevor Elsa gehen darf, richten die verzauberten Schlossbewohner ein Festmahl aus, bei dem das Biest erzählt, dass der Prinz auf dem Porträt nach dem Tod seiner Eltern das Land ruiniert habe, deshalb verflucht worden und ungeliebt gestorben sei. Als das Biest Elsa einen erneuten Heiratsantrag macht, kann Elsa sich nicht überwinden, „ja" zu sagen. Sie erinnert das Biest an sein Versprechen, sie gehen zu lassen, und flieht im Aufruhr der Gefühle aus der Burg. Draußen tobt ein Gewitter, im Wald stürzen die Bäume um, Elsa bleibt mit ihrem Kleid hängen, ein vom Blitz getroffener Baum stürzt nieder, aber das herbeieilende Biest fängt mit übermenschlicher Kraft den Baum auf. Es wollte Elsa den versprochenen Beutel mit Gold bringen. Elsa will dem verletzten Biest helfen, aber das Biest schickt sie weg: „Geh nach Hause, werde glücklich, dann bin ich es auch." Das ehemals ich-bezogene Biest kehrt zurück in sein Schloss, um dort zusammen mit den ebenfalls verfluchten Dienern zu sterben. Elsa befreit ihren Vater mit dem Gold vom Pranger und bringt ihn nach Hause. In einer durchwachten

---

[6] Der Kaiser Heinrich zugeschriebene Text lautet: „Mir sind die Reiche und die Länder untertan,/ immer wenn ich bei der Liebenswerten bin,/ und immer wenn ich von dannen scheide,/ dann ist alle meine Macht und mein Reichtum dahin,/ nur sehnsüchtigen Kummer, den zähle ich dann zu meiner Habe" (Schweikle 1977, S. 261). Das Gedicht passte verblüffend auf die Situation des Biestes.

Nacht wird Elsa klar, was das Biest ihr bedeutet, und sie entschließt sich, zu ihm zurückzukehren. Doch Ritter Bertold fängt sie ab, er will wissen, wo sie das Gold her hat. Plötzlich steht das Pferd des Biestes am Waldrand, Elsa entkommt und kann im Moment, als das letzte Rosenblatt verweht, das Biest durch ihren Kuss retten und den Fluch aufheben. Das Biest verwandelt sich zurück in den Prinzen. Da die Burg nun nicht mehr durch einen Zaubernebel verborgen ist, findet Bertold den Rivalen und kommt im Kampf um. Der Prinz bittet noch einmal um die Hand von Elsa, und diesmal stimmt sie glücklich zu.

In nur 19 Tagen und Nächten in Österreich auf den Burgen Seebenstein, Finstergrün und Moosham entstand ein dichter, temporeicher Film, wurden Figuren mit Sensibilität für ihre emotionale Entwicklung inszeniert, wurde eine große Geschichte groß ins Bild gesetzt: Das Bild von den stürzenden Bäumen im nächtlichen Sturm sieht nicht nach einem bloßen Fernsehbudget aus. Zu den großen Bildern gehören auch die zahlreichen Zeitlupenaufnahmen. Im Märchen ist ein gewisses Pathos möglich, ohne die Grenze zum Kitsch zu überschreiten, denn die Erzählform ist nicht realitätsgebunden. Nur im Märchen lässt sich ein Moment des vollkommenen Glücks darstellen, ohne dass es kitschig wird. Die Filmmusik unterscheidet sich von der üblichen Fernseh-Scoremusik, indem sie weniger auf Klängen aufbaut als auf Melodien, die bei vielen Zuschauern Gänsehaut erzeugen.

Die Schöne und das Biest gehört zu unseren erfolgreichsten Märchenverfilmungen, weil Kinder wie Erwachsene Identifikationsfiguren für sich finden. Jungen wie Mädchen sind fasziniert von der kraftvollen Gestalt des Biestes und von Elsas Mut, die Erwachsenen interessiert die Entwicklung der Beziehung. Das Märchen spricht ein menschliches Grundthema an, das alle Generationen interessiert. Nur wenn man das Märchen neu für sich entdeckt, kann man etwas machen, das im besten Fall auch Bedeutung für andere hat. Die Bedeutung, die man einem Film geben will, findet man erst im Prozess der Auseinandersetzung.

Was ist die „Botschaft" des Films? Natürlich geht es auch darum, dass es nicht nur äußerliche Schönheit gibt, sondern auch innere. Der hübsche Rivale ist am Ende die Liebe nicht wert. Die klassische Aussage „Man darf Menschen nicht nur nach ihrem Äußeren beurteilen" sollte zwar mitschwingen, aber nicht in den Vordergrund rücken. Sonst wäre es nämlich konsequent gewesen, wenn das Biest von Anfang an ein wohlerzogener Gentleman gewesen wäre wie bei Beaumont oder auch Cocteau, und das Biest hätte keine innere Wandlung gebraucht. Uns war es wichtiger zu erzählen, dass die Liebe alles und jeden verwandelt. Elsa und das Biest erlösen einander durch ihre Liebe, sie werden frei und erwachsen. Aus diesem Grund haben wir auch den Schluss geändert gegenüber dem klassischen

Märchen: Das Biest nimmt Elsa nicht das Versprechen ab, zurückzukehren nach einem Besuch beim Vater, weil es sonst sterben muss. Im Gegenteil: Das Biest schickt sie selbst nach Hause. Am Anfang ist das Biest ein absoluter Egozentriker, am Ende ist es bereit, sein Leben für das Glück der geliebten Frau zu opfern. Im Märchen kann man so radikal erzählen. Wir fanden das auch insofern konsequenter, als Elsa sich nur in völliger Freiheit, wenn kein Versprechen oder Zwang sie bindet, für ihn entscheiden kann.

In unserem Arbeitsprozess haben wir das Märchen neu entdeckt. Man glaubt, man kennt es. Aber man muss es sich neu zu eigen machen. Wir wollten das Märchen so erzählen, dass man es wiedererkennt, aber auch sagt: So habe ich es noch nicht gesehen.

5 Quellen

5.1 Filmografie

Es war einmal.../Die Schöne und das Tier (Orig. *La Belle et la Bête*), R. Jean Cocteau, F 1946.
Die Schöne und das Biest (Orig. *Beauty and the Beast*), R. Gary Trousdale, Kirk Wise, USA 1991.
Die Schöne und das Biest: Weihnachtszauber (Orig. *Beauty and the Beast: The Enchanted Christmas*), R. Andrew Knight, USA 1997.
Die Schöne und das Biest: Belles zauberhafte Welt (Orig. *Belle's magical world*), R. Cullen Blaine, Daniel de la Vega, Barbara Dourmashkin, Bob Kline, USA 1998.
Beauty and the Beast (Orig. *Blood of Beasts*), R. David Lister, ZAF/UK 2005.
Die Schöne und das Biest, R. Marc-Andreas Bochert, D 2012.
Die Schöne und das Biest (Orig. *La Belle et la Bête*), R. Christophe Gans, F 2013.

5.2 Primärliteratur

Apuleius: Amor und Psyche. In der Übersetzung von Albrecht Schaeffer. In: Neumann, Erich: Deutung eines Märchens. Ein Beitrag zur seelischen Entwicklung des Weiblichen. Düsseldorf: Patmos 1995, S. 10-60.
Allera, Sophie/Reynau, Denis (Hrsg.): La Belle et La Bête. Quatre métamorphoses (1742-1779). Nivelle de la Chaussée: *Amour pour Amour*. Leprince de Beaumont: *La Belle et la Bête*. Marmontel: *Zémire et Azor*. Genlis: *La Belle et la Bête*. Saint-Étienne: Publicatios de l'Université de Saint-Étienne 2002.
La Fontaine, Jean (de): Les Amours de Psyché et de Cupidon. Éd. Critique de Michel Jeanneret avec la collaboration de Stefan Schoettke. Paris: Le Livre de Poche 1991.

Beaumont, Jeanne-Marie Le Prince (de): Contes et autres écrits, présentés par Barbara Kaltz. Oxford: Voltaire Foundation 2000.
— Die Schöne und das Tier. Ein Märchen. Frankfurt/M.: Insel-Verlag 1988.
Grimm, Jacob/Grimm, Wilhelm: Die Kinder- und Hausmärchen. Ausg. letzter Hand mit den Originalanmerkungen der Brüder Grimm herausgegeben von Heinz Rölleke. Stuttgart: Reclam 2003.
Marzolph, Ulrich (Hrsg.): Feen-Mährchen. Zur Unterhaltung für Freunde und Freundinnen der Feenwelt. Textkritischer Neudruck der anonymen Ausg. Braunschweig 1801. Hildesheim/Zürich/New York: Georg Olms Verlag 2000.
Schwabe, Johann Joachim: Der Frau Maria Le Prince de Beaumont lehrreiches Magazin für Kinder zu richtiger Bildung ihres Verstandes und Herzens für die deutsche Jugend eingerichtet. Leipzig: Weidmann 1766.

5.3 Sekundärliteratur

Apel, Friedmar/Miller, Norbert (Hrsg.): Das Kabinett der Feen. Französische Märchen des 17. und 18. Jahrhunderts. Darmstadt: Wissenschaftliche Buchgesellschaft 1984.
Artigas-Menant, Geneviève: «Les Lumières de Marie Leprince de Beaumont: nouvelles données biographiques». In: *Dix-Huitième siècle* 36 (2004), S. 291-301.
Assmann, Aleida/Assmann, Jan: Das Gestern im Heute. Medien und soziales Gedächtnis. In: Merten, Klaus/Schmidt, Siegfried J./Weischenberg, Siegfried (Hrsg.): Die Wirklichkeit der Medien. Wiesbaden: Springer 1994, S. 114-140.
Brüggemann, Theodor/Ewers, Hans-Heino (Hrsg.): Handbuch zur Kinder- und Jugendliteratur 1750-1800. Metzler: Stuttgart 1982.
Biancardi, Élisa (Hrsg.): Madame de Villeneuve *La jeune américaine et les contes marins (La Belle et la Bête). Les belles solitaires*. Madame Leprince de Beaumont *Magasin des Enfants* (*La Belle et la Bête*). Paris: Honoré Champion Éditeur 2008 (Bibliothèque des Génies et de Fées; 15).
Chiron, Jeanne/Seth, Catriona: Marie Leprince de Beaumont. De l'éducation des filles à *La Belle et la Bête*. Paris: Classiques Garnier 2013.
Elias, Norbert: Über den Prozeß der Zivilisation. Soziogenetische und psychogenetische Untersuchungen. Bd. 1. Wandlungen des Verhaltens in den weltlichen Oberschichten des Abendlandes. 15. Aufl. Frankfurt/M.: Suhrkamp 1990.
Erhart, Renate: Die Schöne und das Biest… von der Erzählung zum Film. Frankfurt/M.: Peter Lang 2007 (Beiträge zur Europäischen Ethnologie und Folklore. Reihe A: Texte und Untersuchungen; 7).
Fehling, Detlev: Amor und Psyche: Die Schöpfung des Apuleius und ihre Einwirkung auf das Märchen, eine Kritik der romantischen Märchentheorie. Wiesbaden: Franz Steiner 1977.
Forstner, Dorothea/Becker, Renate: Lexikon Christlicher Symbole. Wiesbaden: Matrix Verlag 2007.

Grätz, Manfred: Das Märchen in der deutschen Aufklärung. Vom Feenmärchen zum Volksmärchen. Stuttgart: Metzler 1988.

Herz, Ramona: „... wie die Prinzessin in der Geschichte" – Erziehung durch Identifikation mit Märchenfiguren im *Magazin der Kinder*. In: Märchenspiegel. Zeitschrift für internationale Märchenforschung und Märchenpflege 2 (2014), S. 12-19.

Hoggard, Lynn: Writing with the Ink of Light. In: Aycock, Wendell / Schoenecke, Michael (Hrsg.): Film and Literature. A Comparative Approach to Adaptation. Lubbock, Texas: Texas Tech University Press 1988.

Jolles, André: Einfache Formen. Legende / Sage / Mythe / Rätsel / Spruch / Kasus / Memorabile / Märchen / Witz. Tübingen: Niemeyer 1958.

Kaltz, Barbara: La Belle et La Bête – Zur Rezeption der Werke der Mme Leprince de Beaumont im deutschsprachigen Raum. In: Romanistische Zeitschrift für Literaturgeschichte – Cahiers d'Histoire des Littératures Romanes 13 (1989), H. 3 / 4, S. 275-301.

Katrinaki, Manouela: Tierverwandlung. In: Enzyklopädie des Märchens 10 (2013), Sp. 653-658.

Klingmaier, Thomas: *Es war einmal / Die Schöne und das Tier. La Belle et la Bête*. In: Friedrich, Andreas (Hrsg.): Filmgenres. Fantasy- und Märchenfilm. Stuttgart: Reclam 2003, S. 39-43.

Liptay, Fabienne: WunderWelten. Märchen im Film. Remscheid: Gardez 2004.

Megas, Georgios A.: Amor und Psyche. In: Enzyklopädie des Märchens 1 (1977), Sp. 464-472.

Messias, Hans: *Es war einmal. La Belle et la Bête*. In: Koebner, Thomas (Hrsg.): Filmklassiker. Stuttgart: Reclam 2006, S. 48-52.

Röhrich, Lutz: Erlösung. In: Enzyklopädie des Märchens 4 (1999), Sp. 195-222.

Reinhardt, Udo: Mythen – Sagen – Märchen. Eine Einführung mit exemplarischen Motivreihen. Freiburg i. Br., Berlin, Wien: Rombach Verlag 2012 (Rombach Wissenschaften – Reihe Paradigmata; 17)

Schweikle, Günther (Hrsg.): Die mittelhochdeutsche Minnelyrik. Bd. 1. Die frühe Minnelyrik. Texte und Übertragungen, Einführung und Kommentar, Darmstadt: Wissenschaftliche Buchgesellschaft 1977.

Shojaei Kawan, Christine: Tierbraut, Tierbräutigam, Tierehe. In: Enzyklopädie des Märchens 13 (2010), Sp. 556-565.

Swahn, Jan-Öjvind: The Tale of Cupid and Psyche. Lund: Gleerup 1955.

Uther, Hans-Jörg: The Types of International Folktales. A Classification and Bibliography. Based on the System of Antti Aarne and Stith Thompson. Helsinki: Suomalainen Tiedeakatemia 2004 (FF Communications; 284 / 285 / 286).

— Deutscher Märchenkatalog. Ein Typenverzeichnis. Münster: Waxmann 2015.

Wardetzky, Kristin: Amor und Psyche. In: Märchenspiegel. Zeitschrift für internationale Märchenforschung und Märchenpflege 3 (2012), S. 10-19.

Zipes, Jack: The Enchanted Screen. The Unkown History of Fairy-Tale Films. Routledge: Taylor & Francis 2011.

TOBIAS KURWINKEL

Raunende Graugnome und rauschende Bäume
Soundscape und Auralität in Tage Danielssons *Ronja Räubertochter* (SE/NOR 1984)

Tage Danielssons Filmadaption von Astrid Lindgrens Roman *Ronja Räubertochter* aus dem Jahr 1984[1] fand und findet in zahlreichen Veröffentlichungen Berücksichtigung, beispielhaft seien zu nennen *Der Kinderfilm von A bis Z* von 1988, *50 Kinderfilm Klassiker* aus dem Jahr 1995 oder zuletzt *Kinder- und Jugendfilm*, ein Reclam-Bändchen, das in der Reihe *Filmgenres* erschienen ist. In diesen, Katalogen nicht unähnlichen, Büchern werden zum „Klassiker" ernannte Kinder- und Jugendfilme zumeist mit Filmdaten, Inhaltsangabe und Kurzrezension dargestellt.

Davon abgesehen hat die Adaption von Lindgrens Räuberroman auch Eingang in den so genannten Kinderfilmkanon gefunden. Dieser entstand als Reaktion auf den Kanon der Bundeszentrale für politische Bildung aus dem Jahr 2003, der unter 35 Spiel- und zwei Dokumentationsfilmen nur wenige Kinder- und Jugendfilme enthielt. Der Kinderfilmkanon, den der Bundesverband Jugend und Film und die Zeitschrift *Kinder- und Jugendfilmkorrespondenz* gleichfalls 2003 erstellten, führt insgesamt vierzehn Filme auf, die sich an Kinder zwischen sechs und zwölf Jahren richten – und beinhaltet auch Filme, die im Kanon der Bundeszentrale zu finden sind.[2]

Im Folgenden wird auf die Grundlagen derartiger Kanones und Veröffentlichungen – auf die Klassiker- und Kanonforschung also – zurückgegriffen, um darauf aufbauend mögliche Kriterien für den Klassikerstatus von Kinder- und Jugendfilmen zu benennen. Anhand des Kriteriums der Ästhetik, zu dem auch und insbesondere die Gestaltung der *Soundscape* und die Auralität gehören, wird entwickelt, warum Danielssons *Ronja Räubertochter* zu Recht in den erwähnten Veröffentlichungen und im Kinderfilmkanon aufgeführt wird.

---

[1] Diesem Beitrag liegt ein Aufsatz zu Tage Danielssons *Ronja Räubertochter* zugrunde, den ich gemeinsam mit Philipp Schmerheim 2012 veröffentlicht habe; der vorliegende Text ergänzt diesen Aufsatz insbesondere um die ästhetische Gestaltung von *Soundscape* und Auralität.

[2] Siehe hierzu auch die Einleitung des vorliegenden Bandes, die auf diese Kanones eingeht.

1 Klassiker- und Kanonforschung

Da eine Klassiker- und Kanonforschung in der Kinder- und Jugendfilmforschung kaum stattgefunden hat bzw. stattfindet, orientiert sich dieser Beitrag an der Forschung zur Kinder- und Jugendliteratur. Bis heute kann diese in zwei Lager unterteilt werden, zwischen denen ein Graben verläuft, dessen Tiefe sich proportional zur ideologiekritischen Debatte verhält: Auf der einen Seite – welche die Mehrheit stellt – orientiert man sich am Postulat der Popularität und Langlebigkeit, in neueren Studien ergänzt um eine wirkungs- und rezeptionsgeschichtliche Perspektive (vgl. Kümmerling-Meibauer 1999, S. X). Zu dieser Seite gehört auch die Klassiker-Definition Klaus Doderers, nach der ein Kinderklassiker dann vorliegt, wenn das betreffende Werk beliebt und weitverbreitet war und auch in der Gegenwart noch rezipiert wird (vgl. Doderer 1984, S. 217-219).

Für Astrid Lindgrens Roman, den Prätext von Danielssons *Ronja Räubertochter*, trifft Letzteres zu: In der Trias der Märchenromane, zu denen *Ronja Räubertochter* wie auch *Mio, mein Mio* und *Die Brüder Löwenherz* zählt, nimmt der letzte Roman Lindgrens die bekannteste und bedeutendste Stellung ein; das Buch war mit 240.000 Exemplaren im ersten Jahr nach dem Erscheinen in Deutschland nicht nur Lindgrens größter Ersterfolg (vgl. Weitendorf 2007, S. 25), es ist ein Welterfolg, der in zahlreichen Übersetzungen gelesen wird. Was für den Roman gilt, gilt dabei erst recht für *Ronja Rövardotter*, wie der Titel der Filmadaption im schwedischen Original heißt: Bereits in den ersten zehn Wochen nach der Uraufführung hatten 1,3 Millionen Zuschauer/-innen den Film in den schwedischen Kinos gesehen. Damit hatte der Film nicht nur in kürzester Zeit das Doppelte seiner Produktionskosten eingespielt – umgerechnet etwa 3,5 Millionen Euro, eine große Summe zu dieser Zeit –, sondern auch alle bisherigen Publikumsrekorde gebrochen.[3] In Deutschland kam der Film 1986, ein Jahr nach der Auszeichnung mit dem Silbernen Bären auf den Internationalen Filmfestspielen, in die Kinos – und lief mit überragendem Erfolg. Bis heute ist seine Popularität „bei Groß und Klein ungebrochen" (Fröhlich 1995, S. 184). Das Postulat der Popularität und der Langlebigkeit ist damit erfüllt; dieser diachronen Bewertungsdimension entsprechend, die sich auf die Merkmale von Wirkung und Verbreitung bezieht, kann sowohl für den Roman als auch für den Film der Klassikerstatus attestiert werden.

---

[3] In den 1950er und 60er Jahren waren die Astrid-Lindgren-Filme – neben den Ingmar-Bergman-Filmen – die Exportgaranten des schwedischen Filmes. Die Bergman-Filme stellten jedoch häufig finanzielle Katastrophen dar; ohne die Lindgren-Filme hätte die größte schwedische Filmgesellschaft Svensk Filmindustri ihre Studios schließen müssen (vgl. Lange-Fuchs 2007, S. 49).

Eine synchrone Perspektive nimmt hingegen die zweite Seite der Klassiker- und Kanonforschung ein; ihr geht es um das Kriterium der Qualität in Verbindung mit einer Vorbildfunktion. Die Qualität eines Werkes wird dabei, wie beispielsweise im internationalen Lexikon *Klassiker der Kinder- und Jugendliteratur*, anhand von Teilkriterien wie Innovativität, Repräsentativität, Ästhetische Gestaltung, Einfachheit, Darstellung der kindlichen Erlebniswelt, Phantasie, Polyvalenz und Crosswriting beurteilt (vgl. Kümmerling-Meibauer 1999, S. IX-XVI).

Diese Kriterien können auch auf Kinder- und Jugendfilme übertragen werden, jedoch können nur wenige dazu dienen, die filmische Adaption eines Kinder- und Jugendromans, wie in diesem Fall, zu beurteilen – schließlich sind Kriterien wie Innovativität oder Repräsentativität bereits mit dem Prätext gegeben; dies gilt insbesondere deswegen, da es sich bei *Ronja Räubertochter* um den Adaptionstyp der Illustration handelt.

2 *Ronja Räubertochter* als Illustration

Der Begriff „Illustration" entstammt Helmut Kreuzers Typologie zur Unterscheidung von Filmadaptionen, in der vier Grundtypen unterschiedliche Positionen zur ‚Werktreue' einnehmen. Die Illustration hält sich, „so weit im neuen Medium möglich, an den Handlungsvorgang und die Figurenkonstellation der Vorlage und übernimmt auch wörtlichen Dialog" (Kreuzer 1999, S. 27). Dass sich der hier behandelte Film eng an seiner Vorlage orientiert, ist nicht weiter verwunderlich, schließlich hat Lindgren selbst das Drehbuch verfasst; sie befürwortete ‚werktreue' mediale Umsetzungen:

> Meine Regisseure haben das Drehbuch. Und wenn sie etwas verändern wollen, fragen sie. Wenn sie aber ihre eigene Dichtung machen wollen, können sie das ruhig tun, aber nicht mit meinen Büchern. (Zit. nach Lange-Fuchs 2007, S. 53)

Nichtsdestotrotz stellt der Film keine rein „filmische Version" des Buches dar, wie beispielsweise die Adaption von J. K. Rowlings *Harry Potter und der Stein der Weisen*, die sich den Vorwurf gefallen lassen musste, aufgrund ihrer „Buchstabentreue" nur ein Abziehbild des Romans zu sein (vgl. Kurwinkel/Schmerheim 2013, S. 67). Vielmehr nutzt der Regisseur die ihm zur Verfügung stehenden Gestaltungsmittel des Filmmediums, um eigene Schwerpunkte zu setzen. Diese Punkte betreffen mit Blick auf die Kriterien der synchronen Dimension vor allem die ästhetische Gestaltung des Films, zu deren Bewertung Thomas Koebner schreibt, dass es vor allem darum gehe, sich auf den Bild- und Bewegungsrhythmus der Dinge, auf das Spiel- und Handlungstempo, auf die Physiognomik der Menschen, Gegenstände, Orte, Landschaften einzulassen, [sich] auf die ‚Musikalität eines Films' [einzulassen]. (Koebner 2011, S. 343)

Im Vergleich zur literarischen Vorlage, in der Lindgren auf einen auktorialen Erzähler zurückgreift, setzt die Adaption auf die direkte Figurenrede und Interaktion der Schauspieler. Im Prätext verleiht dieser Erzähler der Geschichte einen märchenhaften Charakter: So wird die Vorstellung evoziert, man habe es mit einem Erzähler zu tun, der vor dem Rezipienten sitzend die Geschichte der Räuberkinder erzählt – ganz in der oralen Tradition der Märchenerzählung. Erreicht wird dies z. B. durch die Correctio im ersten Satz des Romans:

In der Nacht, als Ronja geboren wurde, rollte der Donner über die Berge, ja, es war eine Gewitternacht, dass sich selbst alle Unholde, die im Mattiswald hausten, erschrocken in ihre Höhlen und Schlupfwinkel verkrochen. (Lindgren 1982, S. 2)

Der Film verzichtet jedoch auf diese naheliegende Erzähloption und unterscheidet sich dadurch deutlich von seiner Vorlage. Stattdessen liefert er Aufnahmen von einem Blitz, der in einen Baum einschlägt und ein mit grellen Flammenzungen in der Nachtschwärze loderndes Feuer entfacht, das sich ausbreitet. Tiere flüchten schreiend, während die Wilddruden, phantastische harpyienähnliche Mischwesen, laut kreischend um die Mattisburg kreisen.

Im Mittelpunkt der Handlung, die so im Film ihren Anfang nimmt, steht die Beziehung zwischen Ronja und Birk, einer kindlichen Variante von Romeo und Julia mit einem glücklichen Ende.

3 Romeo und Julia im Märchenwald: zur dramaturgischen Struktur

Erkennbar ist die zentrale Rolle der Kinderbeziehung bereits an der Filmstruktur: Die Entwicklungsphasen der Beziehung bestimmen die Dramaturgie des Films (vgl. Abb. 1).

Die Grafik unterteilt den Film in fünf Sequenzen oder Akte und insgesamt neun Subsequenzen, gerahmt von einem Vorspann, den *credits* und einem Abspann, der Coda. Der dramaturgische Aufbau folgt damit dem Drei- bzw. Fünf-Akt-Schema, das seit Aristoteles' *Poetik* mit Exposition, Konfrontation und Auflösung das kanonische Format des Erzählens darstellt. In den 1920er Jahren etablierte sich in

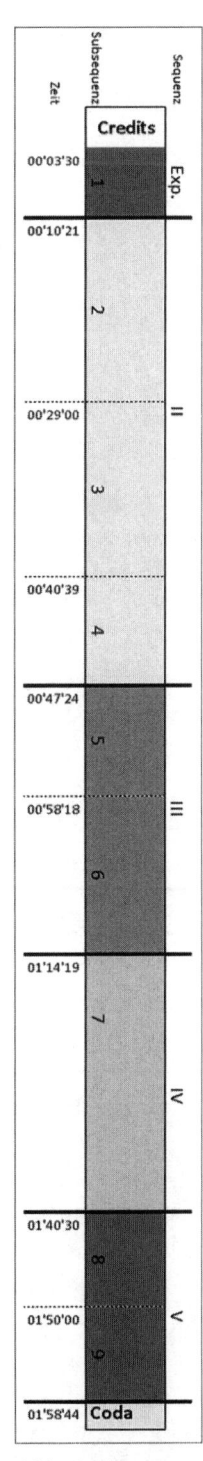

Hollywood eine spezifische Variante dieses Schemas, das seitdem die Dramaturgie vieler Filme bestimmt; diese Variante baute der Drehbuchautor und -theoretiker Syd Field in den 1980er Jahren aus und unterrichtete sein Grundmuster oder Paradigma der dramatischen Struktur an der *USC School of Cinematic Arts* in Los Angeles. Eine besondere Rolle in diesem Paradigma spielen die sog. *plot points*, also besondere Punkte, die einen „Vorfall oder ein Ereignis, das in die Geschichte eingreift", darstellen (Field 2000, S. 12). Derartige *plot points* positioniert Danielsson präzise am Ende der Subsequenzen 2 bis 4, sie stellen gefährliche Situationen dar, aus denen sich Ronja und Birk gegenseitig retten müssen: Am Ende von Subsequenz 2 rettet Ronja Birk aus dem Höllenschlund, Subsequenz 3 endet damit, dass beide Kinder nur mit gegenseitiger Unterstützung aus dem Nebelwald gelangen, und in Subsequenz 4, welche die Sequenz II des Films beschließt, rettet schließlich Birk die im Schnee feststeckende Ronja aus ihrer lebensbedrohlichen Notlage. Auf diese Weise sind die Kinder gezwungen, einander trotz der zwischen ihren Familien herrschenden Fehde zu helfen.

Im Mittelpunkt von Sequenz III (Subsequenzen 5 und 6) steht die sich heimlich entwickelnde Freundschaft, gefolgt in Sequenz IV von den ersten Versuchen, die Bindung an die Eltern zu lösen (Subsequenz 7). Sowohl Film als auch Buch lösen dieses Spannungsverhältnis zwischen Partner und Eltern letztendlich auf, indem die verfeindeten Familiensippen angesichts der glücklichen Heimkehr der verlorenen Kinder ihre Streitigkeiten beilegen (Subsequenzen 8 und 9). Der Schluss des Films wird mit einer Szene eingeleitet, in der Ronja und Birk auf einer Brücke über den Höllenschlund turnen (Subsequenz 9). Die Coda erhält zyklischen Charakter: Nach Glatzen-Pers Tod reiten Ronja und Birk einem hellen Frühlingsmorgen entgegen. Das letzte Bild des Films ist eine Großaufnahme der aufgehenden Sonne, die an die Aufnahme des Sonnenuntergangs in der Exposition anknüpft und das zyklische Moment der Geschichte verdeutlicht: Die Zukunft steht den Kindern offen, oder, wie Birks Mutter Undis sagt: „Was in ein paar Jahren daraus wird, das weiß man ja!" (1:09:19).

Abb. 1: Sequenzgrafik *Ronja Räubertochter* (SE/NOR 1984)

Im Vergleich zum Roman verzichtet der Film auf viele kleine Nebenhandlungen (vgl. Maldacker 2002, S. 97-102); die Filmhandlung wird dadurch verdichtet und vor allem auf die Beziehung zwischen den Kindern sowie auf die Parallelsetzung mit den Beziehungsmustern der Eltern konzentriert.

Während die Verzahnung der Anfangs- und Endszenen den Film in seiner Gesamtheit rahmt, strukturieren die gegenseitigen Rettungsaktionen der Kinder – wie erwähnt – die erste Hälfte und damit die zweite Sequenz des Films.

4 Zur ästhetischen Gestaltung des Films

Die emotionale Entwicklung der Kinderbeziehung wird vor allem über körperliche Nähe und Distanz abgebildet: Während Ronja und Birk sich anfänglich kaum berühren, abgesehen von einigen Auseinandersetzungen und Ohrfeigen, die Ronja Birk versetzt, werden Körperberührungen für die Kinder im weiteren Verlauf immer selbstverständlicher. Den Wendepunkt der Beziehung zwischen den Kindern markiert Birks rettendes Erscheinen (vgl. 0:45:50), als er Ronja aus dem Schneeloch befreit, in das sie mit dem rechten Fuß eingesunken ist. Ab diesem Zeitpunkt akzeptiert Ronja Birk uneingeschränkt als Freund. Die Wechsel zwischen Nähe und Distanz werden in verschiedenen Szenen sowohl im Roman als auch in der Filmadaption durch Ronjas Lederriemen symbolisiert: So rettet Ronja Birk mit ihrem Riemen aus dem Höllenschlund, in den Birk abzurutschen droht (vgl. 0:27:31), und so führt Ronja Birk an diesem Lederriemen aus dem Nebel (vgl. 0:34:56). In letzterer Rettungsaktion werden – wie auch bereits bei der ersten Rettung am Höllenschlund – klassische Rollenverteilungsmuster umgekehrt: Es ist Ronja, die Birk durch den Wald leitet und ihm erlaubt, ihr unter Einhaltung einer Riemenlänge Abstand zu folgen. In dieser Szene tritt Birk jedoch erstmals selbst als Retter auf, indem er Ronja kurze Zeit später aus der Hypnose der Unterirdischen – Wesen, die unterhalb des Waldbodens leben und nur bei Nebel an die Oberfläche kommen – befreit.

Insbesondere in emotional wichtigen Situationen arbeitet Tage Danielsson ausführlich mit Großaufnahmen von den Gesichtern der kindlichen Schauspieler, unterstützt von einem Beleuchtungsschema, das deren Augen besonders betont. In emotional eher unwichtigen Situationen bleibt die Kamera hingegen weitgehend auf Distanz. Nun ist es gängige Praxis im *Mainstream*-Kino, Dialoge und emotional intensive Situationen mit Groß- und Detailaufnahmen zu begleiten. Gerade deshalb hilft diese Art von Kameraarbeit dabei, dem (kindlichen bzw. jugendlichen) Publikum die emotionale Entwicklung der Kinderbeziehung zu verdeutlichen. Die zentrale Rolle von Großaufnahmen zeigt sich bereits bei der Einführung der Hauptfigur Ronja mittels eines auffälligen *match cuts*.

Abb. 2 u. 3: *Match cut* in *Ronja Räubertochter* (SE/NOR 1984), 0:10:20/21

Der Film schneidet von einer Großaufnahme des neugeborenen Säuglings Ronja (vgl. Abb. 2) zu einer ähnlich komponierten Aufnahme des mittlerweile elf Jahre alten Mädchens (vgl. Abb. 3). Beide Gesichter sind im Mittelbereich des Bildes positioniert, der Aufnahmewinkel der Kamera ist beinahe identisch. Auf diese Weise überspringt der Film, ähnlich Stanley Kubricks *match cut* in *2001 – A Space Odyssey* (1968), den Zeitraum zwischen der ungewöhnlichen Geburt des Kindes und ihrer ersten Begegnung mit dem Räuberjungen Birk.

5 *Soundscape*

Doch der Film als solches ist nicht nur ein visuelles Medium, dessen Gestaltung durch Kameraarbeit, Beleuchtung und Bildkomposition bestimmt wird, sondern auch ein auditives Medium. Gerade das zeitgenössische Kino, und mit ihm der Kinder- und Jugendfilm, kann ohne die Berücksichtigung der vielfältigen Weisen, Bild und Ton zu kombinieren, nicht verstanden werden. Erst die Tonspur synthetisiert den Film zu einem „Gesamtkunstwerk" (Borstnar/Pabst/Wulff, 2008, S. 138). Unterschieden wird der Ton nach verschiedenen Sorten, nach Arten von akustischen Signalen in „ihrer identifizierten und klassifizierten Form" (ebd., S. 139). Die Synthese der Tonsorten, bei denen gesprochene Sprache, Geräusche und Musik differenziert werden, ergibt die *Soundscape*, die Klangwelt, des Films.

Ein schönes Beispiel für die *Soundscape* von *Ronja Räubertochter* liefern bereits die ersten Tonminuten des Films, die dramaturgisch als akustische Klammer einen Übergang zwischen den *credits* und der Exposition des Films bilden: Zu hören ist der vielstimmige Männergesang, den der schwedische Filmmusiker Tor Björn Engelbrekt Isfält komponiert hat; dieser stellt die Titelmusik und nimmt als *score*, als Musik, die eigens für den Film komponiert wurde, die Stimmung sowie musikalische Motive des Films vorweg. Die Titelmusik fungiert leitmotivisch, die verwendeten Melodien und Rhythmen tauchen in variierter Form immer wieder im Verlauf des Films auf.

Weiter sind Geräusche zu hören; Vogelgezwitscher, das Getrappel von Pferdehufen, Wiehern, Hundebellen und der helle Ton, der entsteht, wenn ein Schmied mit seinem Hammer ein Werkstück bearbeitet und den Amboss trifft. Geräusche werden in drei Arten unterteilt, in natürliche und künstliche sowie in Hintergrund-Geräusche; die ersten Tonminuten des Films bestehen sowohl aus natürlichen Geräuschen als auch aus Hintergrund-Geräuschen: Natürliche Geräusche sind mit bestimmten Aktionen oder Vorgängen im Film synchronisiert, hierzu zählen beispielsweise die Pferdehufe und das Wiehern der Tiere, die mit Reittieren verknüpft sind, die während der *credits* gezeigt werden. Hintergrund-Geräusche, die auch als Atmo bezeichnet werden, können hingegen nicht direkt mit Aktionen oder Vorgängen im Film in Verbindung gebracht werden; ein Beispiel dafür ist das Vogelgezwitscher.

Diese wenigen Minuten Ton beschreiben gelungen die Welt, in der Ronja und Birk leben – sie führen in die Natur des phantastischen Waldes, zeichnen ein akustisches Bild der Räuber und verorten die Filmerzählung nicht zuletzt in der Zeit des Mittelalters. Letzteres evoziert zum einen der Gesang, der melismatisch gestaltet ist: Mehrere Noten kommen auf einen Vokal, was an den

Gesang erinnert, der im Früh- und Hochmittelalter im Gregorianischen Choral und im orthodoxen Kultgesang große Bedeutung hatte. Verstärkt wird der Verweis auf das Mittelalter – Danielsson hat im Buch zum Film angegeben, dass die Handlung vor „etwa acht- bis neunhundert Jahren" (Danielsson 1985, S. 11) spiele – durch die Hintergrund-Geräusche der Metallbearbeitung.

Musik nimmt im Werk Astrid Lindgrens eine wichtige Rolle ein – zum Beispiel in Form der Volkslieder, die Lindgrens Figuren in ihren Büchern singen und die zu Anfang des 20. Jahrhunderts in Schweden, insbesondere in Småland, populär waren (vgl. Gustafsson 2011, S. 187). So wie die Lieder in *Rasmus und der Landstreicher*, welche die Protagonisten „auf der Walze" singen, um – wie es heißt – „eine Kleinigkeit" (Lindgren 2008, S. 99) zu verdienen. Je trauriger der Inhalt der Lieder dabei ist, desto zufriedener sind die Leute, wie Oskar Rasmus erklärt (vgl. Lindgren 2008, S. 99).

Bedeutsamer – vor allem für *Ronja Räubertochter* – sind jedoch die zahlreichen Lieder, die Astrid Lindgren geschaffen hat: Angefangen beim wohlbekannten *Hej, Pippi Langstrumpf* über Titel wie *Seeräuber-Opa Fabian*, das *Fleischwurstlied*, *Michel war ein Lausejunge* oder *Der allerbeste Karlsson auf der Welt*. Es sind Lieder, wie Magnus Gustafsson schreibt, die zum Repertoire jedes schwedischen Kindes gehören, da sie in Kindergärten und Schulen gesungen werden, und die heute als Volkslieder die kulturelle Identität Schwedens mitbestimmen (vgl. Gustafsson 2011, S. 187). Dass diese Lieder in Kindergärten und Schulen gesungen werden, dürfte nicht zuletzt auch für Deutschland gelten, schließlich sind sowohl Astrid Lindgren als auch ihre Werke in keinem Land außerhalb Schwedens so populär wie hier (vgl. Weitendorf 2007).

Zu diesen Liedern gehört auch das *Wolfslied*, dem sowohl im Roman als auch besonders im Film eine wichtige Rolle zukommt. Bereits in der Exposition der Filmhandlung wird das Lied eingeführt: Als Lovis Ronja gebiert, singt die werdende Mutter das Lied über den hungrigen Wolf, der nachts im Wald heult, während zu Blitz und Donner die Wilddruden um die Mattisburg kreisen. Im Roman singt Lovis gleichfalls zu Beginn, das Wolfslied wird aber erst im zweiten Kapitel erwähnt:

> Sie [Ronja] kroch lieber in die Schlafalkoven, und da lag sie lange wach, bis sie Lovis das Wolfslied singen hörte, wie Lovis es allabendlich tat, wenn es für die Räuber an der Zeit war, das Feuer zu verlassen und die Schlafkammern aufzusuchen. In der Steinhalle schlief niemand außer den dreien, Ronja und Mattis und Lovis. (Lindgren 1982, S. 28)

Abgesehen von seiner Funktion als Signal für die Räuber, schlafen zu gehen, übernimmt das Lied im Roman zunächst eine Rolle als Leitmotiv für die Geborgenheit bei der Mutter in der sicheren Mattisburg. Für Ronja bildet das *Wolfslied* eine Konstante, die ihre Mutter, „gleichgültig, ob der Tag voll Freude oder voll Kummer gewesen" (Lindgren 1982, S. 139) ist, intoniert, wobei nur der Titel des Liedes im Roman genannt wird. Für den Film dichtete Astrid Lindgren einen Liedtext in vier Strophen, zu dem Isfält, der auch für *Die Brüder Löwenherz* (SE/ISL 1977) und *Rasmus und der Vagabund* (SE 1981) verantwortlich komponierte, die Musik schrieb.

Abb. 4: *Das Wolfslied*, Text Astrid Lindgren, Musik Björn Isfält (Lindgren 2007, S. 36)

Das Lied steht im 6/8-Takt und erinnert durch die Atemrhythmus und Herzschlag imitierende Taktart an Wiegen- oder Schlaflieder. Der geringe Ambitus, die Tonrepetitionen, der syllabische Gesang und nicht zuletzt die ruhige, langsame Vortragsweise tragen zu dieser Charakteristik bei (vgl. Abb. 4).

Forcierter als der Prätext nutzt der Film das *Wolfslied*, um die Beziehung der Kinder und den Abnabelungsprozess Ronjas zu beschreiben; hierzu wird der Text des Liedes eingesetzt: Singt oder summt Lovis in der Exposition sowie in zwei weiteren Szenen Vers und Chorus („[d]u Wolf, du Wolf komm nicht hierher. Mein Kind bekommst du nie mehr") des Liedes, singt Ronja nur den Vers für Birk, in dem der Mutter-Kind-Kontext nicht enthalten ist – Ronja nimmt somit nicht die Mutterrolle von Lovis ein, sondern die Rolle der Partnerin, die das Wiegenlied nutzt, um den Partner in den Schlaf zu singen.

Abgesehen vom *Wolfslied* arbeitet Danielsson vor allem mit musikalischen Motiven, die leitmotivisch eingesetzt werden; ein Beispiel dafür ist das Freundschaftsmotiv, ein Instrumentalstück, das in verschiedenen Tonlagen und Tempi gespielt wird und die Beziehung zwischen den Kindern thematisiert (vgl. Maldacker 2002, S. 96). Eingeführt wird das Motiv bei der ersten Begegnung von Ronja und Birk am Höllenschlund (vgl. 0:25:26).

Abb. 5: Auszug Freundschaftsmotiv

An dieser Stelle werden jedoch nur die ersten Töne, die ersten zwei Takte des Instrumentalstücks gespielt (vgl. Abb. 5); damit reflektiert es musikalisch den Beginn der Beziehung. Nach der Rettung von Ronja aus dem Schneeloch wird das gesamte Motiv gespielt – und damit die Etablierung der Freundschaft auf der musikalischen Ebene gespiegelt.

Interessant ist zudem, dass das Motiv bei der Begegnung am Höllenschlund diegetisch eingesetzt wird: Birk pfeift die Töne des Stücks, das damit an die Figur und ihre Perspektive gebunden wird, Teil der Handlung ist. Später ist die Musik nicht mehr figural, ihre Quelle liegt nicht mehr in der filmischen Diegese, nicht mehr in der erzählten Filmwelt. Sie nimmt damit eine Art objektiver Perspektive ein, womit sie der Beziehung von Ronja und Birk auf dieser Ebene eine besondere Qualität zuweist.

6 Auralität

Der Begriff „Auralität" bezeichnet solche Wirkungsweisen, bei denen auditive Signale der *Soundscape* – also Mono- und Dialoge, Geräusche und Musik – im Rahmen der Montage ihres Zusammenspiels mit visuellen Elementen eine die Rezeption leitende Funktion übernehmen. Aurale Struktur- und Gestaltungselemente meinen „rhythmische Verschränkungen von Bild und Ton, Kamera- und Figurenbewegung, die ‚Metrik' der Montage, ‚musikalisierte'

Montagestrukturen oder narrative Strukturen, die sich am Aufbau von Musikstücken orientieren" (Kurwinkel / Schmerheim 2013, S. 282).

Dementsprechend lassen sich Intensitätsgrade der Auralität festlegen, die von schwacher hin zu starker Auralität reichen. Wird die Tonspur (oder Aspekte der Tonspur) mit einer „Bewegungskategorie" der Bildspur wie den Bewegungen der (tatsächlichen oder implizierten) Kamera im Filmraum, den Bewegungen von Figuren und Gegenständen, der Eigenbewegung des Filmraums oder den Schnitten zwischen einzelnen Bildeinstellungen synchronisiert, handelt es sich um schwache Auralität. Beispielsweise liegt diese vor,

Abb. 6: Singende Edelfrau in *Ronja Räubertochter* (SE / NOR 1984), 0:15:38
Abb. 7: Ronja beim Eierpellen in *Ronja Räubertochter* (SE / NOR 1984), 0:17:28

wenn sich Filmfiguren – wie z. B. in den *Pippi-Langstrumpf*-Filmen (SW/D 1969/70) – durch eine ansonsten statische Einstellung bewegen und dabei ein Lied singen. Wird die Tonspur (oder Aspekte der Tonspur) hingegen mit mehr als einer Bewegungskategorie synchronisiert, etwa mit Figuren- und Kamerabewegungen, wird dies als starke Auralität bezeichnet. Aurale Verschränkungen von Bild- und Tonspur haben dabei nicht den Charakter eines bloßen „cinematic excess" (vgl. Thompson 1977). Auralität kann vielmehr, wie auch der traditionelle Einsatz von Filmmusik oder bestimmten Kameraeinstellungen, verschiedene narrative, strukturelle, dramaturgische oder immersive Funktionen einnehmen (vgl. Kurwinkel/Schmerheim 2014).

Ein Beispiel für aurale Verschränkungen von Bild und Ton in *Ronja Räubertochter* bietet der Raubzug der Mattisräuber in der 2. Subsequenz: Hier sind mit der Tonebene vor allem die Figurenbewegungen, vereinzelt aber auch Kamerabewegungen und Schnitte synchronisiert; rhythmisch gesetzt sind diese zu einer Synthese aus sowohl diegetischer als auch nicht-diegetischer Musik und Geräuschen. Unterlegt ist der Raubzug mit einem Musikstück namens *Lady's Song*[4], das von einer Edelfrau auf einer Sänfte gesungen und von mittelalterlichen Instrumenten wie Flöte und Laute begleitet wird (vgl. Abb. 6).

Parallel montiert zu diesem Raubzug ist ein Ausflug Ronjas in den phantastischen Wald; während einer kurzen Rast klopft Ronja die Schale eines hartgekochten Eis an einem Felsen auf (vgl. Abb. 7), die Szene wird mit einem Specht fortgesetzt, der mit seinem Schnabel an einen Baum klopft. Verbunden sind die beiden Szenen über die Qualität des natürlichen Geräusches und über den Rhythmus, der den Schnitt bestimmt. Diese aurale Gestaltung hat eine vor allem narrative Funktion: Sie verdeutlicht die Bedeutung der Natur für die Protagonistin, für deren Konzeption und Charakterisierung die Natur als solche eine identitätsstiftende Rolle einnimmt – abgesehen von der Bedeutung, die dem Wald als Handlungs- und Bewährungsraum zukommt.

7 Fazit

Diese Musikalität eines Films in Gestalt von *Soundscape* und Auralität ist nicht ausschließlich ein ästhetisches Kriterium; die Perzeption derartiger auditiver Signale eines Films spielt insbesondere bei der Filmrezeption von

---

[4] Teile der Partitur sind auf Mirko Carls Internetseite herunterzuladen: http://ronja-raubertochter.jimdo.com/ (zuletzt aufgerufen am 23.5.2016).

Kindern eine wichtige Rolle: Bis zu einem Alter von zehn Jahren nimmt der Gehörsinn eine zentrale Rolle ein und trägt zu einem „intensiven Filmerleben" bei, da sich erst zu diesem Zeitpunkt der Gesichtssinn mit all seinen Wahrnehmungsleistungen vollständig ausbildet (vgl. Kurwinkel/Schmerheim 2013, S. 95). Musik, Dialoge und Geräusche werden von Kindern weniger distanziert wahrgenommen als visuelle Reize; bekannt ist beispielsweise die Tatsache, dass sich viele Kinder bei bedrohlichen Szenen häufig zuerst die Ohren zuhalten und nicht die Augen.

Ronja Räubertochter ist ein Klassiker, ein „maßstabsetzender", als „mustergültig" (Rosenberg 2007, S. 274) anerkannter Film. Er ist dies nicht nur, weil er die diachrone Bewertungsdimension mit ihren Kriterien Popularität und Langlebigkeit erfüllt, sondern weil er in synchroner Perspektive durch seine ästhetische Gestaltung herausragt, allen voran durch seine „Musikalität", um noch einmal Thomas Koebner zu zitieren.

8 Quellen

8.1 Primärliteratur / Filmografie

2001: A Space Odyssey, R. Stanley Kubrick, USA/UK 1968.
Danielsson, Tage: *Ronja Räubertochter*. Das Buch zum Film. Hamburg: Oetinger 1985.
Die Brüder Löwenherz, R. Olle Hellbom, SW/ISL 1977.
Lindgren, Astrid: *Hej, Pippi Langstrumpf*. Das große Astrid Lindgren Liederbuch. Hamburg: Oetinger 2007.
— *Rasmus und der Landstreicher/Rasmus, Pontus und der Schwertschlucker*. Hamburg: Oetinger 2008 (Astrid-Lindgren-Edition; 9).
— *Ronja Räubertochter*. Zeichnungen von Ilon Wikland. Hamburg: Oettinger 1982.
Pippi-Langstrumpf-Filme, R. Olle Hellbom, SE/D 1969/70.
Rasmus und der Vagabund, R. Olle Hellbom, SE 1981.
Ronja Räubertochter, R. Tage Danielsson, SE/NOR 1984.

8.2 Sekundärliteratur

Borstner, Nils/Pabst, Eckhard/Wulff, Hans Jürgen: Einführung in die Film- und Fernsehwissenschaft. Konstanz: UVK 2008.
Doderer, Klaus: Klassiker der Kinder- und Jugendliteratur. In: Ders. (Hrsg.): Lexikon der Kinder- und Jugendliteratur. Bd. 2: I-O. Weinheim/Basel: Beltz 1984, S. 217-219.
Exner, Christian (Hrsg.): 50 Kinderfilm Klassiker. Remscheid: Kinder- und Jugendfilmzentrum 1995.

Field, Syd: Das Drehbuch. In: Meyer, Andreas/Witte, Gunter/Henke, Gebhard (Hrsg.): Drehbuchschreiben für Fernsehen und Film. Ein Handbuch für Ausbildung und Praxis. München: List 2000, S. 11-120.

Fröhlich, Linde: *Ronja Räubertochter*. In: Exner (Hrsg.), S. 179-184.

Grisko, Michael/Roßius, Anne (Hrsg.): Zwei mal Drei macht Vier. 100 Jahre, die Welt der Astrid Lindgren. Magazin zur Ausstellung im Buddenbrookhaus. Lübeck: Schöning 2007.

Gustafsson, Magnus: *In Heaven There Is Great Joy*: Folk Song Tradition in the Writings of Astrid Lindgren. In: Kümmerling-Meibauer, Bettina/Surmatz, Astrid (Hrsg.): Beyond *Pippi Longstocking*. Intermedial and international Aspects of Astrid Lindgren's Works. New York: Routledge 2011.

Kurwinkel, Tobias/Schmerheim, Philipp: „Ha, was daraus in ein paar Jahren wird, das weiß man ja!" – Die Filmadaption *Ronja Räubertochter* als Romeo und Julia im Märchenwald. In: Kurwinkel, Annika/Kurwinkel, Tobias/Schmerheim, Philipp (Hrsg.): Astrid Lindgrens Filme. Auralität und Filmerleben im Kinder- und Jugendfilm. Würzburg: Königshausen & Neumann 2012 (Kinder- und Jugendliteratur Intermedial; 1), S. 35-52.

— Kinder- und Jugendfilmanalyse. Konstanz: UVK 2013.

— Auralität. In: Schäfer, Horst (Hrsg.): Lexikon des Kinder- und Jugendfilms im Kino, im Fernsehen und auf Video. Teil 6: Genre, Themen und Aspekte. 45. Ergänzungslieferung. Meitingen: Corian-Verlag 2014, S. 1-15.

Kümmerling-Meibauer, Bettina: Kinderklassiker – eine forschungsorientierte Einleitung. In: Kümmerling-Meibauer, Bettina: Klassiker der Kinder- und Jugendliteratur. Ein internationales Lexikon. Sonderausg. Bd. 1: A-G. Stuttgart: Metzler 2004, S. IX-XXVIII.

Koebner, Thomas: Kanon/Wertung. In: Ders. (Hrsg.): Reclams Sachlexikon des Films. 3., akt. u. erw. Aufl. Stuttgart: Reclam 2011, S. 342-345.

Kreuzer, Helmut: Arten der Literaturadaption. In: Gast, Wolfgang (Hrsg.): Literaturverfilmung. Themen. Texte. Interpretationen. Bamberg: c.c. buchners 1999, S. 27-31.

Lange-Fuchs, Hauke: Astrid Lindgren und ihre Filme. In: Grisko/Roßius (Hrsg.), S. 48-54.

Lukasz-Aden, Gudrun/Strobel, Christel: Der Kinderfilm von A bis Z. München: Heyne 1988 (Heyne-Filmbibliothek; 32/127).

Maldacker, Sabine: Mattisräuber und Meisterdetektive. Astrid Lindgren auf der Leinwand. Berlin: Mensch & Buch 2002.

Rosenberg, Rainer: Klassiker. In: Fricke, Harald (Hrsg.): Reallexikon der deutschen Literaturwissenschaft. Bd. II: H-O. Berlin, New York: de Gruyter 2007, S. 274-276.

Thompson, Kristin: The Concept of Cinematic Excess. In: Cine-Tracts 2 (1977), S. 54-63.

Weitendorf, Silke: In keinem Land außerhalb Schwedens ist Astrid Lindgren so populär wie in Deutschland. In: Grisko/Roßius (Hrsg.), S. 22-25.

MICHAEL STAIGER

„Nach Haus, nach Haus, nach Haus"
Elliott und E.T. auf Heldenreise

> „Ein Traum von einem Film, zum Umfallen schön. [...]
> Wirklich bezaubernde Filme sind beinahe so selten
> wie außerirdische Besucher." (Pauline Kael)[1]

1 Auf der Suche nach der Erfolgsformel von *E.T.*

Die berühmte Filmkritikerin Pauline Kael ist mit ihrer Faszination für *E.T. – Der Außerirdische* nicht allein. Zum Kinostart 1982 überschüttete die US-amerikanische Presse den Film mit Lob und sprach von einem „Meisterstück", einem „Wunderfilm" und einem „Triumph" (vgl. Sunshine 2002, S. 168).[2] Die außerordentliche Beliebtheit von *E.T.* beim Publikum dokumentiert die enorme Zahl der Kinobesucher: *E.T.* hatte in den USA bis heute fast 140 Millionen Zuschauer, in Deutschland immerhin 8,3 Millionen.[3] In den inflationsbereinigten Top Ten der erfolgreichsten Filme aller Zeiten in den USA steht er auf Platz 5, umgeben von vielen illustren Filmklassikern.[4] Hinzu kommen die unzählbaren Rezipienten/-innen, die den Film zuhause auf VHS, DVD, Blu-ray, bei einer Fernsehausstrahlung oder als Video-on-Demand gesehen haben.

E.T. gewann außerdem zahlreiche Filmpreise, darunter zwei *Golden Globes* (Bestes Drama, Beste Filmmusik) und vier *Oscars* (für den Ton, den Tonschnitt,

---

[1] Zit. nach Sunshine 2002, S. 168 (Zit. nach Pauline Kael: The Pure and the Impure. In: *The New Yorker* vom 14.6.1982, S. 119-122).

[2] Bemerkenswert ist, dass die Rezensionen in Deutschland im Vergleich mit den USA weit weniger euphorisch ausfielen (vgl. hierzu Hahn/Jansen 1997, S. 261-265).

[3] Vgl. hierzu die Zahlen von *Box Office Mojo* (http://www.boxofficemojo.com/movies/?id=et.htm [19.05.2016]) und *Inside Kino* (http://www.insidekino.com/J/JET.htm, zuletzt aufgerufen am 19.5.2016).

[4] Vgl. die Übersicht bei *Inside Kino* (http://www.insidekino.com/USAJahr/USAAllTimeInflation.htm, zuletzt aufgerufen am 19.5.2016). „Inflationsbereinigt" bedeutet, dass beim Vergleich der Einspielergebnisse die inflationär angestiegenen Preise für Kinokarten berücksichtigt sind.

die Spezialeffekte und die Musik von John Williams). Als Richard Attenborough 1983 für *Gandhi* den Oscar für den besten Film erhielt, sagte er in seiner Ansprache, dass eigentlich der mitnominierte *E.T.* und sein Regisseur Steven Spielberg diesen Preis verdient hätten.[5] Die Anerkennung des Films als Klassiker und Meisterwerk hält sich bis heute: *E.T.* taucht immer wieder in Listen mit den besten Filmen aller Zeiten auf – beim *American Film Institute* steht er z. B. auf Platz 3 der besten Science Fiction Filme. Außerdem wird *E.T.* gerne genannt, wenn es um die Frage nach dem besten Kinderfilm geht, zuletzt bei einer Umfrage[6] in Großbritannien im Jahr 2013, im Reclam-Band zum Kinder- und Jugendfilm ist er einer von 70 ausgewählten Beispielfilmen (vgl. Koch 2010).

Wie lässt sich diese Faszination erklären, die der Film *E.T.* offensichtlich seit über drei Jahrzehnten bei Kindern und Erwachsenen hervorruft? Ein erster Erklärungsansatz für die „Erfolgsformel" könnten die universellen Themen sein: *E.T.* erzählt eine Familiengeschichte, präsentiert jedoch keine heile Familienwelt, wie wir ihr üblicherweise im Family-Entertainment-Kino begegnen. In diesem Film geht es um drei Kinder und ihre alleinerziehende Mutter, die von ihrem Vater und Ehemann für eine andere Frau verlassen wurden. Die Geschichte handelt außerdem von einer Freundschaft ungleicher Partner, nämlich zwischen dem Menschenkind Elliott und einem auf der Erde gestrandeten Außerirdischen. Bevor sie sich anfreunden können, müssen zunächst beide ihre Angst vor dem jeweils Anderen, also vor dem Fremden, überwinden. Schließlich geht es in *E.T.* um die konträren Lebenswelten von Kindern und Erwachsenen. Elliott erzählt nur seinen Geschwistern von seiner unglaublichen Begegnung und schließt mit ihnen einen Schweigepakt. Denn: In der Welt der Erwachsenen hat ein außerirdisches Wesen – und insgesamt das Wunderbare – keinen Platz, in der Welt der Kinder hingegen schon. Der Film *E.T.* ist also auch ein Märchen (vgl. Gordon 2008, S. 75ff.).

Ein zweiter Erklärungsansatz für den Erfolg des Films ist seine Erzählweise und seine handwerkliche Perfektion: Die Geschichte wird durchgängig aus der Sicht Elliots und aus der Sicht E.T.s vermittelt. Die Kamera steht deshalb auf Augenhöhe der Kinder, sodass von Erwachsenen in weiten Teilen des Films

---

[5] Vgl. Attenboroughs Zitate in *The Independent* vom 25.8.2014 (http://www.independent.co.uk/news/people/news/richard-attenborough-quotes-from-how-et-should-have-won-the-oscar-to-coping-with-grief-9689308.html, zuletzt aufgerufen am 19.5.2016).

[6] Zu diesem Ergebnis kam eine Umfrage bei 1500 Fernsehrezipienten/-innen in Großbritannien im Auftrag von Samsung. Steven Spielberg wurde außerdem als der beliebteste Regisseur gewählt (vgl. Withnall 2013).

oft nur die Unterkörper zu sehen sind. Diese Erzählhaltung ist beispielhaft für den Kinderfilm, weil sie die Forderung, Geschichten auf Augenhöhe des Kindes zu erzählen, wörtlich nimmt und konsequent umsetzt. Darüber hinaus besticht der Film durch seine Ästhetik, und zwar nicht nur im Blick auf die visuelle Umsetzung durch Kamera und Montage, sondern auch die Tonebene: angefangen beim Einsatz von Geräuschen bis hin zur kongenialen Filmmusik von Spielbergs Hauskomponisten John Williams.

Ein weiterer Aspekt der Erfolgsformel von *E.T.* – so die hier vertretene These – ist seine Erzähldramaturgie. Die Filmhandlung folgt dem Modell der Heldenreise, einem Schema, das für Drehbücher des Hollywood-Kinos seit langem eine sehr wichtige Rolle spielt. Dies soll im Folgenden näher ausgeführt werden.

2 Vom Monomythos zur Heldenreise

Der Ausgangspunkt für das Modell der Heldenreise sind Studien des Mythenforschers Joseph Campbell aus den 1940er Jahren. Er stellte beim Vergleich von zahlreichen Sagen, Legenden und Märchen aus allen Teilen der Welt fest, dass viele der Geschichten, die sich Menschen gegenseitig erzählen, einer vergleichbaren narrativen Struktur folgen. Da sich dieses Erzählschema in allen Kulturen und Religionen finden lässt, nennt Campbell es „Monomythos" (1978, S. 11; vgl. Abb. 1 auf Seite 94). In seinem Buch *Der Heros in tausend Gestalten* beschreibt er den Kern dieses Monomythos wie folgt:

> Der Heros verläßt die Welt des gemeinen Tages und sucht einen Bereich übernatürlicher Wunder auf, besteht dort fabelartige Mächte und erringt einen entscheidenden Sieg, dann kehrt er mit der Kraft, seine Mitmenschen mit Segnungen zu versehen, von seiner geheimniserfüllten Fahrt zurück. (Campbell 1978, S. 36)

Im Mittelpunkt der Geschichte steht also immer ein Held, der sich auf eine Reise begibt. Diese unterteilt sich in drei Phasen: Zuerst muss er seine vertraute Welt verlassen (Trennung), dann in einer fremden Welt verschiedene Prüfungen bestehen (Initiation), um schließlich als „neuer" Mensch in die alte Welt zurückzukehren (Ankunft). Auf seiner Reise trifft der Held auf Figuren, die ihn in seinem Handlungsziel unterstützen (Helfer), und auf solche, die ihn davon ablenken (Verhinderer).

Es fällt auf, dass Campbells Monomythos deutliche Parallelen zur klassischen Dramentheorie aufweist, z.B. zur Dreiteilung der Handlung in der *Poetik* von Aristoteles oder zur pyramidalen Bauform des Dramas nach Gustav Freytag.

Das Erzählschema der Heldenreise ist jedoch im Vergleich zu diesen klassischen Dramaturgien ausschließlich auf den Protagonisten und seine Entwicklung fokussiert, es dreht sich alles um die äußere und innere Reise des Helden.

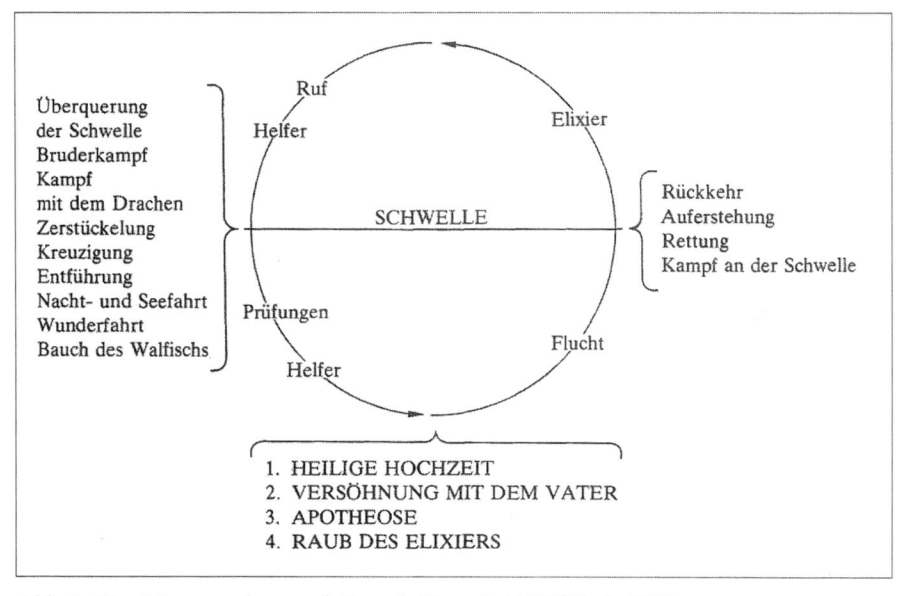

```
Überquerung                Ruf
der Schwelle      Helfer           Elixier
Bruderkampf
Kampf
mit dem Drachen                            Rückkehr
Zerstückelung            SCHWELLE          Auferstehung
Kreuzigung                                 Rettung
Entführung                                 Kampf an der Schwelle
Nacht- und Seefahrt
Wunderfahrt            Prüfungen
Bauch des Walfischs                Flucht
                        Helfer

        1. HEILIGE HOCHZEIT
        2. VERSÖHNUNG MIT DEM VATER
        3. APOTHEOSE
        4. RAUB DES ELIXIERS
```

Abb. 1: Der Monomythos nach Joseph Campbell (1978, S. 237)

Nach Hollywood kam die Heldenreise über sogenannte *screenwriting gurus*, insbesondere Christopher Vogler. Er entwarf in den 1980er Jahren ausgehend von Campbells Theorie das Schema einer *character driven hero's journey* mit zwölf Stationen (vgl. Vogler 2004). Vogler ist Professor an der University of California und arbeitete für mehrere große Filmstudios, unter anderem *Disney*, *Twentieth Century Fox* und *Warner Bros*. Neben Vogler gibt es zahlreiche weitere Drehbuchexperten, die ebenfalls „Erfolgsformeln" und Handbücher für gute Scripts vorgelegt haben, z.B. Syd Fields *paradigm*, Robert McKees *story* oder der in den letzten Jahren besonders populäre Ratgeber *Save the cat!* von Blake Snyder. Diese Strickmuster für Geschichten als normative Erzählschemata wurden vielfach kritisiert, weil die Filmhandlungen, die sich an ihnen orientieren, relativ vorhersehbar sind und sich immer mehr angleichen (vgl. Steinitz 2015). Auffällig ist jedoch, dass erstaunlich viele Drehbücher der kommerziell erfolgreichsten Filme diesen Schemata folgen. Es ist also möglicherweise doch etwas dran an Campbells Theorie eines universellen, kulturübergreifenden Monomythos.[7]

---

[7] Campbells Ansatz hat auch zahlreiche Kritiker gefunden, die ihm u. a. Ethnozentrismus vorwerfen oder den analytischen Nutzen seiner Kategorien in Frage stellen (vgl. Rössner 1988, S. 31).

Welche Relevanz hat das Modell der Heldenreise aus Sicht der Literaturwissenschaft und Literaturdidaktik? Michaela Krützen zeigt in ihrem Buch *Dramaturgie des Films*, dass sich dieses Modell nicht nur zur Produktion filmischer Erzählungen eignet, sondern auch zu ihrer Analyse. Sie hat hierfür zahlreiche Drehbuchratgeber ausgewertet und aufbauend auf einer literatur- und filmwissenschaftlichen Basis ein Analysemodell für filmisches Erzählen entwickelt (vgl. Abb. 2).

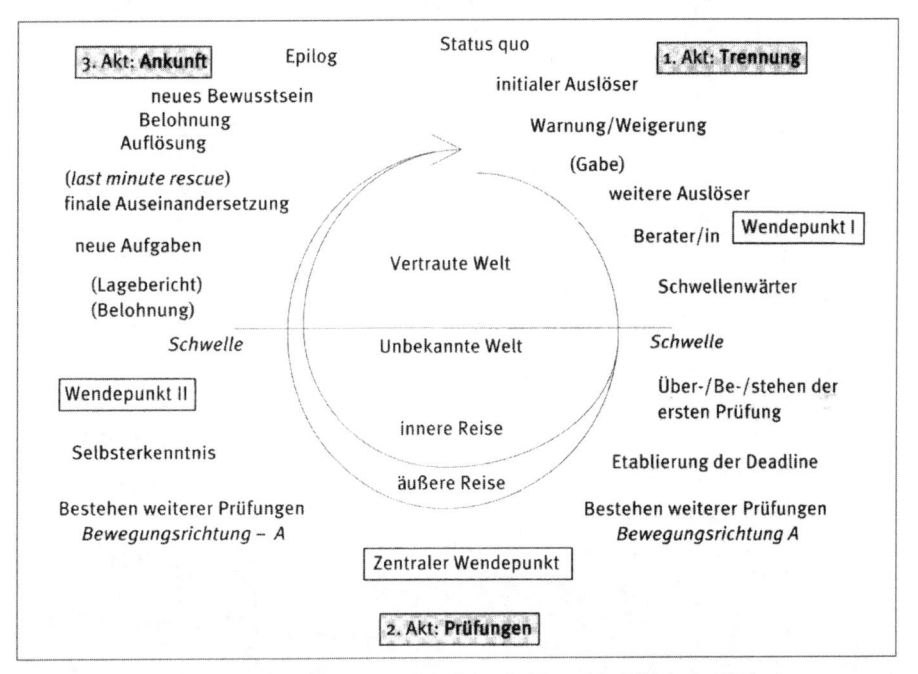

Abb. 2: Das Modell der Heldenreise nach Michaela Krützen (2004, S. 270)

Krützens Modell folgt – im Gegensatz zu Campbells Schaubild – dem Uhrzeigersinn. Die Grundstruktur ist zweigeteilt, es gibt eine vertraute Welt (oben) und eine unbekannte Welt (unten), die durch eine Schwelle voneinander geschieden werden. Deutlich zu erkennen sind außerdem die drei Akte, die den drei Phasen der Heldenreise entsprechen. Der zweite Akt dauert meistens doppelt so lange wie die beiden anderen. Zudem gibt es drei Wendepunkte in der Handlung.

Das folgende Kapitel führt vor, wie man Krützens Heldenreise-Modell auf den Film *E.T.* anwenden kann.[8] Hierbei wird deutlich, dass im Verlauf der Filmhandlung nicht nur der kleine Elliott eine Heldenreise durchläuft, sondern auch E.T.

---

[8] Die hier vorgelegte Analyse greift zurück auf Drehbuchanalysen von Douglas J. Eboch (2009-2010), David Howard und Edward Mabley (1998) sowie Dave Trendall und Karel Segers (2011).

3 Die Heldenreisen von Elliott und E.T.

Akt 1: Trennung

Am Filmanfang wird gezeigt, wie E.T. und seine außerirdischen Artgenossen nachts die Pflanzenwelt in einem Wald erforschen. Als plötzlich mehrere Männer in Geländewagen auftauchen, kommt es zum hektischen Aufbruch und das Raumschiff muss die Erde ohne E.T. verlassen. Dieser wird anschließend von den Männern verfolgt, kann ihnen jedoch entkommen.

Bemerkenswert ist die Poesie dieses Anfangs: Der Film beginnt mit einem Sternenhimmel und einer leisen Flötenmelodie. Die Außerirdischen wirken auf den Zuschauer nicht sonderlich gefährlich, weil sie sehr sorgsam mit den Waldpflanzen umgehen und auch ein kleiner Hase sich offenbar nicht von ihnen bedroht fühlt. E.T. sticht als Protagonist aus der Gruppe heraus, weil er allein unterwegs ist und sich tiefer als die anderen in den Wald hinein wagt. Die Szenerie erinnert an frühromantische Gemälde, z. B. Caspar David Friedrichs *Waldinneres bei Mondschein* (um 1823). Mit der Ankunft der Männer wird die Idylle jäh zerstört. Zu sehen ist von E.T. in den ersten beiden Minuten des Films relativ wenig, eigentlich nur eine Silhouette und eine Hand mit langen, knöchernen Fingern (vgl. Abb. 3).

Abb. 3: E.T.s Finger – ein wiederkehrendes Motiv (0:02:59)

Filmästhetisch ist dieser erste Teil der Exposition ein kleines Meisterwerk, denn es wird in dieser Sequenz fast nichts gesprochen, alle Informationen werden über die Bilder, die Geräusche und die Musik vergeben. Ein Beispiel: Als die

Außerirdischen das dem Zuschauer vertraute, ihnen aber unbekannte Rufen eines Käuzchens hören, erschrecken sie, und ihre roten Herzlichter gehen an. Das lässt diese Wesen sofort sympathisch erscheinen (vgl. Howard/Mabley 1998, S. 135). Auch E.T. wird vor allem akustisch charakterisiert, nämlich durch Laute, die entweder sein Staunen ausdrücken – z. B. beim Anblick des Lichtermeers der Stadt – oder später seine Angst, als er vor den Männern flüchtet.

Im zweiten Teil der Exposition wird der Protagonist Elliott Taylor eingeführt: In der Küche der Taylors findet eine Spielerunde von Michael, Elliotts Bruder, und dessen Freunden statt. Elliott selbst ist außen vor und wird zum Pizzaholen geschickt. Auf dem Rückweg zum Haus bemerkt er Licht im Geräteschuppen. Als er seinen Baseball hineinwirft, kommt dieser umgehend wieder zu ihm zurück. Elliott rennt erschrocken zurück ins Haus und berichtet der Spielerrunde von seinem merkwürdigen Erlebnis, doch er erntet nur Gelächter. Elliotts Mutter Mary ist zwar anwesend, scheint aber im Haus nicht unbedingt das Sagen zu haben. Die Jungen eilen nach draußen, finden bei der Überprüfung des Schuppens jedoch nur ein paar Spuren, die von einem Tier stammen könnten. Als am Ende der Sequenz alle wieder zurück ins Haus gehen, verweilt die Kamera noch einen kurzen Moment auf dem Geräteschuppen und bestätigt, dass Elliott Recht hatte: An der Tür zeigen sich wieder die bereits bekannten knöchernen Finger. Dies ist nur ein Beispiel dafür, dass die Informationsvergabe in *E.T.* zur Spannungssteigerung so organisiert ist, dass der/die Rezipient/-in immer etwas mehr weiß als die Filmfiguren.

Im Blick auf das Heldenreise-Modell ist damit der Status quo definiert und die beiden Protagonisten sind etabliert: E.T. strandet auf der Erde, wird verfolgt und muss sich verstecken. Auch Elliott ist ein Außenseiter, er fühlt sich einsam und allein: Das verbindet die beiden Hauptfiguren und stellt gleichzeitig ihr Problem, ihren Mangel dar. Als Elliott seltsame Geräusche im Schuppen hört, geht er mutig dorthin, obwohl er nicht weiß, ob sich dort eine Bedrohung verbirgt. Diese Neugier verbindet ihn ebenfalls mit E.T. (vgl. Howard/Mabley 1998, S. 135). Mit dem Aufeinandertreffen der beiden Protagonisten beginnt die eigentliche Handlung: Elliott wirft einen Ball, E.T. wirft ihn zurück. In der Drehbuchtheorie nennt man dieses Ereignis *kick-off* oder *point of attack*, Krützen spricht vom „initialen Auslöser" (2004, S. 153).

Nachts kann Elliott nicht einschlafen, weil ihn dieses merkwürdige Ereignis nicht loslässt. Deshalb beginnt er, im benachbarten Maisfeld nach einer Erklärung zu suchen, und begegnet E.T. zum ersten Mal. Zunächst sind beide verstört, sie schreien vor Entsetzen und flüchten. Doch am nächsten Morgen legt Elliott am Waldrand eine Spur aus Schokokugeln aus, um das seltsame

Wesen, dem er nachts begegnet ist, anzulocken. Elliotts Neugier überwiegt somit seine Ängste, in Bezug auf die Heldenreise bedeutet das, dass er den Ruf zum Abenteuer annimmt.

Seine Familie ist ihm hierbei – zumindest zu diesem Zeitpunkt – keine Hilfe, da sowohl Mutter Mary als auch Bruder Michael ihn überzeugen wollen, dass er sich alles nur eingebildet hat. Sie warnen ihn, dass er bei einem solchen nächtlichen Ausflug auf ein gefährliches wildes Tier stoßen könnte. Elliott besteht hartnäckig auf seiner Position und der Disput gipfelt in seiner Feststellung, dass Daddy ihm – im Gegensatz zu Mary und Michael – glauben würde. Damit trifft er wiederum den wunden Punkt seiner Mutter, die in Tränen ausbricht, und es kommt zu einem Streit zwischen Elliott und seinem Bruder. Doch steht nicht zu vermuten, dass Elliotts Aussage tatsächlich auf eine Verletzung der Mutter zielt, sondern sie soll dem Zuschauer wohl demonstrieren, wie sehr Elliott seinen Vater vermisst und dass er immer noch auf dessen Rückkehr hofft. In der Drehbuchtheorie spricht man hier von Elliotts *backstorywound*, die viele Figuren, die auf Heldenreise gehen, mitbringen. Gemeint ist damit „ein unverarbeitetes Erlebnis in der Vorgeschichte einer Filmfigur" (Krützen 2004, S. 30).

Es folgt der erste Wendepunkt der Handlung: Elliott hält in der kommenden Nacht – allen Warnungen zum Trotz – Wache vor dem Geräteschuppen. Irgendwann erscheint dann tatsächlich E.T. und Elliott erstarrt vor Schreck. Doch E.T. will ihm nichts Böses, sondern legt Elliott die Schokokugeln in den Schoß, die dieser im Wald morgens verstreut hat. Elliott entscheidet sich daraufhin, E.T. in sein Zimmer zu locken. Er öffnet ihm das Tor zu seiner Welt.

Akt 2: Prüfungen

Der Eintritt in die zweite Phase der Heldenreise ist immer mit dem Überschreiten einer Grenze verbunden. Campbell spricht hier von einer „Schwelle" (1978, S. 79). In *E.T.* ist dies die Treppe in den oberen Stock des Hauses der Taylors. Elliott legt eine Spur aus Schokokugeln durch das Treppenhaus und wartet gespannt. E.T. nähert sich tatsächlich, allerdings sehr langsam. Als Erstes ist wiederum seine Hand zu sehen. In Elliotts Zimmer kommt es zu einem Kommunikationsversuch zwischen den beiden: E.T. ahmt alle Bewegungen nach, die Elliott vormacht, dann werden beide gleichzeitig müde – ein Verweis auf die Verbundenheit der beiden Figuren. Am nächsten Morgen täuscht Elliott seiner Mutter vor, er sei krank, um Zeit mit seinem neuen Freund E.T. verbringen zu können. Er führt ihn im Schnelldurchlauf in seine Welt ein und zeigt ihm viele verschiedene Spielzeuge. Für einen Außenstehenden, gar einen Außerirdischen, muss Elliotts Welterklärung reichlich abstrus wirken. Doch diese Szene demonstriert noch einmal sehr anschaulich, dass allein die kindliche Weltsicht die Erzählhaltung dieses Films bestimmt.

In der zweiten Phase der Heldenreise geht es in erster Linie darum, dass der Held sich in der unbekannten Welt bewähren muss. Die größte Prüfung für Elliott besteht zunächst darin, E.T. im Haus der Taylors zu verstecken. Hierzu schließt er einen Pakt mit seinen Geschwistern Michael und Gertie, die sich nach anfänglichen Schwierigkeiten ebenfalls schnell mit E.T. anfreunden. Da E.T. sehr entdeckungsfreudig ist, kommt es zu einigen heiklen und komischen Situationen: Am Morgen des Folgetags trinkt er zum Beispiel ein Bier, das er im Kühlschrank findet. Da er durch ein unsichtbares Band mit Elliott in der Schule verbunden ist, fühlt sich auch dieser betrunken. Deshalb befreit er im Biologiesaal die Frösche, die eigentlich von den Kindern seziert werden sollten, und küsst ein Mädchen, weil E.T. gleichzeitig eine Kussszene im Fernsehen sieht. Nachmittags hilft Gertie E.T. mit Hilfe der *Sesamstraße* dabei, sprechen zu lernen. Zwischendurch erfährt der Zuschauer, dass die Wissenschaftler – als Gegenspieler von E.T. und den Kindern – offenbar nach wie vor intensiv nach dem Außerirdischen suchen und inzwischen gefährlich nah an das Haus der Taylors herangerückt sind. Auffällig ist hierbei immer wieder der Mann mit dem großen Schlüsselbund – im Abspann wird er einfach „Keys" genannt. Er wird später auch noch in der Handlung eine Schlüsselrolle einnehmen.

Die Phase der Integration E.T.s in Elliotts Familie endet mit dem zentralen Wendepunkt, der Peripetie: E.T. teilt den Kindern mit, dass er nach Hause telefonieren will, „nach Haus, nach Haus" (0:55:29ff.). Ein Buck-Rogers-Comic hat ihn auf diese Idee gebracht. An diesem Punkt der Handlung wird deutlich, dass E.T. nicht für immer bei Elliott bleiben kann, sondern zurück muss zu seiner eigenen Familie und in seine eigene Welt. Spielberg markiert die Peripetie auch visuell: In der Einstellung, in der E.T. mit seinem Finger nach oben – also in Richtung seines Zuhauses – deutet, fällt der Schatten des Fingers auf Elliotts Stirn. Dieses Bild nimmt die Verabschiedungsszene am Ende des Films vorweg. Die folgende Phase, also der zweite Teil des zweiten Akts und somit die fallende Handlung, kann man als Phase der Distanzierung lesen: E.T. bereitet seine Heimreise vor, indem er ein Kommunikationsgerät baut, um Signale nach Hause zu senden. Gleichzeitig verschlechtert sich sein Gesundheitszustand zunehmend. Dies markiert die Deadline: E.T. und den Kindern bleibt offensichtlich nicht mehr viel Zeit, um das Problem zu lösen.

Ein Höhepunkt in dieser Phase ist die Halloween-Sequenz, die mit weiteren Prüfungen für die Helden verbunden ist: Die Kinder schmuggeln den als kleines Gespenst verkleideten E.T. an Mary vorbei aus dem Haus. Elliott möchte ihn in den Wald begleiten, damit er sein Kommunikationsgerät aufbauen kann. Um keine Zeit zu verlieren, lässt E.T. die beiden mit Hilfe seiner telekinetischen Kräfte auf dem Fahrrad durch die Luft fliegen – diese zentrale Szene ist auf dem Filmplakat zu sehen und wird später zum Logo von Spielbergs Produktionsfirma *Amblin Entertainment*. Als die Kinder am Halloween-Abend zum verabredeten Zeitpunkt noch nicht zuhause sind, macht sich Mary auf die Suche nach ihnen, findet aber nur Michael und Gertie. E.T. gelingt es währenddessen, Signale in das Weltall zu senden, die allerdings nicht beantwortet werden. Elliott möchte deshalb E.T. dazu überreden, bei ihm auf der Erde zu bleiben, doch dieser wiederholt nur immer wieder die Worte „Nach Hause". In diesem Moment erkennt Elliott, dass er E.T. verlieren wird, und er bricht in Tränen aus. Dies ist der Moment der Selbsterkenntnis, der im Rahmen der inneren Reise des Helden eine wichtige Zäsur darstellt.

Am nächsten Morgen ist Mary krank vor Sorge, weil Elliott immer noch nicht zurück ist. Als er endlich zuhause mit hohem Fieber auftaucht, beauftragt er seinen Bruder, im Wald nach dem ebenso kranken und schwachen E.T. zu suchen. Michael rettet den bleichen und fast leblosen E.T. aus dem Flussbett und bringt ihn zurück in das Haus der Taylors. Anschließend versucht er, Mutter Mary in das Geheimnis der Kinder einzuweihen, aber als diese E.T. im Badezimmer zum ersten Mal erblickt, ist sie schockiert und will sofort mit den Kindern weglaufen. Doch bevor die Familie das Haus verlassen kann, tauchen dort plötzlich überall Männer in Schutzanzügen auf. Sie verlegen Quarantäneschläuche und installieren im ganzen Haus zahllose Apparate und Monitore. E.T.s bleicher Körper wird von Wissenschaftlern und Ärzten untersucht, ebenso Elliott. Wie wenig die Wissenschaftler letztlich von dem, was hier passiert, verstehen, zeigt die Frage, die einer von ihnen an Michael richtet: „Elliott denkt seine Gedanken?" Michael antwortet darauf: „Nein, Elliott fühlt seine Gefühle" (1:20:20ff.).

Der Schlüssel zum Geheimnis von E.T. ist somit die emotionale Ebene, nicht eine rational-kausale Erklärung. Der einzige Erwachsene, der sich darauf einlassen kann, ist Keys. Keys spricht mit Elliott und berichtet ihm, dass E.T.s Kommunikator im Wald seinen Betrieb aufgenommen hat. In dieser Szene ist Keys' Gesicht zum ersten Mal länger in Großaufnahme zu sehen, d. h., er wird vom gesichtslosen Schlüsselbund zu einem richtigen Menschen. Elliott und Keys fassen langsam Vertrauen zueinander und Keys erzählt, dass auch er seit seinem zehnten Lebensjahr auf die Ankunft von Außerirdischen warte. Kurz darauf löst sich plötzlich die Verbindung zwischen Elliott und E.T. und dem Jungen geht es schrittweise wieder besser, E.T. jedoch immer schlechter. Die Ärzte versuchen, den Außerirdischen am Leben zu erhalten, doch schließlich stirbt er. Alle Anwesenden sind tief betroffen und die vermummten Erwachsenen nehmen ihre Helme und ihre Masken ab.

Damit könnte die Geschichte enden, aber weder Elliotts noch E.T.s Heldenreise ist abgeschlossen. Keys erlaubt Elliott, dass er allein von E.T. Abschied nehmen darf. Elliott steht hinter der Glasscheibe des geöffneten Sargs und bekennt dem Leichnam seine Liebe. Als er den Deckel schließt, fängt plötzlich E.T.s Herzlicht an zu leuchten und er erwacht wieder zum Leben. Das ist der Wendepunkt II. Mit Hilfe von Michael schafft es Elliott, E.T. samt Sarg im Krankenwagen zu entführen. Indem sie das Haus wieder verlassen, überqueren sie erneut die Schwelle, und die dritte und letzte Phase der Heldenreise beginnt.

Akt 3: Ankunft

Der dritte Akt wird mit einer wilden Verfolgungsjagd zwischen den Kindern und E.T. sowie den Polizisten eröffnet, zunächst mit dem Krankenwagen, dann zusammen mit Michaels Freunden auf ihren BMX-Rädern. In der Drehbuchliteratur wäre das die *climax*, in Krützens Modell die „finale Auseinandersetzung" (Krützen 2004, S. 38). Gerade als die Jagd an einer Straßensperre der Polizei endgültig zu Ende zu sein scheint, lässt E.T. ein zweites Mal die Fahrräder durch die Luft fliegen – ein wunderbarer *last minute rescue*.[9] Die Gruppe erreicht die Lichtung im Wald gerade rechtzeitig zur Landung des Raumschiffs von E.T.s Familie. Als Auflösung folgt eine tränenreiche Abschiedsszene, zunächst von Gertie, dann von Michael und schließlich von Elliott und E.T.

Mit dem Abschied von E.T. ist dessen Handlungsziel – nach Hause zu gehen – erreicht. Elliott hingegen muss sich zwar von E.T. lösen, erhält aber von diesem ein Versprechen: „Ich bin immer bei dir" (1:48:06ff.), gleichzeitig deutet E.T. mit seinem Leuchtfinger auf Elliotts Stirn (vgl. Abb. 4 auf Seite 102). Im Rahmen von Krützens Modell ist das die Belohnung, die Elliott erhält. Denn trotz des großen Abschiedsschmerzes wird deutlich, dass er mit

---

[9] Dem Flugmotiv kommt im Werk Spielbergs eine zentrale Rolle zu, man denke z.B. an die flugbegeisterten Hauptfiguren in *1941*, *Always* und *Empire Of The Sun* oder an den Protagonisten in *Hook*, der das Fliegen erneut lernen muss, um wieder Peter Pan sein zu können (vgl. Pabst 2002).

Abb. 4: E.T.s Abschiedsversprechen für Elliott (1:48:04)

einem gestärkten, neuen Bewusstsein aus dem Abenteuer, aus seiner inneren Reise hervorgeht. Er ist in der Gruppe der Jungen nicht mehr länger der Kleine, den man herumschubsen kann, in der Familie hat das Abenteuer seine Beziehungen zu Michael und Gertie verstärkt, auch die zu seiner Mutter.[10] Sein Abenteuer mit E.T. hat Elliott auch dabei geholfen, die Trennung von seinem leiblichen Vater zu akzeptieren. Das Filmende kann durchaus im Sinne Campbells als „Versöhnung mit dem Vater" (1978, S. 237) interpretiert werden. Die Tatsache, dass sich Mary und Keys offenbar gut verstehen, lässt außerdem darauf hoffen, dass dieser womöglich als neue Vaterfigur in die Familie aufgenommen wird.

4 E.T. als Vaterfigur und Messias

Am Ende des Films haben nicht nur Elliott und E.T., sondern auch die anderen zentralen Figuren eine Entwicklung durchgemacht. Sie haben sich verändert und sind zu anderen Menschen geworden. Die unmittelbare mentale Verbindung zwischen Elliott und E.T. ist zwar gelöst, durch ihr gegenseitiges Versprechen, immer füreinander da zu sein, besteht jedoch eine neue, metaphysische Form der Bindung. E.T. nimmt für die Dauer der Geschichte für Elliott mehrere Rollen ein: Erstens ist er ein Freund, der ihm zuhört, der mit

---

[10] Ein alternatives Ende, das später verworfen wurde, sollte Elliott und die Jungen in der Küche beim gemeinsamen Brettspiel zeigen, allerdings mit Elliott als Spielleiter (vgl. Sunshine 2002, S. 148).

ihm spielt und für ihn da ist, denn offensichtlich hat Elliott ansonsten keine anderen Freunde in seinem Alter. Zweitens ist E.T. ein Ersatzvater für ihn: Er gibt ihm Selbstbewusstsein, kümmert sich um die Verletzung an seinem Finger und benutzt die Werkzeuge des abwesenden leiblichen Vaters. In gewisser Weise ist er auch eine Vaterparodie, vor allem in der Szene, als er im Bademantel Bier trinkend und rülpsend auf dem Sofa sitzt und fernsieht (vgl. Morris 2007, S. 87f.). Drittens bilden E.T. und Elliott ein Paar, das sich gegenseitig ergänzt und vervollständigt: Das beginnt bei ihren Namen (E–lliot–T) und gilt insbesondere für die psychische Verfassung der beiden. John F. McDermott fasst dies folgendermaßen zusammen:

> E.T. looks like Elliott feels. He seems to express Elliott's own bottled-up loneliness as he gradually succumbs to the trauma of separation from a familiar milieu. E.T. is Elliott's alter ego. E.T. and Elliott are really one. They simply split into rescuer and victim as we move back and forth between them. (Zit. nach Gordon 2008, S. 87)

Einige Interpreten des Films haben E.T. auch als Messias-Figur beschrieben und auf die Parallelen zur biblischen Passionsgeschichte hingewiesen (vgl. z.B. Rich 2007): E.T. wird verfolgt, wird von den Menschen als Bedrohung missverstanden, wird von Freunden versteckt, dann doch gefangen genommen und gequält. Schließlich stirbt er, steht aber wieder auf, verabschiedet sich mit dem Versprechen, immer bei denen zu sein, die an ihn glauben. Dann fährt er zum Himmel auf. E.T. kann außerdem Wunder vollbringen: Er lässt verwelkte Blumen wieder erblühen, kann Wunden heilen und Gegenstände schweben lassen. Mit Jesus verbindet ihn auch seine Liebe zu Kindern. Unterstützt wird diese symbolische Ebene durch die entsprechende Ikonographie, z.B. erinnert das rote Herzlicht an die Darstellungen des flammenden Herzens im Kontext der Herz-Jesu-Verehrung. Das Filmplakat zeigt, wie sich E.T.s leuchtender Finger und Elliotts Finger berühren und erinnert damit an das berühmte Fresko von Michelangelo mit Gottes und Adams Finger. Die Interpretation von E.T. als Messias-Figur unterstreicht noch einmal, dass neben Elliott auch E.T. im Laufe der Geschichte eine Heldenreise durchläuft.

5 Nach Haus! – Fazit

Die Analyse von *E.T.* hat gezeigt, dass sich das Modell der Heldenreise als Werkzeug zur Beschreibung von narrativen Strukturen im Film eignet. Das gilt nicht nur für audiovisuelle Texte, sondern auch für Erzählungen in anderen Medien, vom Roman über das Hör- bis hin zum Computerspiel.

Günter Lange (2012) hat darauf hingewiesen, dass das Modell der Heldenreise bzw. der Initiationsreise nicht nur zahlreichen Märchen zugrunde liegt, sondern auch als literarisches Modell für viele Adoleszenzromane fungiert. Damit wird die Relevanz dieses Erzählschemas für die Analyse von Kinder- und Jugendliteratur und somit für den Deutschunterricht deutlich.[11] Natürlich hat die Anwendung des Heldenreise-Modells seine Grenzen. Dies bemerkt auch Michaela Krützen:

> Das Schema der Erzählung auf andere Filme zu übertragen, ist eine Übung, die das dramaturgische Verständnis schult. Insbesondere die Abweichungen vom Muster können nach der Analyse einiger ‚musterhafter' Filme besser erkannt werden. (Krützen 2005, S. 84)

Es geht also nicht darum, in erster Linie solche Filme zu rezipieren und zu analysieren, die dem Modell der Heldenreise folgen, sondern vielmehr darum, grundsätzlich die Strukturen des filmischen Erzählens zu reflektieren, und zwar nicht nur auf der Ebene der Darstellung (*discours*), sondern auch auf der Ebene der Geschichte (*histoire*). Das Modell der Heldenreise kann hierbei eine Hilfe sein.

6 Quellen

6.1 Primärliteratur / Filmografie

E.T. – Der Außerirdische (Orig. *E.T. – The Extraterrestrial*), R. Steven Spielberg, USA 1981.

E.T. – Der Außerirdische – 20th Anniversary, R. Steven Spielberg, USA 1981 / 2001.

6.2 Sekundärliteratur

Box Office Mojo: E.T.: The Extra-Terrestrial. 18.5.2016. (Online unter http://www.boxofficemojo.com/movies/?id=et.htm, zuletzt aufgerufen am 19.5.2016).

Campbell, Joseph: Der Heros in tausend Gestalten. Frankfurt/M.: Suhrkamp 1978.

Eboch, Douglas J.: E.T. Analysis. Part 1-11. 23.11.2009-17.1.2010. (Online unter http://letsschmooze.blogspot.de/search/label/E.T., zuletzt aufgerufen am 19.5.2016).

Field, Syd: Das Drehbuch. Die Grundlagen des Drehbuchschreibens. Überarb. u. aktual. Neuausg. Berlin: Autorenhaus 2007.

---

[11] Vgl. hierzu das Kapitel über den Film *Avatar* im Lehrwerk *Grundkurs Film 2* (Pfeiffer/Staiger 2010, S. 240-245).

Gordon, Andrew: Empire of Dreams. The Science Fiction and Fantasy Films of Steven Spielberg. Lanham, MD: Rowman & Littlefield 2008.

Hahn, Ronald M./Jansen, Volker: Lexikon des Science Fiction Films. Bd. 1: A-L. 7. Aufl. München: Heyne 1997.

Howard, David/Mabley, Edward: Drehbuchhandwerk. Techniken und Grundlagen mit Analysen erfolgreicher Filme. 2. Aufl. Köln: Emons 1998.

Inside Kino: E.T. Der Außerirdische. (Online unter http://www.insidekino.com/J/JET.htm. 22.6.2010, zuletzt aufgerufen am 19.5.2016).

Inside Kino: E.T. Die inflationsbereinigt erfolgreichsten Filme aller Zeiten USA. 29.10.2015. (Online unter http://www.insidekino.com/USAJahr/USAAllTimeInflation.htm, zuletzt aufgerufen am 19.5.2016).

Koch, Michelle: E.T. – Der Außerirdische. In: Kümmerling-Meibauer, Bettina/Koebner, Thomas (Hrsg.): Filmgenres: Kinder- und Jugendfilm. Stuttgart: Reclam 2010, S. 206-213.

Krützen, Michaela: Dramaturgie des Films. Wie Hollywood erzählt. Frankfurt/M.: Fischer 2004.

— Filmanfänge. Was der Beginn eines Films über sein Ende verrät. In: Der Deutschunterricht 57 (2005), H. 3, S. 79-84.

McKee, Robert: Story. Die Prinzipien des Drehbuchschreibens. Berlin: Alexander Verlag 2000.

Morris, Nigel: The Cinema of Steven Spielberg. Empire of Light. London: Wallflower Press 2007.

Pabst, Eckhard: Die Grenzen der Phantasie. Kinder, Erwachsene und der Traum vom Fliegen in den Filmen von Steven Spielberg. In: Krah, Hans/Ort, Claus-Michael (Hrsg.): Weltentwürfe in Literatur und Medien. Phantastische Wirklichkeiten – realistische Imaginationen. Kiel: Ludwig 2002, S. 337-360.

Pfeiffer, Joachim/Staiger, Michael: Grundkurs Film 2: Filmkanon – Filmklassiker – Filmgeschichte. Braunschweig: Schroedel 2010.

Rich, Bryce E.: The Christological Symbolism of E.T. the Extra-Terrestrial. 3.5.2007. (Online unter http://www.brycerich.net/seminary-papers/th230/christology-of-et.html, zuletzt aufgerufen am 19.5.2016).

Rössner, Michael: Auf der Suche nach dem verlorenen Paradies. Zum mythischen Bewußtsein in der Literatur des 20. Jahrhunderts. Frankfurt/M.: Athenäum 1988.

Snyder, Blake: Save the Cat! The Last Book on Screenwriting You'll Ever Need. Studio City, CA: M. Wiese Productions 2005.

Steinitz, David: Rettet die Katze! In: Süddeutsche Zeitung Nr. 175 vom 1./2.8.2015, S. 17. (Online unter http://www.sueddeutsche.de/kultur/2.220/kino-dramaturgie-rette-die-katze-1.2590332, zuletzt aufgerufen am 19.5.2016).

Sunshine, Linda (Hrsg.): E. T. – der Außerirdische. Vom Konzept zum Klassiker – die illustrierte Geschichte des Films und der Filmemacher. Berlin: Schwarzkopf & Schwarzkopf 2002.

Trendall, Dave / Segers, Karel: The Story Department. Structure: E.T. 2.7.2011. (Online unter http://thestorydepartment.com/screenwriting-structure-e-t/, zuletzt aufgerufen am 19.5.2016).

Vogler, Christopher: Die Odyssee des Drehbuchschreibers. Über die mythologischen Grundmuster des amerikanischen Erfolgskinos. 4., aktual. u. erw. Aufl. Frankfurt / M.: Zweitausendeins 2004.

Withnall, Adam: ET named nation's favourite childhood film. In: The Independent vom 5.8.2013. (Online unter http://www.independent.co.uk/arts-entertainment/films/news/et-named-nations-favourite-childhood-film-8746011.html, zuletzt aufgerufen am 19.5.2016).

KLAUS MAIWALD

Klassiker oder Klamauk?
Leander Haußmanns *Sonnenallee* (D 1999)

Unter Regie von Leander Haußmann entstand nach einem Drehbuch von Thomas Brussig, Detlev Buck und Haußmann der Film *Sonnenallee*. Noch in dessen Erscheinungsjahr 1999 veröffentlichte Brussig den Roman *Am kürzeren Ende der Sonnenallee*. Bemerkenswerterweise geht hier also ein Film als Vorlage einem Buch voraus. *Sonnenallee* hat noch keine Generationen überdauert und ist in diesem Sinne zu jung für einen Klassiker. Allerdings verhandelt er klassische Adoleszenzthemen wie Freundschaft, erste Liebe, Konflikt mit Autoritäten, Identitätsstiftung durch Musik. Zweitens kann der Film als Klassiker des Genres der Ossi-Komödie, der Roman als Klassiker der Wendeliteratur gelten. Drittens verdient Haußmanns *Sonnenallee* besondere Anerkennung für die Qualität, mit der er medienspezifische Darstellungsmittel zur Geltung bringt und die ihn so zu einem „klassischen" Beispiel für den nicht an der Schriftliteratur zu messenden Eigenwert des Films machen.

Im Folgenden gebe ich zunächst die medienübergreifende Story wieder (Teil 1) und beschreibe Adaptionsentscheidungen, die Brussig für den Roman getroffen hat (Teil 2). In der Auseinandersetzung mit der kritischen Rezeption (Teil 3) gilt es vor allem, den Klamauk-Vorwurf zu entkräften. An zwei Textstellen, dem FDJ-Vortrag und dem Schluss, wird die besondere Darstellungsqualität des Films aufgezeigt (Teil 4), bevor weiterführende didaktische Überlegungen den Beitrag abschließen (Teil 5).

1 Die medienübergreifende Story

Michael Ehrenreich (im Roman: Kuppisch) und seine Clique leben in den 1970er Jahren am „kürzeren Ende" der geteilten Sonnenallee in Ost-Berlin, unmittelbar neben der Mauer. Der Alltag der Jugendlichen wird geprägt von den Zwängen der DDR-Verhältnisse: in der Schule, auf FDJ-Veranstaltungen, in Gestalt des Grenzübergangs, in den Gängeleien eines „Abschnittsbevollmächtigten", der ständig Ausweise sehen will und die Musik kontrolliert. Aus dem Westen herüber kommen regelmäßige Konsum-Mitbringsel von Onkel Heinz, aber auch Hohn und Spott von der Aussichtsplattform über die „Zonis".

Ebenfalls aus dem Westen stammen die lässigen Galane, die bei der Schulschönheit, ja „Weltschönheit" Miriam (S. 16f.[1]) lange das Rennen machen. Mit rebellischem Witz ecken Micha und seine Freunde immer wieder an. Sie hören „verbotene" Musik, sie laufen „Hunger!" rufend hinter Touristenbussen her, sie provozieren im Klassenzimmer. Gegenräume finden sie in der Rock- und Popmusik, auf Partys und in der Liebe: Michas Freund Wuschel richtet all sein Begehren auf das *Exile on Mainstreet*-Album der Rolling Stones; Mario fliegt von der Schule und lebt mit seiner Existenzialisten-Freundin intensiv in den Tag hinein, bis diese schwanger wird; Micha selbst gewinnt durch beharrliches Werben schlussendlich die schöne Miriam. All dies sind klassische Figuren, Handlungen und Themen eines Jugendfilms.

2 Adaptionen im Roman

Für den nach der Filmvorlage entstandenen Roman *Am kürzeren Ende der Sonnenallee* nahm Brussig eine Reihe sinnvoller, weil mediengerechter Adaptionen vor: Micha geht über längere Zeit zu einem Tanzkurs, während der Film – passend für das audiovisuelle Medium – eine „Schuldisco" mit einer lässigen Gruppentanzeinlage der um Miriam balzenden Jungs inszeniert (0:22:10[2]). Im Roman fassen Mario und seine Freundin den allerdings mit einem fatalen Rechenfehler behafteten Plan, in kleinen Stücken nach und nach das gesamte Gebiet der DDR aufzukaufen und einen Alternativstaat zu gründen. Derlei gibt für einen Film keine besonderen Bilder her und blieb dort ausgespart. Hingegen tritt dort der von Existenzangst bedrängte werdende Vater Mario der Stasi bei, was zu einem hitzigen und tränenreichen Faustkampf der besten Freunde führt – wiederum ein dankbares Motiv für das visuelle Medium. Während Micha die Hauptfigur und der *voice over*-Erzähler des Films ist, wird der Roman aus der Er-Perspektive erzählt. Wenn man im ebenso üblichen wie problematischen Wertungsschema denkt, dann müsste man hier zur Abwechslung einem Roman vorwerfen, dass er vom Film abweicht.

Auch am Ende unterscheidet sich der Roman ebenso deutlich wie sinnvoll von der filmischen Vorlage, welche stärker die audiovisuellen Qualitäten des Mediums ausspielt (vgl. ausführlicher Teil 4). In der letzten Szene entbindet

---

[1] Diese und alle folgenden Seitenangaben zum Roman beziehen sich auf: Brussig, Thomas: Am kürzeren Ende der Sonnenallee (Orig. 1999). Frankfurt/M.: Fischer 2008.

[2] Diese und alle folgenden Zeitangaben beziehen sich auf die Wiedergabe der DVD *Sonnenallee* im VLC-Player.

ein Wunder vollbringender Russe aus einer Staatskarosse das Baby von Mario und der Existenzialistin und bringt durch Handauflegen auch deren Trabi wieder zum Laufen. Zum Abschluss gibt es eine dialektische Abwägung des Verhältnisses von Erinnerung und Gedächtnis:

> Wer wirklich bewahren will, was geschehen ist, darf sich nicht den Erinnerungen hingeben. Die menschliche Erinnerung ist ein viel zu wohliger Vorgang, um das Vergangene nur festzuhalten; sie ist das Gegenteil von dem, was sie zu sein vorgibt. Denn die Erinnerung kann mehr, viel mehr: Sie vollbringt beharrlich das Wunder, einen Frieden mit der Vergangenheit zu schließen, in dem sich jeder Groll verflüchtigt und der weiche Schleier der Nostalgie über alles legt, was mal scharf und schneidend empfunden wurde.
> Glückliche Menschen haben ein schlechtes Gedächtnis und reiche Erinnerungen. (S. 156f.)

Im Gegensatz zum unmittelbaren Film endet der Roman also mediengerecht in einer diskursiven Reflexion des Erzählers. Dass diese den erinnerungsseligen Rückblick der Figuren gerade problematisiert und in ein anderes Licht rückt, wäre auch in der kritischen Rezeption mitzudenken.

3 Die (zu kurz gedachte) Kritik am Klamauk

(Am kürzeren Ende der) Sonnenallee gehört zur so genannten Wendeliteratur, zu den Texten also, die sich im weiten Sinne mit dem Problem der deutschen Einheit auseinandersetzen (vgl. Igel 2005, S. 20-26; Kammler 2008, S. 28; Wrobel 2008). Zur Wendeliteratur zählen Romane wie Wolfgang Hilbigs *Ich* (1993), Erich Loests *Nikolaikirche* (1995), Ingo Schulzes *Simple Storys* (1998) oder Jana Hensels *Zonenkinder* (2002). Beim Film reicht das Spektrum vom Ossi-Klamauk wie in *Go Trabi Go* (D 1991) über Tragikomödien wie *Good Bye, Lenin!* (D 2003) bis zu dem peinigenden Drama *Das Leben der Anderen* (D 2006).

Ein bedeutender Beitrag zur Wendeliteratur ist Thomas Brussigs satirischer Roman *Helden wie wir* (1995). Dessen Ich-Erzähler (mit dem unmöglichen Namen Klaus Uhltzscht) stellt im autobiographischen Interview mit der *New York Times* klar, dass der Mauerfall nicht durch das Volk und die Demonstrationen, sondern durch sein überdimensionales Geschlechtsteil herbeigeführt wurde. So werden in einer den grotesken Zufall betonenden Neuschreibung die vorherrschenden medialen Konstruktionen vom Mauerfall scheinbar berichtigt, tatsächlich aber erneut durch ein kontrafaktisches Mediengespinst ersetzt. Man hat in *Helden wie wir* ein „Bemühen um einen analytischen Beitrag zum Wendediskurs" (Widmann 2009, S. 240) oder (vielleicht doch) den „großen Wenderoman" (Igel 2005, S. 59) gesehen.

Deutlich kritischer wurde *(Am kürzeren Ende der) Sonnenallee* bewertet. Der Film sei eine der „Entäußerungen der bundesdeutschen Spaßgesellschaft" (Schenk 2005, S. 32), er beschleunige „die breit rezipierte Wahrnehmung der DDR als bloßes Kuriosum" (Wrobel 2008, S. 181); als „Rückblick auf den SED-Staat im Geist des Kalauers" habe er einen „Schleier der Nostalgie [...] über das gesamte Geschehen ausgebreitet" (Igel 2005, S. 69f.). Besonders rigoros urteilte Ute Stempel (2000) von der *Neuen Zürcher Zeitung*: Sie sieht eine „albern-versöhnliche ‚Mauerkomödie'", eine „effektvolle Krach- und Lachnummer", eine „abgeschmackte Romangroteske", in der sich der „Todeswall längst zur Alltagskulisse abgeschliffen" habe und die DDR als „biedere Juxbude" erscheine. Ostalgie und Klamauk, Verharmlosung des Systems, Missachtung der Verfolgten und der (Mauer-)Opfer – dies war der Kern der Kritik. Besonders umstritten war eine Szene, in der Wuschel bei einem Grenzalarm zufällig von einem Schuss getroffen wird. Die *Stones*-Doppel-LP, die er am Leib trägt, fängt den Schuss auf, geht dabei zu Bruch und rettet dem Jungen das Leben, der jedoch nicht darüber erleichtert, sondern über die Zerstörung der Schallplatten untröstlich ist. Die Hilfsorganisation *Help e. V.* erstattete Strafanzeige wegen angeblicher Beleidigung der Maueropfer (vgl. Igel 2005, S. 66).

In seinem Buch über den deutschen Pop-Roman lobte Moritz Baßler *Sonnenallee* als „Pop-Versuch aus dem Osten" (2002, S. 58), was manche Negativkritik jedoch eher noch befeuert haben dürfte. Als Pop-Literatur bezeichnet man Texte „meist junger Autoren, in denen die durch neue Medienformate und Konsumgüter geprägte Erfahrungswirklichkeit in Inhalt und Form thematisiert wird" (Prombka 2007, S. 598). Die Pop-Literatur der 1990er Jahre – z. B. *Faserland* von Christian Kracht (1995), *Relax* von Alexa Hennig von Lange (1997), *Soloalbum* von Benjamin Stuckrad-Barre (1998) oder *Crazy* von Benjamin Lebert (1998) – zeichnete sich durch „[f]ormale Eingängigkeit [...], Umgangs- oder Szenesprache; inhaltlich ein affirmatives [...] Verhältnis zur zunehmend medial geprägten Alltagswelt jugendlicher und jung gebliebener Menschen" aus (Frank 2003, S. 6). Pop-Literatur erforderte keine „schwierige[n] Lektüren", trug keine tief „verborgene[n] Bedeutungen" auf (Baßler 2002, S. 14) und galt daher manchen ästhetisch und ethisch gleichermaßen als verdächtig.

Kritisch besehen wären die Jugendlichen aus *Sonnenallee* wie die Helden der Pop-Literatur medien- und konsumorientiert, eher auf ihren Spaß als auf den Ernst des Lebens gerichtet. Die popliteraturtypische „Verwendung von Markennamen, Popmusiktiteln, Fernsehsendungen" (Obst 2008, S. 135) ist auch in *Sonnenallee* gegeben: Im (West-)Fernsehen läuft die Konsum-Show *Am laufenden Band*, auf dem Schwarzmarkt kursieren Schallplatten („originalverschweißt") und *Bravo*-Hefte. Es stehen DDR-Kultgetränke wie *Kaminfeu-*

er und *Club-Cola* herum, die *AWO* wird als „das Renommier-Motorrad [...] im gesamten Ostblock" besungen (S. 18). Miriams kleiner Bruder lässt sich Informationen über die begehrte Schwester geschäftstüchtig mit *Matchbox*-Autos bezahlen: „Haste 'n' Metschie?" (S. 20)

Man könnte dem Roman und dem Film also ankreiden, dass sie – typisch Pop-Literatur – einfach zu rezipieren und in der humoristischen Zeichnung der Verhältnisse oberflächlich und unkritisch seien. An die *Feuerzangenbowle* fühlt sich Dieter Wrobel durch den Film erinnert: „Generationenprobleme, Lausbubenstreiche und erste Liebe in Anwesenheit eher klischeehaft gezeichneter Erwachsener" – die DDR als „Kuriosum" (2008, S. 181). Dagegen zu halten wäre, dass *Das Leben der Anderen* (D 2006) natürlich ein ernsterer, tiefer schürfender Film ist als *Sonnenallee* oder *Good Bye, Lenin!* (D 2003) und *NVA* (D 2005); dass aber auch *Das Leben der Anderen* nicht „die DDR", sondern – wie jene leichteren Komödien – ebenfalls nur einen „Ausschnitt" der DDR zeigt (vgl. ebd.).

Überhaupt greift die Kritik an unseriöser Wende-Ostalgie und affirmativ-oberflächlichem Pop zu kurz. Leander Haußmann selbst konterte den Vorwurf des Unpolitischen plausibel mit der Bemerkung, der ganze Film sei „politisch, fast in jeder Szene werden die Figuren mit Politik konfrontiert" (1999, S. 12). Volker Hage nannte den Roman „ein eigenständiges und herrliches Stück Prosa [...] ein sehr stilles Buch". Mit derlei

> Nostalgie der feinen Art [...] lässt sich der DDR, die ein Kuriosum war wie die einst geteilte Sonnenallee [...], wohl am besten beikommen: fröhlich und mit Happy End – zumindest für Micha und Miriam. (Hage 1999)

Engagiert verteidigte Moritz Baßler den Roman unter Hinweis auf die grotesken Zuspitzungen und überzogenen Happy Endings (vgl. 2002, S. 58f.), mittels derer der Anspruch auf Realismus eindeutig aufgehoben wird. Brussig übe sich „in einer virtuosen Kunst des Engführens und des Kurzschließens" (ebd., S. 50) und generell würden in seinen Texten die

> Schrecken des Stasi- und Mauer-Staates jedenfalls nicht verharmlost, sondern in einer zugleich populären und komplexen Form codiert, die ein Verdrängen womöglich nachhaltiger ausschließt als die gemessen-ernsten Prätexte, auf die sie reagieren. (Baßler 2002, S. 67)

Die folgend analysierten Filmszenen verdeutlichen, was Baßler eine „zugleich populäre und komplexe Codierung" nennt. Ebenso zeigt sich in ihnen eine besondere Qualität audiovisueller Darstellungsmittel bzw. ein besonderer ästhetischer Eigenwert des Mediums Film.

4 Der Film in Bestform

4.1 Jugend zwischen Liebe und Partei

Zum Kontext: Die schöne Miriam (Theresa Weißbach) hat sich auf der Schuldisco mit einem „Klassenfeind" aus dem Westen eingelassen und wird daher zu einem „selbstkritischen Beitrag" auf der nächsten FDJ-Versammlung verpflichtet. Wenig später provoziert Mario (Alexander Beyer) einen Skandal im Klassenzimmer, indem er auf einem Spruchbanner durch ein hinzugefügtes „a" die Partei von der *Vorhut* zur *Vorhaut* der Arbeiterklasse macht (0:25:55). Kurzerhand ergreift Micha (Alexander Scheer) die Gelegenheit: Um Miriam nahe zu kommen, nimmt er die Schuld auf sich und bietet als Sühne ebenfalls einen selbstkritischen FDJ-Beitrag an. Alsbald streift er das blaue Hemd der Jugendorganisation über, probt im Badezimmer seine Rede und trifft in der Versammlung auf die Angebetete.

Von Miriams Vortrag zum Thema Weltrevolution hören und sehen wir nur noch das „persönliche Schlusswort":

> Ja, auch eine FDJlerin muss ihren Stolz haben. Eines jedenfalls weiß ich: Hätte ich einen Freund – ich hab aber gar keinen – *[Kunstpause, Bewegung unter den männlichen Zuhörern]* und würde er für drei Jahre zur Armee gehen, dann würde ich ihm auch drei Jahre lang treu bleiben. *[Kreuzt dabei die Finger hinter dem Rücken]* Das gelobe ich. (0:29:07)

Die Szene zeigt eine schnelle, bewegliche Kameraführung und macht im Zusammenspiel von Figurenrede, Bild und Ton das absurde und verlogene Ineinander von politisch gewünschter und tatsächlicher Realität deutlich (0:29:08-0:29:42): Kameraeinstellungen zeigen Miriam bzw. ihr Gesicht nah bis groß, aber auch Totalen bis Halbtotalen der Bühne bzw. des Auditoriums. Zwischengeschnitten sind Nahaufnahmen Michas, der Miriam verzückt lauscht und vor ihren in Großaufnahme überkreuzten Fingern im Hintergrund verschwimmt. Die letzte Einstellung zeigt ihn halbnah im Vordergrund, während Miriam im Hintergrund stehend den Dank vom Funktionärstisch entgegennimmt und dabei bereits ungeduldig mit dem Minirock wippt. Auf der auditiven Ebene wird Miriams linientreues Gerede durch Rückkoppelungen ihres Mikrofons ironisiert, besonders stark bei ihrem kühnen Bekenntnis, sie habe „gar keinen Freund".

Als Miriam abgeht, ist im Hintergrund weiter der monotone Funktionärssprech zu hören, während im Vordergrund eine Saxofonmelodie einsetzt. Hinter bzw. neben der Bühne stürzt Micha in tiefe Verlegenheit, als die Schöne mit dem

Rücken zu ihm ihr FDJ-Hemd aus- und ein blau geblümtes Oberteil anzieht. Um Miriam zu beindrucken, rühmt sich Micha, er habe „Lenin angegriffen. Und die Partei. Und die Arbeiterklasse. – In aller Öffentlichkeit. Natürlich, klar. Da kriegste – Schwierigkeiten" (0:30:07). Das Saxofon umspielt leicht lasziv und somit passend die Szene. Miriam jedoch bleibt unbeeindruckt, wirft im Stil einer Hollywoodgöttin ihr Haar nach hinten und schaut blasiert drein (0:30:14). Ein wenig erinnert dies an Rita Hayworth in *Gilda* (USA 1946).[3]

Sodann erfolgt ein Schnitt zurück auf die Bühne, wo in schwer zu überbietender Situationskomik ein zu klein geratener und des Deutschen nicht hinreichend mächtiger Gast aus der Volksrepublik Vietnam einen Vortrag „über den amerikanischen Aggressor" hält, dazwischen eine Einstellung, in der Miriam sich mit einer leichten Bewegung zu Micha hin erhebt und dem selig Lächelnden entschwebt.

Nun wird Micha aufgerufen und stolpert auf die Bühne. Nach der Anrede der „lieben FDJlerinnen und FDJler", beginnt er sichtlich beflügelt mit einer absurd langen Nominalphrase und einer leeren Behauptung: „Die gewachsene Rolle der Bedeutung der Schriften der Theoretiker der Arbeiterklasse, der Partei – ist gerade heute wichtiger denn je, besonders Marx, Engels und Lenin, die …" – dann kommt er zu seinem eigentlichen Thema: „die LIEBE – zu ihrer Arbeiterklasse …". Michas weitere Worte sind nicht mehr zu hören. Die plätschernde Musik eines Klaviertrios untermalt seine fließenden Gesten und seine leuchtende Mimik und spielt in einen Szenenwechsel auf den Spielplatz hinüber, wo ein empörter Mario seinen Freund zurechtweist: „ … als ob sie sich für dich ausgezogen hat! – Zuerst bindet man sich an eine Frau, und dann bindet man sich auch ganz schnell ans System" (0:32:12). Der vorfahrende Mercedes mit Miriam und dem Westler konterkariert den tristen Spielplatz – jedoch verweigert die Schöne dem reichen Galan bereits den Kuss.

Zum einen profitiert der Film hier enorm von der ihm eigenen Möglichkeit beiläufigen und dennoch bedeutungsvollen Zeigens – so in der Kleidung der Figuren: Ein blaues FDJ-Hemd hat sich über Michas übliches weißes, selbstbeschriftetes *Rock & Pop*-T-Shirt gelegt. Miriam trägt oben zunächst FDJ-Blau, unten aber einen (weniger kräftig blauen) Minirock mit Blumenmuster, ganz im Gegensatz zu den strengen Röcken am Funktionärstisch. Sofort nach ihrem Vortrag tauscht sie das unförmige Partei-Hemd gegen ein Figur beto-

---

[3] Vgl. den YouTube-Clip unter dem Suchbegriff „Gilda, are you decent?" unter https://www.youtube.com/watch?v=CUQvITehr34 (zuletzt aufgerufen am 20.5.2016).

nendes weißes Oberteil mit zarten blauen Blümchen. Der Rebell Mario trägt das FDJ-Hemd offen und darunter ein weißes Shirt mit großen blauen Sternen. So repräsentiert eine dicke, deckende Kleidung in kräftigem Blau den staatlichen Einheitszwang; eine leichte, luftige in Hellblau und Weiß hingegen das jugendliche Streben nach Individualität und Freiheit. Auch im Bildaufbau wird der Gegensatz sinnfällig: Auf der Bühne vollzieht sich das staatliche Theater, dahinter bzw. daneben das private Glücksstreben (vgl. Abb. 1).

Abb. 1: Bedeutungsvolle Requisiten und suggestiver Bildaufbau in *Sonnenallee*: strenges FDJ-Blau vs. luftiges Jugend-Weiß; privates Glücksstreben vs. staatliches Theater auf der Bühne (0:31:00)

In der filmischen Inszenierung wird aus dem FDJ-Theater eine lächerliche Groteske. Eine Totale zeigt eine schmucklose Mehrzweckbühne, die mit einem skurrilen Arrangement aus Topfpflanzen, Wandbanner, Fahnen und rotgedecktem Tisch kümmerlich aufgehübscht wurde. Die Funktionärinnen am Tisch sind von routinierter Linientreue, aber von reduziertem Liebreiz. Der klein geratene Gast wird bei seiner auf Vietnamesisch gehaltenen und daher unverständlichen Rede von Pult und Mikro überragt, quer dazu steht dahinter der nicht gebrauchte Konzertflügel (vgl. Abb. 2). Im Gegenschuss zeigt die Kamera immer wieder Totalen oder Halbtotalen eines wenig enthusiasmierten Publikums, welches die vorderen Sitzreihen entschlossen gemieden hat.

Bei Michas Vortrag stößt die Prosa der „Theoretiker der Arbeiterklasse" dann in schnellen und harten Schnitten gegen die Poesie des Verliebtseins. Die Funktionärinnen nicken ermunternd, das rückkoppelnde Mikrofon dröhnt

Klassiker oder Klamauk? 115

leicht vor sich hin, die Zuhörer wirken ungerührt, die engelsgleiche Miriam sieht jedoch angetan zu, wie Micha sich mit ausladend fließenden Gesten und verzücktem Gesicht in Fahrt redet. Aus dem *Off* perlt dazu heiter-leichte Musik im Dreiertakt.

Abb. 2: FDJ-Versammlung als lächerliche Groteske in *Sonnenallee* (0:30:47)

Die filmischen Mittel der nicht literarisierbaren Art, die Moritz Baßler (vgl. 2002, S. 67) für den Schluss von *Sonnenallee* ausmacht – sie fügen sich bereits hier zu einer überaus wirkungsvollen Darstellung. Diese macht das politische System als (absurdes) Theater lächerlich und beschwört dagegen ein nicht-staatliches (Liebes-)Glück. Dabei weist die audiovisuelle Stilisierung und Verfremdung das Gezeigte eindeutig als realitätsferne ästhetische Konstruktion aus.

Im Roman läuft im Wesentlichen dieselbe Handlung ab (S. 27-31). Die Delinquenten treffen sich hinter der Bühne, Miriam zieht sich vor Micha aus bzw. um, dieser prahlt mit seinem Angriff auf Lenin und die Partei, jene gibt ihren falschen Treueschwur für einen möglichen Armeefreund zum besten und Micha hält berauscht eine Rede über die Schriften der Theoretiker und die Liebe. Weniger enthoben gerät die Figur der Miriam: Sie kichert und flüstert mit Micha, sie erzählt, wie „die im Westen küssen" (S. 29), sie stellt in Aussicht, ihm das irgendwann zu zeigen und nähert sich sogar zu einem „Beinahe-Kuß" (S. 30). Nach der Versammlung werden noch kurz die gekreuzten Finger besprochen, bevor sie als Beifahrerin auf einem Motorrad enteilt. Der Roman lässt sie mehr reden, was die Aura ihrer Unnahbarkeit schmälert.

Brussig schenkt sich die in der visuellen Anschauung besonders absurd wirkende Gastrednerin aus Vietnam und gibt stattdessen – wiederum passend für das Medium der Schrift – „einen endlos langen Rechenschaftsbericht" wieder, der „von Prozentangaben nur so strotzte": „Die Zahlen waren mehr oder weniger deutlich über einhundert; manche Angaben waren auch knapp unter einhundert Prozent" (S. 27). Alles wird in Prozenten erfasst, von den „Russischzensuren [bis zur] Pausenmilchversorgung" (ebd.), worüber die ersten einschlafen.

Weil ein Roman einen tonlos Redenden mit Musikuntermalung nicht gut darstellen kann, bekommt auch Michas Liebesdiskurs hier mehr wörtlichen Raum: Die Gedanken der Theoretiker seien „durchdrungen von einer großen, unsterblichen Liebe […],

> die sie stark und unbesiegbar machte und sie wie Schmetterlinge aus dem Kokon schlüpfen ließ, in dem sie eingesponnen waren, auf daß sie frei und glücklich über diese herrliche Welt flatterten, über prachtvolle Wiesen voll duftender Blumen, die in den schönsten Farben blühten … (S. 30)

Michas euphorische Rede gibt wiederum Anlass zu einer weiteren Ansprache, von der Schulleiterin Erdmute Löffeling zum Thema „Darf ein Revolutionär leidenschaftlich sein?" Mediengerecht verlässt sich der Roman also stärker auf das (gesprochene) Wort, wo der Film einfach zeigen und hören lassen kann. Das Absurde der FDJ-Versammlung wird auch im Roman deutlich; den Kontrast zwischen der Prosa der herrschenden Propaganda und der Poesie der ersehnten Liebe bringt der Film meines Erachtens jedoch eindringlicher zur Geltung.

4.2 Abgesang: „Du hast den Farbfilm vergessen"

Auch an seinem Ende zeigt der Film, was das Medium kann. Von einem Balkon herunter heizen Micha und Wuschel (Robert Stadlober) als Luftgitarristen zu dem Song „The Letter" eine rasant geschnittene Tanznummer am Grenzübergang an. Nach einer von einem Soldaten übermütig in die Luft geschossenen Salve tanzt die Menge gelöst auf den Schlagbaum und die verwirrten Grenzer zu, wobei nun alle freundlich zueinander finden: Mario mit seiner schwangeren Braut, die schöne Miriam, Michas Eltern (Henry Hübchen und Katharine Thalbach), aber auch der hier ganz lockere Abschnittbevollmächtigte (Detlev Buck) und die FDJ-Funktionärinnen.

Nach einer Art *stage dive* in Zeitlupe vom Balkon erfolgt ein harter Schnitt und surrealer Zeitsprung, der Micha und Wuschel in die nun öde und leere Szenerie versetzt. Die beiden tanzen einige Sekunden lang noch „The Letter" fertig und dann aus dem Bild (vgl. Abb. 3).

Klassiker oder Klamauk? 117

Abb. 3: Zeitsprung in die „tumbleweeddurchwehte DDR" am Ende von *Sonnenallee* (1:21:00)

Sodann setzt Michas Erzählstimme ein:

> Es war einmal ein Land, und ich hab dort gelebt. Wenn man mich fragt, wie es war? Es war die schönste Zeit meines Lebens, denn ich war jung und verliebt. (1:21:03)

In dieses *voice over* hinein ertönt ein Lied, unter dem sich die Kamera in langsamer Rückfahrt vom Schauplatz des Grenzübergangs entfernt und das Bild schwarz-weiß werden lässt. „Du hast den Farbfilm vergessen" war 1974/75 ein Ost-Hit und Nina Hagens größter Erfolg in der DDR. Das Lied beschreibt beziehungsreich zur Filmhandlung ein Urlaubsmissgeschick: „Du hast den Farbfilm vergessen / mein Michael / Nun glaubt uns kein Mensch, wie schön's hier war / Du hast den Farbfilm vergessen / bei meiner Seel' / Alles Blau und Weiß und Grün / Und später nicht mehr wahr!"

Moritz Baßler wertet die Tanzeinlage etwas skeptisch als typisches „Kultfilmende", preist aber zu Recht das Gesamt des Schlusses:

> […] wenn am Ende plötzlich die Farbe ausgeht und eine leere klischeegraue, tumbleweeddurchwehte DDR zurückbleibt (und dann noch Nina Hagen einsetzt: „Du hast den Farbfilm vergessen, mein Michael"), dann ist man doch wieder, diesmal mit filmischen Mitteln der nichtliterarisierbaren Art, auf dem Niveau der Vorlage. (Baßler 2002, S. 67)

Abgesehen davon, dass der Roman hier eben keine Vorlage war: Die Musik, die enthemmte MP-Salve, der auf die Grenze zurückende Tanz, die Luftgitarre mit Sprung vom Balkon, dann der Wechsel zu Schwarz-Weiß, der über das *voice over* gelegte Song, die langsame Kamerarückfahrt aus der grauen, menschenleeren Szenerie – all das sind in der Tat filmische Mittel der nicht (oder kaum) literarisierbaren Art, die ein sehr starkes Filmende ergeben.

5 Zusammenfassung und Lernperspektiven

(*Am kürzeren Ende der*) *Sonnenallee* ist ein wichtiger Text der Wendeliteratur mit popliterarischen Anklängen und daher von literaturgeschichtlicher Bedeutung. Gattungspoetisch ließe sich fragen, wieweit es sich hier um eine Adoleszenz-Erzählung über Probleme des Heranwachsens und der Selbstfindung handelt oder was eine Komödie ausmacht (z. B. typisierte Figuren, Situationskomik) (vgl. Leubner 2007, S. 195f.). Auch mit Schüler/-innen lassen sich Fragen der kritischen Rezeption erörtern, also nach dem Realitätsbezug bzw. nach der Verharmlosung – vielleicht aber auch danach, warum man von einem fiktionalen Text eigentlich erwartet, dass er die Realität abbilde.

Der Film und auch der Roman thematisieren jugendliche Probleme wie Liebe und die Auseinandersetzung mit Autoritäten, sie tun dies auf eine komische, ironische und unterhaltsame Weise und unter effektvollem Einsatz medienspezifischer Darstellungsmittel. Dass hier als erstes ein Film vorlag, der dann als Buch adaptiert wurde, kehrt die übliche didaktische Blickrichtung vom Buch zum Film um. Die Analyse der Schluss- und der FDJ-Szenen kann zeigen, welche Mittel besonders der Film überaus wirkungsvoll aufbietet – so dass das Buch hier fast etwas abfällt, andererseits aber mit den ihm eigenen sprachlichen Möglichkeiten punktet.

Ergiebig ist beim Film ein Vergleich zwischen dem fixierten Blick auf eine Theaterbühne und dem beweglichen durch die Kamera. In den FDJ-Szenen bietet der Film den Theaterblick selbst mit an, anstatt aber den Saal, das Podium und das Rednerpult stets von ein und demselben Punkt aus in der Totalen zu zeigen, erzeugt der Film durch Bildauswahl, Einstellungsgrößen, Perspektiven, Schnitt und Montage ein hoch dynamisches Textkonstrukt. Das Filmende wäre allein aufgrund des unvermittelten Schnitts in die leere Szenerie auf einer Theaterbühne unrealisierbar.

Filmauszüge zunächst ohne Ton anzuschauen kann die Wirkung auditiver Effekte hervorheben. In den FDJ-Szenen wären dies das rückkoppelnde Mikro, das laszive

Saxofon, der absurde Vortrag auf Vietnamesisch, das heitere Klaviertrio zu Michas Redeüberschwang; in den Schluss-Szenen die MP-Salve und vor allem die Lieder.

Überhaupt lohnt der *music score* eine weitergehende Beschäftigung.[4] Nicht nur besingt Nina Hagen am Ende passend den „vergessenen Farbfilm", auch werden die in Zeitlupe weichgezeichneten Erscheinungen der überirdischen Miriam von einem Elvis-Rockabilly-Schmalz im Stil der 1950er Jahre begleitet. Das Lied „Geh zu ihr" (und lass deinen Drachen steigen) der populären DDR-Rockband *Puhdys* wurde 1973 durch den DDR-Film *Die Legende von Paul und Paula* bekannt. Unter den Klängen dieses Liedes fasst Micha sich ein Herz und fordert die unnahbare Miriam zum Tanzen auf. Das „verbotene" und den wackeren Abschnittsbevollmächtigten seine Beförderung kostende „Moscow, Moscow" der Gruppe *Wonderland* von 1968 war eine psychodelische Klage über das Entschwinden einer Herzensbrecherin in die Hauptstadt der Sowjetunion. Die LP *Exile on Main Street* der Rolling Stones wird zum Sehnsuchtsobjekt und zum Symbol des Aufbegehrens und der Freiheit. Auch im Roman wird die Funktion von Pop- und Rockmusik für jugendliche Identitätsbildung deutlich. Leitmotivartig erwähnte Lieder wie *Je t'aime* und *Moscow, Moscow* sowie Interpreten wie *The Doors* (S. 37) und *Rolling Stones* (S. 51) weben einen jugendkulturellen Subtext der Abgrenzung und Auflehnung ein (vgl. Lexe 2006). Der Erzähler stellt diesen Zusammenhang selbst her:

> Man mußte sich [beim Überspielen von LPs auf Kassetten] gar nicht groß kennen, es reichte ja, daß die Leute dieselbe Musik gut fanden. Sie konnten reden oder der Musik zuhören und hatten alle Zeit der Welt. Sie fühlten, wie es ist, ein Mann zu werden, und die Musik, die dazu lief, war immer stark. (S. 58)

In unserem digitalen Zeitalter ist Musik allverfügbar und unabhängig von zerbrechlichen und teuren Tonträgern. Dahin ist damit aber auch ihre Aura als Sehnsuchtsobjekt und als Sinngeber. Insofern lässt sich aus *Sonnenallee* auch ein Stück mediengeschichtliches Bewusstsein gewinnen.

Leander Haußmanns *Sonnenallee* ist ein inhaltlich besonders gehaltvoller und ein formal besonders gelungener Film, der daher auch in einer Ringvorlesung über Klassiker des Kinder- und Jugendfilms mit Fug und Recht auftauchen durfte. Brussigs Roman wird im Deutschunterricht viel gelesen; es wäre zu wünschen, dass auch Haußmanns Film nicht nur Vertretungsstunden oder die letzten Tage vor den Sommerferien füllt.

---

[4] Die im Folgenden erwähnten Lieder sind unter den entsprechenden Suchbegriffen allesamt auf YouTube auffindbar, Liedtexte unter http://www.songtexte.com/ (zuletzt aufgerufen am 20.5.2016).

6 Quellen

6.1 Primärliteratur

Brussig, Thomas (2008): Am kürzeren Ende der Sonnenallee. Frankfurt/M.: Fischer (Orig. 1999).
Haußmann, Leander (1999): Sonnenallee. Das Buch zum Farbfilm. Berlin: Quadriga.
Sonnenallee, R. Leander Haußmann, D 1999.

6.2 Weitere erwähnte Filme

Das Leben der Anderen, R. Florian Henckel von Donnersmarck, D 2006.
Die Legende von Paul und Paula, R. Heiner Carow, DDR 1973.
Gilda, R. Charles Vidor, USA 1946.
Go Trabi Go, R. Peter Timm, D 1991.
Good Bye, Lenin!, R. Wolfgang Becker, D 2003.
NVA, R. Leander Haußmann, D 2005.

6.3 Sekundärliteratur

Baßler, Moritz: Der deutsche Pop-Roman. Die neuen Archivisten. München: Beck 2002.
Frank, Dirk: Was ist Popliteratur? In: Ders. (Hrsg.): Popliteratur. Texte und Materialien für den Unterricht. Stuttgart: Reclam 2003, S. 5-33.
Hage, Volker: Der Westen küsst anders. Blick zurück ohne Zorn. Thomas Brussig hat die Vorlagen für zwei Spielfilme geschrieben, in denen überraschend farbig vom Alltag in der DDR erzählt wird. Sein neues Buch erlaubt sich provozierend nostalgische Töne. In: *Der Spiegel*, 53, 1999, S. 252-254. (Online unter http://www.spiegel.de/spiegel/print/d-14718461.html, zuletzt aufgerufen am 20.5.2016).
Igel, Oliver: Gab es die DDR wirklich? Die Darstellung des SED-Staates in komischer Prosa zur „Wende". Tönning: Der Andere Verlag 2005.
Kammler, Clemens: Das Thema Wende in der deutschsprachigen Gegenwartsliteratur. In: Josting, Petra/Kammler, Clemens/Schubert-Felmy, Barbara (Hrsg.): Literatur zur Wende. Grundlagen und Unterrichtsmodelle für den Deutschunterricht der Sekundarstufen I und II. Baltmannsweiler: Schneider 2008, S. 28-38.
Leubner, Martin: Sonnenallee. Zur kombinierten Vermittlung von Texterschließungs- und Medienverbund-Kompetenzen (10. Jahrgangsstufe). In: Josting, Petra/Maiwald, Klaus (Hrsg.): Kinder- und Jugendliteratur im Medienverbund. München: Kopaed 2007 (kjl+m 07.extra), S. 193-205.
Lexe, Heidi: Von Tom Waits zu den eels. Musikalisch provozierte Subtexte der Jugendliteratur. In: Kinder- und Jugendliteraturforschung 2005/2006. Frankfurt/M.: Lang 2006, S. 73-86.

Obst, Helmut: Die Entwicklung des Popromans mit seinen Verfilmungen. In: Wehdeking, Volker (Hrsg.): Medienkonstellationen: Literatur und Film im Kontext von Moderne und Postmoderne. Marburg: Tectum 2008, S. 131-144.
Prombka, Stephan: Popliteratur. In: Burdorf, Dieter/Fasbender, Christoph/Moenninghoff, Burkhardt (Hrsg.): Metzler Lexikon Literatur. 3. Aufl. Stuttgart/Weimar: Metzler 2007, S. 598-599.
Schenk, Ralf: Die DDR im deutschen Film nach 1989. In: Aus Politik und Zeitgeschichte 44 (2005), S. 31-38.
Stempel, Ute: Keinerlei Erinnerungskultur. Thomas Brussigs albern-versöhnliche ‚Mauerkomödie'. In: *Neue Zürcher Zeitung*, 8. Februar 2000. (Online unter http://www.bookcrossing.com/journal/8429584, zuletzt aufgerufen am 20.5.2016).
Widmann, Andreas Martin: Kontrafaktische Geschichtsdarstellung. Untersuchungen an Romanen von Günter Grass, Thomas Pynchon, Thomas Brussig, Michael Kleeberg, Philip Roth und Christoph Ransmayr. Heidelberg: Winter 2009.
Wrobel, Dieter: Rückblicke auf die DDR im Film zwischen Erinnerungs- und Rekonstruktionsmodus. In: Josting, Petra/Kammler, Clemens/Schubert-Felmy, Barbara (Hrsg.): Literatur zur Wende. Grundlagen und Unterrichtsmodelle für den Deutschunterricht der Sekundarstufen I und II. Baltmannsweiler: Schneider 2008, S. 180-196.

HEIDI LEXE

Rico, Oskar und der Kinderfilm
Zur Adaption eines Kinderromans mit Kultcharakter

1 Rico, Oskar und der populäre Kanon

Anders als im allgemeingermanistischen Diskurs erfolgt die Markierung eines Werkes der Kinderliteratur als „Klassiker" nicht nur in einem literaturwissenschaftlichen Funktionszusammenhang, sondern auch – und vor allem – im Kontext populärer Kanonbildung (vgl. dazu O'Sullivan 2000). Prägend für einen solchen Kanon populärer Kinderbuch-Klassiker sind dementsprechend nicht ästhetische Wertungskriterien, sondern mannigfaltige Prozesse der Rezeption, Neuedition und Neuadaption bestimmter Texte, die durch deren Präsenz im literarischen Bewusstsein unterschiedlicher Generationen als Klassiker etabliert werden. Dabei steht nicht die normative Bedeutung der so genannten Klassiker im Fokus des Interesses – und damit auch nicht das Moment der Textpflege. Die jeweiligen Ausgaben versuchen also nicht, möglichst detailgetreu an den Ursprungstext heranzurücken, sondern fächern eine breite Bearbeitungstradition auf, deren qualitative Bandbreite von marktgängigen Ausgaben bis zu künstlerischen Neubefragungen der Ausgangstexte reicht (vgl. dazu Lexe 2003). Jenseits eines Klassiker-Bewusstseins innerhalb der deutschsprachigen Nationalliteraturen in Deutschland, Österreich oder der Schweiz werden dabei Texte wie *Peter Pan*, *Pinocchio*, *Alice im Wunderland* oder *Pippi Langstrumpf* im deutschsprachigen Raum als Klassiker wahrgenommen und als populärer Kanon gepflegt. Einschreibungen in diesen Kanon basieren notwendigerweise auf entsprechender historischer Distanz zum Ausgangswerk – einer historischen Distanz also, die bei Andreas Steinhöfels Roman *Rico, Oskar und die Tieferschatten*, erstmals 2008 erschienen, nicht gegeben ist.

Weder der Roman noch dessen filmische Adaption können also im Kontext der Kanonbildung (vgl. dazu Assmann/Assmann 1987) in dieser kurzen Zeit Klassikerstatus erlangt haben. Der an die Stelle des Klassikers gesetzte Begriff des Kultcharakters jedoch verweist auf denselben kinderliterarischen Funktionszusammenhang: Das vereinzelte Lektüre-Erlebnis weicht dem kollektiven, indem medienübergreifende Formen (populärkultureller) Rezeption für eine stete Neubefragung des Ausgangstextes sorgen und weisen diesen damit als prototypisch und/oder genrebildend aus. So wie Joanne K. Rowlings serieller Entwicklungsroman *Harry Potter* bestimmend für eine Ausdifferenzierung der kinder- und jugendliterarischen Phantastik war, und so wie *Die Tribute von Panem* von Suzanne Collins Ausgangspunkt für die jugendliterarische Neu-Entdeckung der Future Fiction waren, kann *Rico, Oskar und die Tieferschatten* als stilbildend für den tragikomischen Kinderroman des beginnenden 21. Jahrhunderts angesehen werden.

Der erste Teil der späteren Trilogie wurde nicht nur zu einem deutschsprachigen Bestseller, sondern erfuhr als zielgruppenspezifisches Lektüreangebot ebenso viel Aufmerksamkeit wie in den unterschiedlichen Handlungssystemen einer Literatur für Kinder. Er wurde breit rezipiert, in den Feuilletons ebenso wie in Fachzeitschriften besprochen, er erfuhr Aufnahme in den (inoffiziellen) schulischen Kanon und in den literaturwissenschaftlichen, er wurde zum Buchliebling der Vermittler/-innen ebenso wie zu jenem renommierter Jury-Mitglieder und im deutschsprachigen Raum vielfach ausgezeichnet (unter anderem mit dem *Deutschen Kinder- und Jugendliteraturpreis* und dem *Katholischen Kinder- und Jugendbuchpreis*). Der Kultcharakter des Romans zeigt sich jedoch nicht nur in unterschiedlichen Lektüre- und Vermittlungszusammenhängen, sondern auch dort, wo der populäre Kanon etabliert wird: Bereits rasch nach seinem Erscheinen findet *Rico, Oskar und die Tieferschatten* Eingang in unterschiedliche Bearbeitungstraditionen und Adaptionsprozesse: Der Autor selbst liest das Hörbuch ein; es werden ein Hörspiel, ein Kindermusical und zahlreiche Bühnenstücke produziert. Gemeinsam mit den Folgebänden *Rico, Oskar und das Herzgebreche* und *Rico, Oskar und der Diebstahlstein* wird der Roman von Peter Schössow neu und farbig illustriert und in unterschiedlichen Trilogie-Editionen neu editiert. Zudem produziert Andreas Steinhöfel laut seiner Homepage selbst gerade die ersten vier Folgen einer animierten WDR-Serie mit Titel *Rico – Streetlife*. Darüber hinaus beinhaltet das metafiktionale Spiel mit der literarischen Vorlage naturgemäß eine Facebookseite von Rico Doretti, aber auch Porträts und Interviews mit dem Ich-Erzähler von Steinhöfels Roman(en). Diese Beifügung additiver Zeichensysteme zur literarischen Vorlage sowie deren Eingang in unterschiedliche transtextuelle/transmediale Bezugssetzungen entspricht (bis hin zum Müffelchen-Kochbuch, das im fiktiven Interview avisiert wird) der Pflege des populären Klassikers im populären Kontext (siehe dazu Lexe 2003), in den sich auch die filmischen Adaptionen von *Rico, Oskar und die Tieferschatten* durch Neele Leana Vollmar im Jahr 2014 und *Rico, Oskar und das Herzgebreche* 2015 durch Wolfgang Groos einschreiben.

2 Rico, Oskar und die filmische Adaption

Mit Blick auf die filmische Adaption von *Rico, Oskar und die Tieferschatten* sind in solche populären Kontexte natürlich auch jene metatextuellen Aspekte mit einzubeziehen wie Film-Teaser oder Interviews mit der Film-Crew. „Worum geht's in dem Film?", wird Andreas Steinhöfel zum Beispiel in einem Interview für *kinderfilmblog.de* gefragt. In Erwartung medialer Reduktion auf Inhalt und Thema hat er sich (wie er live betont) eine Erklärung „zurechtgelegt" (*kinderfilmblog.de*, 0:00:44) und charakterisiert seine eigene Geschichte als „eine Abenteuer-Freundschaftsgeschichte, eigentlich nicht viel anders als Enid Blyton" (*kinderfilmblog.de*, 0:01:25). Steinhöfels Selbstironie trifft hier auf seine Lust an der Dekonstruktion einer Medienwelt, die im Bereich des Kinderbuches und Kinderfilmes von erfolgscodierter Selbstbeschränkung bestimmt ist. Denn natürlich nutzt Andreas Steinhöfel nicht nur weit komplexere Erzählverfahren als Enid Blyton in ihren schematischen Abenteuergeschichten, sondern nimmt eine explizite Rückführung des seriellen Erzählens in den Kinderalltag vor. Er schildert kindliches Abenteuer nicht jenseits sozialer Rahmenbedingungen, sondern lässt es vielmehr aus diesen Rahmenbedingungen heraus entstehen: Das erste Zusammentreffen von Rico und Oskar zum Beispiel steht in unmittelbarem Zusammenhang mit einer Serie von Kindesentführungen. Als Kontrafaktur einer moralischen Mahnfigur treibt ein so genannter Schnäppchenentführer sein Unwesen, der die Situation vernachlässigter Kinder für seine Zugriffe nutzt und einen verhältnismäßig geringen Betrag als Lösegeld fordert. Dieser Mister 2000 steht im Zentrum einer an die Elemente des Kinderkrimis angelehnten Erzählstruktur, die dementsprechend gerne mit Erich Kästners Kinderroman *Emil und die Detektive* (1929) verglichen wurde. Hierfür ist natürlich auch die explizite Verortung in Berlin verantwortlich, wobei der Großstadt als Moloch und dem damit verbundenen Motiv der Geschwindigkeit ein viel elaborierteres Raumkonzept gegenübergestellt wird: Rico lebt mit seiner Mutter in der Dieffe 93 in Kreuzberg und das Wohnhaus selbst wird zum eigentlichen Handlungsraum des Romans. Denn jede Form der Bewegung im Raum entspringt im Roman dem Charakter seiner Hauptfigur:

> Ich sollte an dieser Stelle wohl erklären, dass ich Rico heiße und ein tiefbegabtes Kind bin. Das bedeutet, ich kann zwar sehr viel denken, aber das dauert meistens etwas länger als bei anderen Leuten. An meinem Gehirn liegt es nicht, das ist ganz normal groß. Aber manchmal fallen ein paar Sachen raus, und leider weiß ich vorher nie, an welcher Stelle. Außerdem kann ich mich nicht gut konzentrieren, wenn ich etwas erzähle. Meistens verliere ich dann den roten Faden, jedenfalls glaube ich, dass er rot ist, er könnte aber auch grün oder blau sein und genau das ist das Problem. In meinem Kopf geht es manchmal so durcheinander wie in einer Bingotrommel. (Steinhöfel 2008, S. 11)

Auf diese Weise stellt Rico sich selbst im Roman vor. Und ganz dieser Disposition entsprechend folgt auch die Filmfigur (gespielt von Anton Petzold) in seiner Sicht auf die Welt dem Moment des Staunens. In diesem Staunen sieht Kaspar Spinner eine ästhetische Kategorie literarischer Sozialisation; das Staunen ist dem Kind an sich immanent und wird daher auch zu einem ästhetischen Prinzip des Kinderromans. Das Staunen

> ist ein Verhältnis zur Welt, das nicht von einer Handlungsintention, von Zweckrationalität bestimmt ist. Es ist eine Form der Wahrnehmung, die ganz dem Erscheinen des Wahrgenommenen zugewandt ist und die dem Wahrnehmenden ohne Gedanken an ein Wozu wertvoll ist. (Spinner 2005, S. 18)

Dieses Moment des Staunens prägt auch die Figur des Rico Doretti. In einer sehr weit an den Anfang des Filmes gestellten Szene (0:07:02 ff.) wird Rico in einer Situation eingefangen, in der er vor dem Haus in der Dieffe 93 nach Glitzerpapierchen sucht. Der Raum wird dabei als deutlich begrenzter Raum präsentiert (unterstützt von dem klar sichtbaren Randstein, den Rico nie übertritt); es ist ein Raum, in dem eigentlich nichts zu passieren scheint, der aber von Rico mit Neugier untersucht wird (vgl. Abb. 1). Im Sinne Kaspar Spinners findet hier also staunendes Wahrnehmen statt.

Abb. 1: Rico erobert staunend seine Welt (*Rico I*, 0:07:02)

Genutzt wird eine pluriszenische Gestaltung, also ein ästhetisches Mittel der Überblendung, durch das aufeinander folgende Abläufe in nur einem Bild fokussiert werden. Die Figur wird „herausgehoben aus der Realzeit" (Spinner 2005, S. 19) und erlebt im Staunen ein Moment jenseits zeitlicher Begrenzungen – das aber unmittelbar aus der Begrenzung des Raumes heraus entsteht. Denn der Raum wird topografisch verdichtet und zum reinen Anschauungsraum, zum erzählten Raum, in dem das Sehen eine übergeordnete Rolle spielt, in dem „alles bedeutsam [ist], was für das Subjekt sichtbar ist" (Haupt 2004, S. 71).

Auf diesem Moment der Anschauung wiederum basiert Ricos Staunen. Er nimmt nicht Haus, Baum, Laterne, Fahrräder wahr; er verweilt innerhalb dieses Raumes bei der Wahrnehmung des Geheimnisvollen, das der Raum möglicherweise birgt – und entdeckt es auch. Er entdeckt es, kategorisiert es und protokolliert es. In der Romanvorlage von Andreas Steinhöfel wird dieses Moment des Staunens zum erzählerischen Prinzip. Es beruht vor allem auf dem Kunstgriff, jemanden das Wort ergreifen zu lassen, dessen Stärke gar nicht in der Schriftlichkeit liegt; jemanden, für den das Erzählen keine Selbstverständlichkeit darstellt und der gerade daraus seine besondere Imaginationskraft bezieht.

Mit dieser Haltung des Staunens entspricht Rico dem Kindheitsbild der Romantik, in der Kindheit in Philosophie und Literatur als vorrationale Lebensform begriffen wird. Das Kind wird zu einem Wesen, dessen innere Wildheit noch keine kulturelle Kompensation erfahren hat. Als allbeseeltes Wesen ist es geprägt von Emotionalität und Einbildungskraft (vgl. Ewers 2008). Auf Grund seiner Tiefbegabung hat Rico keinen Zugang zu Mechanismen kultureller Kompensation – sprich: zu kulturellen Konventionen. Er folgt sowohl auf sprachlicher Ebene als auch in seinen Handlungsmustern einer Welt ohne Um- und Irrwege, ohne Metaphern und Sprichwörtlichkeiten. Wie der Narr legt er die Dinge mit komödiantischem Blick naiv und unverschämt offen.

Epochengeschichtlich reagiert die Romantik auf die Aufklärung mit ihren Leitgedanken der Vernunft und Erziehung zur Vernunft, die sich im Versuch niederschlägt, eine „immanente Erklärung der Welt aus überall gültigen Erkenntnismitteln zu gewinnen", wie Ernst Troeltsch es formuliert (zit. nach Wild 2008, S. 51). Philosophie und Literatur der Aufklärung folgen dem Wunsch nach rationaler Ordnung des Lebens. Diesem Kindheitsbild wiederum entspricht die Figur des Oskar (im Film dargestellt von Juri Winkler). Oskar ist vernunftbegabt und folgt dem Ideal der Aufklärung mit der Schaffung von Ordnung durch Wissen; er schafft grammatikalische, lexikalische und mathematische Ordnung. Während Rico der Welt intuitiv und ohne Argwohn begegnet, folgt Oskar strengen Regeln und schützt sich vor den Unwägbarkeiten des Seins durch seinen legendären Sturzhelm.

Beide Figuren repräsentieren also Kindheitsbilder, die auch viele Klassiker der Kinderliteratur prägen – jene Texte also, die sich auf Grund ihrer Motivik aus dem populären Kanon der Kinderbuch-Klassiker als prototypische kinderliterarische Texte destillieren lassen (vgl. dazu Lexe 2003). Gemeinsam ist diesen Texten ihr spezifisches Kindheitsbild, das im Entwurf autonomer Kindheitswelten gründet. Auch Rico und Oskar setzen eine solche Tradition autonomen kindlichen Handelns fort – auch wenn ihre Kindheitswelt selbst im Sinne des modernen Kinderromans von deutlichen sozialen Verortungen bestimmt wird: Beide Kinder entstammen auf je unterschiedliche Weise beschädigten, defizitären Kindheitswelten.

Auf dem Spannungsverhältnis der beiden Figuren Rico und Oskar sowie dem jeweils von ihnen repräsentierten Kindheitsbild basiert die Dramaturgie der filmischen Ereignisse. Die Bewerbung beider bisher vorliegenden filmischen Adaptionen zeigt, dass die Jungen nicht auseinanderzudenken und noch stärker als in der Romanvorlage aufeinander bezogen sind. Über den Roman hinaus werden sie als Detektiv-*Buddys* und beste Freunde präsentiert. Ronald Zehrfeld, Darsteller des Simon Westbühl, geht in einem Interview zu *Rico, Oskar und das Herzgebreche* sogar soweit, vom Kinderäquivalent einer „Männerfreundschaft" (Featurette, 0:01:02) zu sprechen.

Dieses in der filmischen Adaption von *Rico, Oskar und das Herzgebreche* durch Regisseur Wolfgang Groos besonders stark herausgestrichene *Buddy*-Motiv steht im Widerspruch zur Intention des Romans, in dem Geschlechterrollen durchaus ironisiert werden. Und diese Ironisierungen werden im ersten Film, für dessen Regie eine Frau verantwortlich zeichnet, auch übernommen – wie zum Beispiel Ricos Autofahrt mit Rainer Kiesling (dargestellt von David Kross) nach Schöneberg zeigt, die mit dem Song *Supermänner* der Hip Hop-Band *Blumentopf* unterlegt wird (vgl. 0:54:24-0:55:09). Diese bereits in den Lyrics ironisierten Supermänner („Wir können alles machen, wenn uns nur jemand sagt, was"), werden bei Ankunft vor dem Hochhaus in Schöneberg (das an die Stelle der Schule in Tempelhof tritt, zu der Kiesling Rico im Roman fährt) in einen Dialog übernommen, den der Film hinzufügt:

> Kiesling: Also dann.
> [Rico blickt ängstlich aus dem Autofenster.]
> Rico [verzerrte Stimme aus dem Off]: Das Hochhaus ...
> Kiesling: Rico, so wird das nix mit den Frauen.
> [Kiesling öffnet Rico die Autotüre.]
> Kiesling: Weißt du, was Batman, Superman und Bruce Willis mit dir gemeinsam haben?
> Rico: Tiefbegabt?
> Kiesling: Die haben alle manchmal Schiss. Genau wie du.
> Rico: Echt?
> Kiesling: Echt. Aber weißt du, was der Unterschied ist? Die ziehen ihr Ding trotzdem durch. So, und jetzt raus hier. *Be a man*. (0:55:09-0:55:41)

Die letzte Phrase wird von Rico aufgenommen und in eine jener animierten Film-Passagen überführt, die Ricos Worterklärungen im Roman entsprechen.

Die Tatsache, dass Freundschaften in *Rico, Oskar und die Tieferschatten* eben nicht auf Geschlechtszugehörigkeit, sondern auf seltsam-kreativen Zusammenschlüssen basieren, zeigt sich auch in der darauf folgenden Filmszene (einer komprimierten Version der entsprechenden Roman-Szene): In Schöneberg angekommen trifft Rico auf Felix und Sven, die ihm in der Hochhaussiedlung den Weg zu Sofias Wohnung weisen (vgl. 0:56:22f.). Die beiden zeigen, dass nicht nur ein tiefbegabtes und ein hochbegabtes Kind in ganz außergewöhnlicher Freundschaft miteinander verbunden sein können, sondern auch ein jugendlicher Erzähler, der sein Leben und Erleben fiktionalisiert, und ein gehörloser Zuhörer.

Figurenkonstellationen wie diese unterstreichen die Genrespezifik des tragikomischen Kinderromans, wie ihn Katharina Portugal (2012) basierend auf den Typologisierungen von Wilhelm Steffens und Elvira Armbröster-Groh als eine Spielform des modernen realistischen Kinderromans definiert und dafür eine literarische Annäherung an das soziale Leben und Erleben von Kindern als gattungsbildend benennt, die auf den Mitteln der Komik basiert. Erzählerisch genutzt werden Ironisierungen, Sprachspielereien, groteske Übersteigerungen, das Infragestellen von Normen etc.; wesentlich für Portugal ist eine souveräne Erzähl-Haltung der Kindfiguren, auch dann, wenn die Figuren selbst gar nicht souverän agieren.

Das Moment des Tragikomischen ist also an jene Figur gebunden, aus deren Perspektive erzählt wird, respektive jene Figur, die selbst erzählt – im Fall von Steinhöfels Roman an Rico und seine Sprachgebung im Erzählen. Rico ist ein souveräner Erzähler, dessen komisches Potential aus der wortwörtlichen Geradlinigkeit resultiert, mit der er auf Menschen, Dinge und Ereignisse ebenso wie auf seine Erzählsprache zugeht. Die Komik entsteht dabei aus der Fallhöhe zwischen seiner Wahrnehmung und der vermuteten, dahinter liegenden (fiktionalen) Realität.

Wie diese Zeichensetzungen des tragikomischen Romans auf den Film übertragen werden, zeigt die bereits angesprochene Szene mit Felix und Sven. Einerseits weiß Rico sein Anliegen gar nicht aktiv vorzubringen, andererseits erreicht er dennoch, was er möchte. Sein Kommentar dazu ist: „Na, geht doch" (0:56:22-0:57:15).

Auch die Kombination aus dem Bildraum, der Bewegung durch den Raum und Felix' gleichermaßen dramatischer wie cooler Schilderung des Schnäppchenentführers verweist auf das tragikomische Moment: Sichtbar wird eine Art Unterführung, in der Betonbögen durch die Zentralperspektive wirken, als würde man in einen Raum immer kleiner werdender Kartons blicken. Die an *Alice im Wunderland* gemahnende Verräumlichung des Labyrinthischen kann als Metapher für Untiefen eines kindlichen Lebens gelesen werden, denen Rico (insbesondere durch den Schnäppchenentführer) ausgesetzt ist. Gerade diese räumliche Tiefe jedoch queren Rico, Felix und Sven in scheinbarer Leichtigkeit und zeigen damit die souveräne Haltung Ricos, mit der er, wenn auch ängstlich, so dennoch selbstbestimmt, einem Hinweis nachgeht, um Oskar aus den Fängen von Mister 2000 zu befreien. Während die drei den Raum queren, erzählt der phantasiebegabte Felix von den Gräueltaten des Mister 2000, und just in dem Moment, in dem er schildert, dass der Entführer, seinen Opfern die Hände abschneidet, wenn die Eltern nicht zahlen, fällt der Blick der Betrachter/-innen auf ein Graffito an der Wand, das in einer Art Höhlenmalereistil Hände zeigt, die in die Gehrichtung der Kinder weisen (vgl. Abb. 2).

Abb. 2: Ein Graffito als Zeichen für die Gleichzeitigkeit von Ricos Angst und Selbstbestimmung (*Rico I*, 0:57:17-0:57:23)

Bereits an dieser Szene zeigt sich, dass Neele Leana Vollmar Zeichensysteme des Romans für ihre filmische Adaption nutzt. Auf die Übertragung solcher Zeichensysteme soll im Folgenden genauer eingegangen werden.

3 Rico, Oskar und das filmische Erzählverfahren

Sehr viel genauer als der traditionelle Begriff „Literaturverfilmung" deutet jener der „filmischen Adaption" (vgl. dazu etwa Kurwinkel/Schmerheim 2013) das Moment der Transformation an, das einen Stoff einerseits im Sinne Gérard Genettes umwandelt (vgl. Genette 1993) und andererseits einen Wechsel des

Zeichensystems vornimmt: Gewechselt wird vom Zeichensystem der Schriftsprachlichkeit und des Romans zum Zeichensystem eines audiovisuellen Mediums und damit zum Zeichensystem des Spielfilmes.

Dieser Begrifflichkeit Genettes entspricht auch die Transformation als eine von vier Varianten, die Helmut Kreuzer (neben der Adaption als Aneignung eines literarischen Rohstoffes, der bebilderten Literatur und der Dokumentation) als die Grundtypen filmischer Adaption festhält, die jeweils eine andere Position zur so genannten Werktreue einnehmen (vgl. Kreuzer 1999 sowie Kurwinkel/Schmerheim 2013, S. 65ff). Während der Aneignung eines literarischen Rohstoffes eine nur ungefähre Bezugnahme auf den Ausgangstext anhaftet und der bebilderten Literatur gerne „Buchstabentreue" (Rodek 2011) vorgeworfen wird, versucht die Transformation nicht nur die Handlungs-, sondern auch die Diskursebene der Vorlage zu erfassen und mit den Mitteln der neu gewählten Kunstform ein auf beiden Ebenen analoges Werk zu erschaffen. Die Zeichensysteme des literarischen Erzählens werden dabei auf die Zeichensysteme des filmischen Erzählens übertragen (vgl. Kreuzer 1993, S. 28).

Genau diesem Grundtypus entspricht auch Vollmars *Rico, Oskar und die Tieferschatten*. Die filmische Adaption nimmt ihren Ausgang in einem Kinderroman, dessen Schriftsprachlichkeit durch Illustrationen erweitert und strukturiert wird. Dieses Zeichensystem wird in den Film übernommen, der mit einer animierten Passage beginnt, die ebenfalls vom Illustrator Peter Schössow gezeichnet wurde, und damit den Adaptionsprozess expliziert. Wird dem Roman das Haus in der Dieffe schematisch vorangestellt, sodass erkenntlich wird, wer die elf Wohnungen bewohnt (Steinhöfel 2008, S. 5), fällt der Blick im Film auf den Brand im Hinterhaus, der den Ereignissen rund um die Tieferschatten, die Rico allabendlich sieht, vorangeht. Von diesem nächtlichen Brandszenario wird übergegangen in ein „Ungefähr viele Jahre später" (0:01:15), in dem bereits Ricos gestörtes Verhältnis zu Zahlen vorweg genommen wird; gleichzeitig wird mit dem „Alex" im Hintergrund auf die topografische Verortung verwiesen: Berlin.

Mit einem Zoom auf ein Fenster in der Dieffe wird Rico vorgestellt und gemeinsam mit seiner Mutter auf den Weg zum Bingo geschickt, während die *Credits* wie *Tags* an die Wände der Stadt gesprüht werden. Erst in der Bingo-Halle selbst wird auf Realfilm-Modus gewechselt (vgl. 0:02:31). Unterlegt wird dieses Opening mit dem Song *Mein Kopf spielt Bingo* im Indie-Rock-Stil der Band *Sportfreunde Stiller*.[1]

---

[1] Gespielt wird der Song von Jonathan Express, einem Musikprojekt, dessen Frontsänger Peter Brugger auch Gitarrist und Sänger der *Sportfreunde Stiller* ist.

Gestaltet ist der Roman als Tagebuch, in dem Rico wochentagweise die Ereignisse festhält. Diese Tagebuchform wird im Film aufgelöst; die Tagesverläufe werden jedoch auch im Film mit Hilfe der animierten Bilder von Peter Schössow erhalten; sie strukturieren auch hier die Erzählzeit. In den Film wird die Tagebuchform – das Festhalten, Reflektieren und Bewerten der Ereignisse durch denjenigen, der sie erlebt hat – durch Ricos Merkrekorder übertragen. Das erzählerische Grundkonzept des Romans geht also über in eine andere Variante medienunterstützter Archivierung. Vom Computer, auf dem er im Roman sein Tagebuch schreibt, wechselt Rico in den analogen Bereich, der ihm weit größere Mobilität ermöglicht: Er hat seinen Merkrekorder immer bei sich; er dient ihm als Erinnerungs- und Orientierungshilfe und hält Ricos Mutter (gespielt von Karoline Herfurth) stimmlich präsent. Während seine Mutter bereits in der Bar arbeitet, spielt Rico sich abends im Bett deren Gute-Nacht-Lied vor, um seine Angst vor den nächtlichen Schatten zu bezwingen (vgl. 0:21:18). Erweitert wird diese analoge Kommunikation durch eine beträchtliche Sammlung an Post-its, die an den Wänden rund um Ricos Bett arrangiert sind (vgl. Abb. 3): Liebesbezeugungen und Gute-Nacht-Wünsche, die die Mutter hinterlässt, wenn sie Rico nicht selbst ins Bett bringen kann.

Abb. 3: Post-its in Ricos Kinderzimmer zeugen von der abwesend-anwesenden Mutter (*Rico I*, 0:20:58f.)

Der Erzähltext im Roman wird immer wieder durch Ricos besondere Worterklärungen unterbrochen. Es sind jene Wörter, die Rico im Lexikon nachschlagen muss, sich dann aber selbst neu erklärt – basierend auf seiner Erfahrung sowie auf seinem individuellen Sprachverständnis.

> Arrogant
> Wenn man auf jemanden herabschaut. So schlau kann Oskar also gar nicht sein, schließlich ist er viel kleiner als ich und musste ständig zu mir raufschauen. (Steinhöfel 2008, S. 36)

Die Worterklärungen, in denen sich die Komik des Romans durch die Fallhöhe zwischen konventionalisiertem Sprachgebrauch und Ricos wortwörtlichem Sprachverständnis verdichtet, werden auf vielfache Weise in den Film übernommen: Nach der ersten Begegnung mit Oskar vor dem Haus in der Dieffe spricht Rico sich zum Beispiel das Wort „arrogant" (in seiner linguistischen Variante lautet es „arrokant", 0:18:33) auf den Merkrekorder. Zu Hause notiert er sich das Wort auf ein Post-it (0:18:40) und klebt dieses auf das Wörterbuch – andeutend, dass er es auch nachschlagen wird.

In anderen Szenen der filmischen Adaption werden diese Worterklärungen – wie zum Beispiel jene über die Schwerkraft (vgl. Steinhöfel 2008, S. 18) – in animierte Passagen überführt (vgl. 0:12:02-0:12:27), die damit deutlich von der Real-Bildsprache des Filmes abgegrenzt werden und den imitierten Karteikarten im Roman entsprechen, die in handschriftlicher Version und in Kästchen gesetzt vom Fließtext abgegrenzt werden. Genutzt werden dabei collagenartige Mittel, die stilisierte Papierpuppenversionen der Figuren mit illustrativen Elementen verbinden und sowohl mit dem Text, den Rico aus dem Lexikon vorliest, als auch mit Tonspuren unterlegt werden, die an die *soundwords* des Comics und deren Adaption in Animationsfilmen erinnern. Diesem erzählerischen Verfahren entspricht auch die bereits angesprochene „*Be a man*"-Passage.

Ricos Sprachassoziationen werden aber auch darüber hinaus in das filmische Erzählen aufgenommen: Ein Beispiel ist die Analogie des Wortes „erdbeerblond", von dem die Mutter mit Blick auf eine neue Haartönung spricht, als sie Rico Fischstäbchen mit „Blutmatsche" bereitet (0:13:34f.); wenig später wird das Wort assoziativ wieder aufgenommen, als Rico im Supermarkt nach gewagter Roller-Fahrt mit dem Einkaufswagen in den Obststand knallt und die Erdbeeren rund um ihn herumkollern, als er am Boden liegt. „Erdbeeren mit Stich?" (0:15:55), heißt es hier in Anspielung auf die Erklärung der Mutter, Erdbeerblond sei ein Blond mit leichtem Stich ins Rötliche. Für Rico, für den Erdbeeren knallrot sind, ein unerklärliches Wortspiel.

Im Roman haben die eingefügten Worterklärungen auch ordnende Funktion und sind für den tiefbegabten Rico mit seiner Orientierungsschwäche von enormer Wichtigkeit. Die Gleichzeitigkeit der Unordnung im Kopf, die ihren Ausdruck im Bild der Bingokugeln findet, und Ricos Ordnungssystemen wird auch auf das Zeichensystem des Filmes übertragen: Als Rico sich auf dem Weg zum Supermarkt zu orientieren versucht (vgl. 0:14:39ff.), setzt die Kamera ihn verzerrten Perspektiven und wilden Drehbewegungen aus, in die immer wieder Bilder der rollenden Bingokugeln (in Ricos Kopf) geschnitten werden. Kurz danach wird Ricos penibel geführte Sammlung von Fundstücken vorgeführt (vgl. 0:18:44f.), die dem Text hinzugefügt wird – so wie die gesamte variantenreich-phantasiebegabte Innenausstattung von Ricos Kinderzimmer (Ausstattung Michael Binzer), das frei von erwachsener Determination zu sein scheint (vgl. dazu Lexe 2014).

In jenen Passagen, in denen Rico um seine Orientierung ringt, nimmt die Kamera explizit seine Perspektive ein. Das Geschehen wird beschleunigt, indem die Welt sich wie verrückt um Rico dreht – während die Zeit sich in anderen Szenen ins Unendliche zu verlangsamen scheint. Dann zum Beispiel, wenn Rico (vergeblich) auf Oskar wartet (vgl. 0:44:30f.) Eine Dehnung der Zeit wird hier mit dem filmischen Mittel der Raffung dargestellt, wenn Ricos minutenlanges Auf und Ab im Treppenhaus im schnellen Vorlauf auf wenige Sekunden verkürzt wird. Die Wartezeit erscheint umso länger, weil sie in Kontrast zum begrenzten Handlungsraum gesetzt wird, der Rico zur Verfügung steht. Denn Rico ist ja durch seine Orientierungsschwierigkeiten an das Haus in der Dieffe gebunden. Dem Moment des kindlichen Staunens folgend, macht Rico die Wohnung der anderen Hausbesitzer/-innen daher zu seinen Anschauungsräumen; ausinszeniert wird diese staunende Eroberung in der filmischen Adaption in jener Szene, in der Rico erstmals „den Bühl" besucht – ob er nun Ostbühl oder Westbühl heißt, ist für Rico ja nicht sicher (vgl. 0:46:11ff.) Der Besuch wird von Rico mit den Worten eingeleitet:

> Guten Tag, mein Name ist Frederico Doretti und ich bin ein tiefbegabtes Kind. Deshalb kann ich zum Beispiel nur geradeaus laufen. Und Freunde, die mir den Weg zeigen können, kommen dann doch nicht. Deshalb sehe ich nur wenig von der Welt. Zum Ausgleich kucke ich mir gerne Wohnungen von anderen Leuten an. Darf ich reinkommen?

Die Dieffe 93 steht im Zentrum der Texttopografie. Das Haus repräsentiert nicht nur Ricos Welt, es ist seine Welt. Es ist eine bunt zusammengewürfelte Welt, ganz dem sozialen Gemisch in einer Ecke Kreuzbergs entsprechend, das noch nicht gentrifiziert ist. Ricos Bewegungsraum reicht – nachvollziehbar auf jedem Stadtplan respektive natürlich auf Google-Maps – von der Dieffenbachstraße über das Planufer bis zur Admiralbrücke und von dort bis zum Kottbusser Tor.[2] Im Film wird dieses Haus an ein rundes Eck gesetzt und mit dem bereits angesprochenen Vorplatz jener Bereich markiert, in dem Rico sich gefahrlos bewegen kann. Die Überschreitung der Gehsteigkante macht den Handlungsraum für Rico zum Bewährungsraum, durch den er im Film nur

---

[2] Vorbild dafür war ein Haus in der Dieffenbachstraße, in dem Andreas Steinhöfel selbst jahrelang gewohnt hat.

durch die Hilfestellungen seiner Mutter (eine Wegbeschreibung am Merkrekorder, eine rote Schleife an einem Laternenpfahl) navigieren kann.

Viel souveräner beginnt Rico sich gemeinsam mit Oskar durch diesen Raum zu bewegen. Unterlegt mit dem von Philipp Poisel performten Song *Ich und Du* wird der Weg der beiden zur Eisdiele gezeigt (vgl. 0:28:37ff.). Während es in den *Lyrics* heißt: „Wir haben keine Wahl, wir müssen's einfach wagen", entspinnt sich an der markierten Straßenlaterne folgender kurzer Dialog:

> Rico: Da hinten müssen wir lang. Um die Ecke... und dann noch eine Ecke... und dann noch eine. Und dann ist bei mir Feierabend. Samt Wochenende.
> Oskar: Das ist doch pipi-einfach. (0:28:58f.)

Haben die Bingo Kugeln auf Ricos Weg zum Supermarkt noch ordentlich geklackert und sich in ruheloser Kameraführung sowie wiederholten Zooms auf Ricos verwirrtes Gesicht bildlich fortgesetzt, weitet sich nun der Raum. Vom *close-up* wird zur Totalen gewechselt, wenn Rico und Oskar unter der S-Bahn-Brücke am Kottbusser Tor durchmarschieren.

An Oskars Seite beginnt Rico sich souverän im Raum zu bewegen – und muss diese Souveränität für Oskar fortsetzen. Denn als Oskar von Mister 2000 entführt wird, verlässt Rico erstmals die Grenzen seines mit den roten Bändern ausgezeichneten Raumes und wagt sich nach Schöneberg vor, um dort Sofia zum Aldi-Entführer zu befragen. Diese weitläufige Bewegung im Raum bewältigt Rico durch Cleverness (er lässt sich wie erwähnt von Kiesling mitnehmen und von Felix und Sven durch die Hochhaussiedlung lotsen) und nicht durch plötzlich erwachten Orientierungssinn. Doch für Oskar ist er bereit, sich dem Unbekannten auszusetzen – und er muss wortwörtlich wieder aus dem Schlamassel herausfinden und an den Ausgangsort zurück. Dafür muss er auch sprachlich über sich hinauswachsen – wie eine herrliche Konversation mit einem grantelnden Taxifahrer zeigt (vgl. 1:00:25f.). Rico muss an den Ausgangspunkt zurück. Und mit dieser Rückkehr wird die Dieffe zu jenem Mittelpunkt der Krimihandlung, der sie bereits ohne Wissen der Zuseher/-innen war, als Oskar dort auf der Suche nach Mister 2000 aufgetaucht ist.

Als Mittelpunkt der Krimihandlung wird das Haus in der Dieffe in mehrfacher Hinsicht neu bespielt. Rico verwandelt sein Zimmer in ein Zentrum der Aufklärungsarbeit. Er sammelt Indizien und versucht ein Muster darin zu finden. Er macht sein – durch die Abwesenheit der Mutter mittlerweile zum autonomen Kindraum gewordenes – Zimmer zum Ermittlungszentrum, in dem – angeglichen an die aus diversen Fernsehserien bekannten Ermittlungstafeln – die Untersuchungsergebnisse (Zeichnungen, Zeitungsausschnitte, Notizen) präsentiert werden (vgl. 1:01:10f.). Während sich Rico im Roman in seinen Denksessel zurückzieht, wird sein Nachdenkprozess im Film verräumlicht (vgl. 1:02:38f.), indem Rico sich im Zimmer auf und ab bewegt (dargestellt wieder im Modus des Zeitraffers, der auf die Zeitdehnung verweist) und sein Selbstgespräch selbst auf dem Klo nicht aussetzt (vgl. 1:02:52f.).

Es zeigt sich, dass Rico zwar nicht um die Ecke gehen, sehr wohl aber um die Ecke denken kann und diesen Denkprozess letztlich in Handeln überführt. Auch hier spielt der Raum wieder eine entscheidende Rolle: Innerhalb der Dieffe 93 wagt Rico sich in unerforschtes Gebiet vor. Dorthin, wo die „Tieferschatten" in der Nacht zu sehen sind: ins Hinterhaus, das seit einem Brand nicht mehr begehbar ist.

Ab hier beginnt der Film seine spezifischen Mittel in seiner Fülle zu entfalten, um Spannung zu erzeugen: Licht, Wettermetaphorik, die Eroberung des Raumes durch das Licht der Taschenlampe, Schattenspiel und Filmmusik, die die Spannung steigert, wenn Rico bei Marrak einbricht, in der nächtlichen Stille dessen klimpernden Schlüsselbund stiehlt und Rico aus dem Zimmer mit den Tieferschatten befreit.

4 Fazit

Ab dieser Stelle fügt also der Film dem Roman seine ganz eigenen Zeichensysteme hinzu. Interesse dieses Beitrags war es, exemplarisch zu zeigen, auf welche Weise Zeichensysteme des schriftliterarischen Erzählens auf jene des filmischen Erzählens übertragen werden. Zusammenfassend kann festgehalten werden, dass dafür einerseits die Mittel der Kommunikation und andererseits das Moment der Raumgestaltung und der Bewegung der Figuren im Raum jene zentralen Zeichensysteme darstellen, mit deren Hilfe sich die filmische Adaption weit über jene *Buddy*-Geschichte hinausentwickelt, zu der leider die filmische Adaption des zweiten Teils der Trilogie, *Rico, Oskar und das Herzgebreche*, gerinnt.

5 Quellen

5.1 Primärliteratur / Filmografie

Bingo! Rico, Oskar und die Tieferschatten. Das Musical. Musik von Bananafishbones. Illustriert von Peter Schössow. Hamburg: Terzio 2014 [mit beigelegter CD].
Rico, Oskar und die Tieferschatten, R. Neele Leana Vollmar, D 2014.
Rico, Oskar und das Herzgebreche, R. Wolfgang Groos, D 2015.
Steinhöfel, Andreas: *Rico, Oskar und die Tieferschatten / Rico, Oskar und das Herzgebreche / Rico, Oskar und der Diebstahlstein*. Illustriert von Peter Schössow. Hamburg: Carlsen 2008 / 2009 / 2011.
— *Rico, Oskar und die Tieferschatten.* Hörbuch. Gelesen vom Autor. Hamburg: Silberfisch 2008.
— *Rico, Oskar und die Tieferschatten.* Das Hörspiel. Hamburg: Silberfisch 2011.

5.2 Sekundärliteratur

Andreas Steinhöfel – Erich Kästner Preis für Literatur. Hamburg: Carlsen 2009.
Armbröster-Groh, Elvira: Der moderne realistische Kinderroman. Themenkreise, Erzählstrukturen, Entwicklungstendenzen, didaktische Perspektiven. Frankfurt / M.: Peter Lang 1997 (Kasseler Arbeiten zur Sprache und Literatur; 21).
Assmann, Aleida / Assmann, Jan: Kanon und Zensur. In: Dies. (Hrsg.): Kanon und Zensur. Beiträge zur Archäologie der literarischen Kommunikation II. München: Wilhelm Fink Verlag 1987, S. 7-27.
Ewers, Hans-Heino: Romantik. In: Wild, Reiner (Hrsg.): Geschichte der deutschen Jugendliteratur. Stuttgart: Metzler 1990, S. 99-138.
Faulstich, Werner: Grundkurs Filmanalyse. 2. Aufl. München: Fink 2008.
Genette, Gérard: Palimpseste. Die Literatur auf zweiter Stufe. Aus dem Französischen von Wolfram Bayer und Dieter Hornig. Berlin: Suhrkamp 1993.
Haupt, Brigitte: Zur Analyse des Raums. In: Wenzel, Peter (Hrsg.): Einführung in die Erzähltextanalyse. Kategorien, Modelle, Probleme. Trier: Wissenschaftlicher Verlag Trier 2004, S. 69-87.
Kurwinkel, Tobias / Schmerheim, Philipp: Kinder- und Jugendfilmanalyse. Konstanz: UVK 2013.
Kreuzer, Helmut: Arten der Literaturadaption. In: Gast, Wolfgang (Hrsg.): Literaturverfilmung. Themen. Texte. Interpretationen. Bamberg: c.c. buchner 1999, S. 27-31.
Lexe, Heidi: Pippi, Pan und Potter. Zur Motivkonstellation in den Klassikern der Kinderliteratur. Wien: Praesens 2003 (Kinder- und Jugendliteraturforschung in Österreich; 5).
— lachhaft sinnvoll. Laudatio für Andreas Steinhöfel [im Rahmen der Verleihung des Alice Salomon Poetik Preises 2013]. In: 1000 und 1 Buch (2013), H. 1, S. 34-36.

— Türe zu. Fenster auf. Das Kinderzimmer als kinder- und jugendliterarischer Raum. In: Roeder, Caroline (Hrsg.): Topographien der Kindheit. Literarische, mediale und interdisziplinäre Perspektiven auf Orts- und Raumkonstruktionen. Bielefeld: transkript Verlag 2014, S. 153-166.

— Cool wie Herr Kuhles. Literarischer Erfolg in jungen Jahren: Frederico Doretti im Interview. In: 1000 und 1 Buch (2015), H. 1, S. 18-19.

O'Sullivan, Emer: Klassiker und Kanon. Versuch einer Differenzierung nach Funktionszusammenhängen. In: JuLit 26 (2000), H. 3, S. 16-27.

Portugal, Katharina: Der Kinderroman. spektrum 05. In: Lexe, Heidi/Wexberg, Kathrin (Hrsg.): Fernkurs Kinder- und Jugendliteratur. Wien: STUBE 2012 [Fernkursskriptum].

Spinner, Kaspar H.: Staunen als ästhetische Kategorie literarischer Sozialisation. In: Härle, Gerhard/Weinkauff, Gina (Hrsg.): Am Anfang war das Staunen. Wirklichkeitsentwürfe in der Kinder- und Jugendliteratur. Baltmannsweiler: Schneider Verlag Hohengehren 2005, S. 17-23.

Steffens, Wilhelm: Der psychologische Kinderroman – Entwicklung, Struktur, Funktion. In: Lange, Günter (Hrsg.): Taschenbuch der Kinder- und Jugendliteratur. Bd. 1. Grundlagen – Gattungen. Baltmannsweiler: Schneider Verlag Hohengehren 2000, S. 308-331.

Wild, Reiner: Aufklärung. In: Ders. (Hrsg.): Geschichte der deutschen Jugendliteratur. Stuttgart: Metzler 1990, S. 45-98.

5.3 Internetquellen

Jonathan Express: Mein Kopf spielt Bingo! Offizielles Musikvideo von foxkino. (Online unter https://www.youtube.com/watch?v=cRCfGUHNDGc, zuletzt aufgerufen am 23.5.2016).

News from Visible. Homepage von Andreas Steinhöfel. (Online unter http://newsfromvisible.blogspot.co.at/, zuletzt aufgerufen am 23.5.2016).

kinderfilmblog.de im Gespräch mit dem Autor Andreas Steinhöfel, Regisseurin Neele Leana Vollmar und den Hauptdarsteller/-innen Anton Petzold, Juri Winkler und Karoline Herfurth zu *Rico, Oskar und die Tieferschatten*. (Online unter youtube.com/watch?v=0IW9oA-htT0, zuletzt aufgerufen am 23.5.2016) [= kinderfilmblog.de].

Rico, Oskar und das Herzgebreche – beste Freunde. Featurette. Produziert von foxfilm. (Online unter https://www.youtube.com/watch?v=pNjUgRunwRY, zuletzt aufgerufen am 23.5.2016) [= Featurette].

Rodek, Hans Georg: Die Magie des Vertrauten. Die buchstaben- und sinngetreue „Harry Potter"- Verfilmung kommt ins Kino. In: Die Welt online vom 21.11.2001. (Online unter http://www.welt.de/print-welt/article488399/Die-Magie-des-Vertrauten.html, zuletzt aufgerufen am 23.5.2016).

ANNA-MARIA MEYER

Klassiker und Ende
Warum ein Romanklassiker noch keinen Filmklassiker macht:
Michael Endes (1979) und Wolfgang Petersens (BRD 1984)
Die unendliche Geschichte

1 Ein Klassiker und seine gescheiterte Verfilmung

Was macht einen „Klassiker" aus? Vielleicht kann man auf diese Frage auch eine Antwort finden, indem man die entgegengesetzte Frage stellt, nämlich: Was führt dazu, dass ein Film, ein Buch usw. *keinen* Klassikerstatus erlangen? Am Stoff allein, der – gleichgültig in welchem Medium – erzählt wird, kann es nicht liegen. Das belegt etwa Mike Nichols' *The Graduate* (USA 1967), den man guten Gewissens als „Filmklassiker" bezeichnen darf, während die gleichnamige Romanvorlage von Charles Webb (1963) in keinerlei Hinsicht in die „Klassiker"-Reihe gehört (vgl. Frederking/Krommer/Maiwald 2012, S. 150-155). Dass der Klassikerstatus auch im Bereich der Kinder- und Jugendmedien nicht notwendigerweise auf eine Adaption übertragen wird, zeigt *Die unendliche Geschichte*. Michael Endes Roman darf mit Recht als Klassiker bezeichnet werden, Wolfgang Petersens Verfilmung dagegen nicht. Warum das so ist und welche Schlüsse man daraus für die Frage nach Klassikern ziehen kann, ist Thema dieses Beitrags.

Die Story von Roman und Film ist in weiten Teilen identisch. Auf der Flucht vor einigen Mitschülern, die es auf ihn abgesehen haben, versteckt sich Bastian Balthasar Bux in einem Antiquariat, wo er ein Buch mit dem Titel *Die unendliche Geschichte* entdeckt. Weil es eine unerklärliche Anziehungskraft auf ihn ausübt, stiehlt er es und beginnt sogleich auf dem Dachboden des Schulhauses mit der Lektüre: Das Reich Phantásien schwebt in höchster Gefahr, denn die Kindliche Kaiserin leidet an einer rätselhaften Krankheit und überall verschlingt das Nichts schleichend Land und Leute. Ein junger Krieger namens Atréju wird ausgesandt, Hilfe zu suchen. Zusammen mit seinem Begleiter, dem Glücksdrachen Fuchur, findet er nach langer und beschwerlicher Reise Rat beim Südlichen Orakel. Dort erfährt er, dass ein Menschenkind nach Phantásien kommen und der Kindlichen Kaiserin einen neuen Namen geben müsse. Doch damit stellt sich ein scheinbar unlösbares Problem: Menschenkinder leben jenseits der Grenzen Phantásiens, Phantásien aber ist grenzenlos. Im letzten Moment, bevor das Nichts alles verschlingt, erkennt Bastian, dass er der gemeinte Retter ist, und gibt der Kindlichen Kaiserin den Namen „Mondenkind". Dadurch aber landet er plötzlich selbst im phantásischen Reich. Der Film endet an dieser Stelle, der Roman dagegen erzählt weiter von Bastians Irrfahrt durch Phantásien, ehe dieser endlich zu sich selbst und damit in die Realität zurückfindet.

Dass es sich bei Endes Roman um einen Klassiker (der Kinder- und Jugendliteratur) handelt, belegen nicht allein die Verkaufszahlen und Auszeichnungen, darunter der *Deutsche* und der *Europäische Jugendbuchpreis*.[1] So weist ihn zum Beispiel Abraham als „Meilenstein in der Entwicklung der deutschsprachigen *all-age*-Fantastik" aus (2012, S. 137), Hurrelmann erwähnt ihn mehrfach in ihrem Aufsatz „Klassiker der Kinder- und Jugendliteratur" (1996) und der *Spiegel* feiert ihn schon 1980 als neues Kultbuch.[2] Auch überhäuften begeisterte Leser/-innen den Autor mit Fanpost (vgl. Bittorf 1983, S. 130), sowohl im *Recklinghäuser Kanon der Literatur* als auch im *Dortmunder Kanon der Literatur*[3] ist Endes *Unendliche Geschichte* erwähnt. In letzterem schreibt die Mediengestalterin Ute Feuersänger (2014, S. 28):

> Ich kam auf das Buch durch den Film, und doch hat die Lektüre die Eindrücke des Films später egalisiert. (Warum wurde die *Unendliche Geschichte* eigentlich nicht nochmal verfilmt bis jetzt? Es ist doch die perfekte Grundlage für einen Hammer-Mega-3D-Kinoschinken...).

Diese Äußerung lässt Verschiedenes anklingen: Der Film ist nicht völlig beim Publikum durchgefallen (sonst würde man wohl nicht auf den Gedanken kommen, die Romanvorlage zu lesen), das Buch hat die Rezipientin dennoch mehr beeindruckt, es hat sogar „die Eindrücke des Films egalisiert". Zeit wäre es aber für eine Neuverfilmung, denn offenbar eignet sich ihrer Meinung nach der Stoff gut für einen Film, insbesondere mit den modernen technischen Möglichkeiten. Als Ende die Filmrechte verkaufte, warfen ihm die Roman-Anhänger/-innen vielfach vor, damit Verrat an seiner Geschichte zu begehen,

---

[1] Bis heute wurden ca. acht Millionen Exemplare des Romans verkauft, er wurde in über 40 Sprachen übersetzt (vgl. den Internetauftritt des Thienemann-Esslinger-Verlags unter http://www.thienemann-esslinger.de/thienemann/buecher/buchdetailseite/die-unendliche-geschichte-isbn-978-3-522-17684-2/, zuletzt aufgerufen am 20.5.2016) und belegte jahrelang Platz 1 der Spiegel-Bestsellerliste (vgl. Pfau 1984, S. 21). Für eine Liste der Preise vgl. http://www.michaelende.de/autor/preise-und-auszeichnungen (zuletzt aufgerufen am 20.5.2016).
[2] Vgl. den online verfügbaren Artikel unter http://www.spiegel.de/spiegel/print/d-14327212.html (zuletzt aufgerufen am 20.5.2016).
[3] Bei beiden handelt es sich um Buchprojekte, bei denen Einwohner/-innen der jeweiligen Stadt persönliche Buchempfehlungen samt kurzem Artikel einreichen.

da eine Verfilmung den Roman notwendigerweise zerstören müsse (vgl. Pfau 1984, S. 100). Dieser Auffassung war Ende selbst nicht. Zwar zögerte er, die Filmrechte an der *Unendlichen Geschichte* zu verkaufen, doch eher wegen Bedenken, dass der Stoff angemessen umgesetzt würde, als wegen Vorbehalten gegenüber dem Medium Film. So schreibt etwa Pfau in seiner umfangreichen Dokumentation der Verfilmung, Ende habe beweisen wollen, „daß aus einem für unverfilmbar erklärten Buch ein erklärtermaßen außergewöhnlicher Film werden" könne (1984, S. 7).

2 Der Medienwechsel: Vom „Buch im Buch" zum „Buch im Film"

Die Einwände gegen eine Verfilmung der *Unendlichen Geschichte* wurden vor allem mit dem Argument begründet, dass ein Film Bilder zeigen müsse, wo ein Roman der Fantasie freien Lauf ließe, wo jede/r Leser/-in eine eigene Vorstellung von Fuchur dem Glücksdrachen, der Grünhaut Atréju oder dem schrecklichen Nichts ausbilden könne – und gerade die *Unendliche Geschichte* habe sich ja der Macht der Fantasie verschrieben. Die Filmbilder dagegen würden die eigene Fantasie zerstören. So zitiert etwa Pfau einen der zahlreichen Briefe, die gegen die bevorstehende Verfilmung protestierten: „Welche Herzlosigkeit den Geschöpfen gegenüber, sie aus dem phantásischen Reich in die grelle Welt der Projektionslampen zerren zu lassen!" (Pfau 1984, S. 100)

Vorbehalte dieser Art dürften in erster Linie auf einem alten Vorurteil gegenüber dem Film beruhen. Ohne Frage zeigt ein Film Bilder, wo ein Buch den Leser/-innen die Vorstellung überlässt, doch lässt er der Fantasie in anderen Bereichen Freiraum, etwa was Gedanken und Gefühle der Figuren oder Leerstellen in der Handlung angeht. Dies zeigte bereits das berühmt gewordene Experiment, das der russische Regisseur Lew Kuleschow 1918 durchführte. Er montierte dieselbe Aufnahme eines Schauspielers jeweils in eine Reihe unterschiedlicher Filmaufnahmen und führte uneingeweihten Zuschauer/-innen die Resultate vor. Es zeigte sich, dass die Zuschauer/-innen die Mimik des Schauspielers sehr unterschiedlich interpretierten, je nachdem, in welchem Zusammenhang sie aufgetaucht war (vgl. Pfau 1984, S. 114-115). Davon, dass ein Film keine Deutungsfreiheit böte, kann also nicht die Rede sein.

Berechtigter mag Heidenreichs Erklärung sein, warum sich gerade der Stoff der *Unendlichen Geschichte* nicht für eine Verfilmung eignet:

> Als die „Unendliche Geschichte" von Michael Ende zum Welterfolg wurde, geriet sie zum Film, der sie zerstörte. Ursächlich dafür war nicht die geringe filmische Qualität, sondern daß diese Geschichte, in der ein Junge sich vor der bedrohlichen Wirklichkeit in ein Buch rettet, uns aus einem Buch entgegenkommt. Denn lesend halten wir „dasselbe" Buch in der Hand wie die Hauptperson im Buch selbst. Wo Fiktion und Realität einander in der Gestalt des lesenden Jungen durchdringen, sehen wir uns als Leser in ein Zwischenreich logischer Widersprüche versetzt. (Heidenreich 1996, S. 69-70)

Die Feststellung, dass durch den Medienwechsel das Besondere gerade dieses Romans verloren ginge, ist schwer abzustreiten: Die Leser/-innen werden direkt in die Kette der *Unendlichen* (!) *Geschichte* eingebunden, indem auch sie ein Buch in Händen halten wie Bastian. Die Filmzuschauer/-innen können dagegen nicht reibungslos zu einem solchen Glied in der Kette werden, denn sie beobachten das Geschehen im Film, statt wie Bastian Buchseiten vor sich zu haben. Nichtsdestotrotz reicht diese Beobachtung meiner Ansicht nach nicht aus, um die Schwäche der filmischen Fassung zu erklären. Das „Zwischenreich logischer Widersprüche", wie Heidenreich es nennt, ist in meinen Augen nicht primär an das Medium geknüpft, sondern an die selbstreflexive, rekursive Konstruktion. Der logische Bruch entsteht, weil ein eigentlich als fiktiv vorausgesetztes Geschehen plötzlich in die (ebenfalls fiktive) Roman-Realität einbricht. Damit wird den realen Leser/-innen suggeriert, dass auch in ihrem Fall die Trennung zwischen Fiktion und Wirklichkeit nicht bindend sein muss. Da Spielfilme ebenfalls erdachte Geschichten erzählen, ließe sich dieser Grundgedanke durchaus auch in eine Filmfassung der *Unendlichen Geschichte* transportieren, wenngleich natürlich mit anderen medialen Mitteln. Gelungene Beispiele für Wirklichkeitsverschachtelungen in Spielfilmen wären etwa *Lola rennt* (D 1998), *Mulholland Drive* (F/USA 2001) oder *Shining* (USA/UK 1980), in denen sich, ähnlich wie in Endes *Unendlicher Geschichte*, der „reale" Handlungsablauf nicht rekonstruieren lässt, da die Geschehnisse zumindest teilweise aus subjektiv verzerrter Figurensicht präsentiert sind und eine Auflösung den Zuschauer/-innen vorenthalten bleibt. Man muss Petersen zugutehalten, dass er den Medienwechsel in der filmischen Fassung der *Unendlichen Geschichte* sogar gezielt aufgreift, um mehrere Wirklichkeitsebenen zu schaffen: Statt wiederum ein Buch im Buch, das Bastian liest, zu zeigen (welches der Alte vom Wandernden Berge verfasst), lässt er Atréju in Spukstadt mehrere Wandgemälde entdecken, die einige der zurückliegenden Geschehnisse bis zur erzählten Gegenwart darstellen (vgl. 1:14:10ff.[4]). Der Medienwechsel (und sogar der geschichtliche Wandel der narrativen Leitmedien) wird hier folglich

---

[4] Alle Zeitangaben entsprechen der Wiedergabe der DVD *Die unendliche Geschichte* im VLC-Media-Player.

berücksichtigt: Die *Unendliche Geschichte* wurde bereits in Bildern erzählt, Bastian liest sie in einem Buch und uns liegt sie in filmischer Fassung vor.

Folgt man Heidenreichs Argumentation, wäre die Schwäche des Films weiterhin durch eine einfache Veränderung zu beheben, nämlich indem sich Bastian in der Verfilmung ebenfalls einen Film ansähe statt ein Buch zu lesen. Dies müsste einige weitere Veränderungen nach sich ziehen,[5] die grundlegende Botschaft würde aber beibehalten. Ich wage jedoch zu behaupten, dass sich Petersens *Unendliche Geschichte* durch eine Umgestaltung allein in dieser Hinsicht noch immer nicht auf einem „klassikertauglichen" Niveau befände. Dafür besitzt der Film zu viele andere Schwächen. Ehe ich darauf zurückkomme, gehe ich auf die Produktionshintergründe ein, da diese entscheidend beeinflussen, welcher Gestalt ein Film letztlich ist. Dabei sei auch der öffentliche Streit zwischen Autor und Filmemachern erwähnt, der im Fall der *Unendlichen Geschichte* über Jahre und in aller Öffentlichkeit ausgetragen wurde.

3 Die Produktionshintergründe und der öffentliche Streit um die Verfilmung

Michael Endes zögerliche Zustimmung zum Verkauf der Filmrechte war geknüpft an die Vereinbarung, dass sich die filmische Adaption der *Unendlichen Geschichte* stark am Charakter der Vorlage orientieren würde, dass ein „poetische[r]" (Pfau 1984, S. 124), ein „europäischer Film" entstehen sollte, „der die ganze europäische Kultur als Hintergrund [hätte], der sich gerade unterscheiden sollte von den amerikanischen Science-Fiction-Spektakeln, der sogar den amerikanischen Fantasy-Filmen entgegengesetzt werden sollte" (ebd., S. 117). Daraufhin jedoch entwickelten sich die Dinge anders als geplant und abgesprochen: Das Drehbuch, welches anfangs noch zusammen mit Ende verfasst worden war, wurde mehrfach umgeschrieben, die letzte Version ohne Zustimmung und zum großen Missfallen des Autors (vgl. Kurwinkel 2014, S. 6-8). Darüber hinaus musste Filmproduzent Dieter Geissler bald feststellen, dass eine Verfilmung nach seinen Vorstellungen eine ausgesprochen kostspielige Angelegenheit werden würde, und so begann die Suche nach neuen Geldgeber/-innen. Partner wurde schließlich Bernd Eichinger, Mitinhaber der Neuen Constantin und berühmt geworden durch den Oscarprämierten Film *Das Boot* (vgl. Pfau 1984, S. 43-44). Andere vormalig Be-

---

[5] So könnte Bastian etwa nicht in einem Buchladen Zuflucht suchen oder das Gespräch mit Herrn Koreander über Bücher führen, auch hier wäre aber eine Anpassung ohne Weiteres denkbar.

teiligte stiegen dagegen aus dem Vorhaben aus: Verleger Christian Schneider gab die Arbeit am Drehbuch schon sehr früh auf (vgl. ebd., S. 43), auch Regisseur Helmut Dietl zog sich noch vor Beginn der Dreharbeiten aus dem Projekt zurück, da „das Unternehmen Ausmaße angenommen habe, denen er sich nicht gewachsen fühl[t]e" (ebd., S. 45).

Um die enormen Produktionskosten decken zu können, wurden weitere Investoren angeworben, sodass schließlich mit 60 Millionen Mark Budget in der Tat der bis dato teuerste europäische Film entstehen konnte (vgl. ebd., S. 41). Diese Summe barg jedoch ein hohes finanzielles Risiko: Würde der Film nicht zumindest die Produktionskosten wieder einspielen, bedeutete dies den Ruin der Neuen Constantin (vgl. ebd., S. 104-109). Da aber eine solche Summe allein auf dem deutschen Markt nicht einzuspielen war, musste der Film vor allem das amerikanische Publikum ins Kino locken. Infolgedessen wurde der Stoff amerikanisiert, gedreht wurde auf Englisch und mit US-amerikanischen Schauspielern (vgl. Bittorf 1983, S. 138-139). Petersen nahm auf eigene Faust weitere Veränderungen am Drehbuch vor. Als Ende schließlich die finale Fassung vorlag, war er entsetzt. In einer ausführlichen und erbosten Presseerklärung distanzierte er sich im März 1983 von dem Film, nicht wegen „der Verlegung der Story in ein amerikanisches Milieu, […] [sondern wegen] der Elimination all dessen, was der Geschichte Tiefe, Bedeutung und künstlerische Ernsthaftigkeit gibt" (zit. nach Pfau 1984, S. 161). Obgleich er auch versuchte, die Fertigstellung des Films durch rechtliche Maßnahmen aufzuhalten, gelang dies nicht (vgl. ebd., S. 109-110), der Film lief aufwendig beworben am 6. April 1984 in 300 deutschen, im Herbst in 1.000 US-amerikanischen Kinos an (vgl. die offizielle Homepage des Autors[6]). Endes Meinung zum fertigen Film war kaum positiver als zum Drehbuch: „Ein gigantisches Melodram aus Kitsch, Kommerz, Plüsch und Plastik", nannte er es (ebd.), sah sich von den Filmemachern hintergangen und kämpfte um seine Ehre als Autor. „Ich würde mich selbst nicht mehr im Spiegel erkennen, würde ich für so etwas meinen Namen hergeben. Ich habe Kämpfe hinter mir bis zur totalen Erschöpfung. Man hat mit ganz üblen Austricksmethoden versucht, mich aufs Kreuz zu legen. Ich habe einen Riesenskandal gemacht. Aber das half nichts" (ebd.).

Nichtsdestotrotz war der Film von finanziellem Erfolg gekrönt, er spielte weltweit 100 Millionen US-Dollar ein und belegt in den USA den zweiten Platz der erfolgreichsten deutschen Filme (vgl. Kurwinkel 2014, S. 4).

---

[6] http://www.michaelende.de/autor/biographie/das-unendliche-filmdebakel (zuletzt aufgerufen am 20.5.2016).

Öffentliche Aufmerksamkeit und hohe Besucherzahlen sind nun durchaus Indikatoren für einen Klassiker. So definiert Martin Walser etwa die Bücher als klassisch (und das lässt sich auch auf Filme übertragen), „die die meisten Leute am längsten brauchen" (Walser 1985, S. 4), und auch Abraham verwendet einen Klassikerbegriff, der kein „rein normativer, sondern ein auch am faktischen Gebrauch des Mediums und der Aktualität der Medienprodukte orientierter" ist (Abraham 2002, S. 10; vgl. auch den Beitrag von Abraham in diesem Band). Aber: „Man darf freilich die Frage nach dem Klassikerstatus einer Produktion weder nur pädagogisch-normativ noch nur empirisch-ökonomisch beantworten" (ebd., S. 9). Die filmische Adaption der *Unendlichen Geschichte* mag empirisch-ökonomisch betrachtet durchaus in die Nähe eines Klassikers rücken, eine Verschränkung mit ästhetischer und pädagogischer Qualität allerdings, wie Abraham sie fordert, lässt sich schwer ausmachen. Woran Petersens Film im Einzelnen krankt, zeige ich im Folgenden.

4 Petersens „Melodram aus Kitsch, Kommerz, Plüsch und Plastik"

„Im Kino haben wir nur zwei Stunden Zeit. Alles geht nur *einmal*, das heißt, in einem Durchlauf muß die ganze Geschichte rübergekommen sein. [...] Deswegen muß hier viel direkter, viel einfacher und viel emotionaler [als in einem Roman] erzählt werden", erklärt Petersen (zit. nach Pfau 1984, S. 47), und das hat er getan in seiner Version der *Unendlichen Geschichte*. Endes Vorwurf, die Verfilmung sei zu „ein[em] gigantische[n] Melodram aus Kitsch, Kommerz, Plüsch und Plastik" (s. o.) geraten, mag scharf formuliert sein, trotzdem halte ich ihn für gerechtfertigt. Er zeigt – freilich schlagwortartig – einige zentrale Punkte auf, durch die die Ästhetik und die Glaubwürdigkeit des Films gelitten haben: die kitschige audiovisuelle Gestaltung, der es in vielerlei Hinsicht an Authentizität fehlt, die Banalisierung des Grundkonflikts und die einseitige Fokussierung auf hochemotionale Szenen. Diese Kritikpunkte sind folgend näher ausgeführt.

4.1 Die audiovisuelle Umsetzung

Vergleicht man *Die unendliche Geschichte* mit anderen Fantasy- oder Science-Fiction-Produktionen der 1980er Jahre, muss sie sich nicht hinter Filmen wie *E.T. – der Außerirdische* (USA 1982), der *Star Wars*-Trilogie (USA 1977, 1980, 1983) oder *Ronja Räubertochter* (NO/SE 1984) verstecken, was Tricktechnik, Kulissen und Kostüme angeht. Nicht umsonst verschlang das Projekt ganze 60 Millionen DM. „Die Fabelwesen wurden [...] mit hohem Aufwand nachgebaut [...], um dann zusammen mit den realen Figuren in einer fantastischen Kulisse zu spielen. Das Ergebnis ist zum Teil noch aus heutiger Perspektive beeindruckend", so Tobias Kurwinkel (2014, S. 4), der auch auf Jost Vacanos überzeugende Kameraarbeit hinweist (vgl. ebd., S. 5). Dennoch scheint die audiovisuelle Umsetzung nicht rundherum gelungen. Trotz des enormen Aufwands sieht man einigen der Kulissen und Kostüme ihre Künstlichkeit an, besonders auffällig ist dies beim Elfenbeinturm, der nicht verbergen kann, dass er tatsächlich ein weißer Plastikturm ist. Die schauspielerische Leistung der Kinderdarsteller/-innen wirkt an vielen Stellen zu gewollt, beispielsweise Atréjus unpassend trotziges Verhalten, wenn er zum ersten Mal in den Elfenbeinturm kommt (vgl. 0:25:45ff.), oder die allzu bemühte Mimik der Kindlichen Kaiserin (vgl. 1:24:43ff.). Auch Bastians wiederholte Ausrufe während seiner einsamen Lektüre auf dem Dachboden des Schulhauses muten künstlich an, dergleichen würde man eher in einer Theaterinszenierung erwarten.[7] Hinzu kommen wenig originelle Dialoge und Szenen, in denen alles etwas zu dick aufgetragen scheint, etwa wenn im Panorama vor einem rosaorangefarbenen Morgenhimmel der erleuchtete Elfenbeinturm aufragt und dazu Streicher und herzerweichender Chorgesang erklingen (vgl. 0:22:03ff.). Auch die äußerliche Darstellung der Figuren wirkt vor allem geglättet und weniger fremd als im Roman: Glücksdrache Fuchur ähnelt einem riesigen Plüschdackel mit rosafarbenem Fell und Atréju, der Krieger aus dem Grasland, kommt mit adretter Fön-Frisur und bis auf seine Lederkluft sehr westeuropäisch daher; im Roman heißt es, er habe grüne Haut. Caíron ist kein Zentaur, die Kindliche Kaiserin goldblond statt weißhaarig und der dickliche, blasse Buch-Bastian weicht im Film einem dünnen Jungen mit ausgeprägtem

Abb. 1: Fast schon voyeuristisch für einen Kinderfilm: eine der Sphinxe vor dem Südlichen Orakel in *Die unendliche Geschichte* (BRD 1984), 0:58:05

---

[7] Zum Beispiel: „Ich glaube es nicht! Ich kann es nicht glauben! Es kann nicht sein! Sie meint nicht mich!" (1:27:32ff.).

Kindchen-Schema. Beim Südlichen Orakel dagegen setzten die Filmemacher vorwiegend auf Effekte: Vollbusige, halbbekleidete Sphinxe mit Laserblick bewachen das erste Tor (vgl. Abb. 1), statt der Uyulála, die aus nichts als einer Stimme besteht, erwarten Atréju nach dem zweiten Tor nur wieder die Sphinxe, diesmal nicht gelb, sondern blau erleuchtet (vgl. 0:54:39ff.).

Ähnliches gilt für das unheimliche Nichts, das im Roman als leises, schleichendes Übel beschrieben wird, während der Film laut tosende dunkle Nebelwolken heraufziehen lässt (vgl. z. B. 0:19:55ff.). Zugegebenermaßen ist es keine leichte Aufgabe, das Nichts in einem audio*visuellen* Medium zu zeigen – das Nichts ist eben *nichts*. Trotzdem bleibt fraglich, ob die zerstörerisch tobenden Urgewalten des Films eine adäquate Verbildlichung dessen darstellen, was das phantásische Reich bedroht.

4.2 Die Umdeutung des Grundkonflikts

In der Handlungsgestaltung leidet der Film vor allem an einer Verflachung des Grundkonflikts. Wie der Roman beginnt die filmische Fassung in der wirklichen Welt. Offenbar ist Bastians Mutter vor Kurzem gestorben, der Junge sitzt traurig und lustlos am Frühstückstisch, dem Vater allerdings fehlt das rechte Einfühlungsvermögen. In nüchternem Ton bespricht er die Situation mit seinem Sohn: Bastian dürfe nicht aus Trauer in eine Fantasiewelt fliehen, sondern müsse in der realen Welt mit seinen Problemen zurechtkommen (vgl. 0:01:35ff.).
In der nächsten Szene sieht man Bastian, der auf dem Schulweg von drei Mitschülern schikaniert wird (vgl. 0:05:57ff.). Im Roman gibt es diese Szene nicht, nur die daran anschließende, in der sich Bastian in Koreanders Antiquariat versteckt. Vermutlich wurde die Szene hinzugefügt, um Bastians Stellung in der Klasse zu verdeutlichen, da der Film nicht die Möglichkeit hat, dies wie der Roman einfach mit Worten zu benennen. Allerdings tut sie das nicht besonders gut. Die hänselnden Klassenkameraden werden als typische amerikanische *bullies* dargestellt, wie man sie aus Filmen wie *Zurück in die Zukunft* (Biff) (USA 1985) oder *Kevin allein zu Haus* (Kevins älterer Bruder Buzz) (USA 1991) kennt. Solche Charaktere brauchen keinen Grund, anderen das Leben schwer zu machen, sie finden einfach Vergnügen daran, Kleinere und Schwächere herumzuschubsen. Bastians enorme Selbstzweifel, seine körperliche Ungeschicktheit und sein Aussehen, unter dem er leidet, werden nicht wie in der Vorlage thematisiert. Das aber ist ein ganz entscheidendes Motiv für Bastian, sich in die *Unendliche Geschichte* zu flüchten. Dadurch, dass es im Film nicht auftaucht, wird schwer nachvollziehbar, warum die Reise nach Phantásien geradezu lebensnotwendig für Bastian ist. Stattdessen scheint sie nicht mehr als ein Trostpflaster gegen sein tristes Leben zu sein, keine Chance zur Entwicklung und Selbstfindung. Diesem

Muster verpflichtet sich denn auch der Filmschluss: „Am Ende des Films wird [die zwischen realer Primär- und phantastischer Sekundärwelt vermittelnde Parallelmontage] – und damit einhergehend der Grundkonflikt der Erzählung – aufgelöst: Bastian wird sich für das Schweben in den Wolken, für das Träumen, für die Fantasie entscheiden" (Kurwinkel 2014, S. 2), also genau das, wovon der Vater ihn zu Beginn des Films hatte abbringen wollen. Zwar kündigt ein *voice-over* die Rückkehr Bastians in die reale Welt an, doch erfolgt diese nach „vielen wundersamen Abenteuern" und „ist eine andere Geschichte und soll ein andermal erzählt werden" (1:35:10ff.). Indem der Film an dieser Stelle endet, problematisiert er weder, dass sich Bastian völlig in seiner Fantasie-Welt verliert, noch lässt er irgendeine Entwicklung des Protagonisten zu. Während die Vorlage die Fantasie (freilich in einem sehr romantischen Sinn) als eine Art Therapie der krankenden Seele anbietet (vgl. Pfau 1984, S. 24-35; Abraham 2012, S. 137), setzt der Film auf Eskapismus als Lösung vor dem hässlichen Alltag.

4.3 Der Film als „Emotionsschleuder"

Kitschig ist die filmische Adaption der *Unendlichen Geschichte* nicht nur in ihrer audiovisuellen Umsetzung, sondern auch in der Handlung, und banalisiert wurde außer Bastians Grundkonflikt auch der Rest des Romans. Vieles aus der Vorlage wurde gekürzt oder gestrichen, so etwa Atréjus Begegnung mit Ygramul, der Besuch der Kindlichen Kaiserin beim Alten vom Wandernden Berge, der soeben dabei ist, die *Unendliche Geschichte* zu schreiben, oder, wie bereits erwähnt, alles, was folgt, nachdem Bastian in Phantásien angekommen ist. Einerseits kommt ein Drehbuch nicht umhin, weite Teile eines so umfangreichen Romans zu kürzen, andererseits gingen die Kürzungen in erster Linie zu Lasten seiner Komplexität und Vieldeutigkeit. Weggelassen oder umgeschrieben wurde vorwiegend das, was rätselhaft und interpretationsbedürftig ist oder Identifikationsfiguren in einem schlechten Licht erscheinen lässt (man denke hier insbesondere an Bastians Narzissmus und Größenwahn im zweiten Teil der Geschichte). Der Fokus liegt dagegen auf emotionsgeladenen Szenen, die jeweils mit der entsprechenden Musik untermalt werden, um den gewünschten Effekt beim Publikum zu erzeugen. Man gewinnt den Eindruck, die Zuschauer/-innen sollen das Nachdenken lieber bleiben und sich stattdessen von einer Stimmung zur nächsten mitreißen lassen.

Als Bastian seine Lektüre beginnt, tauchen wir als Rezipient/-innen gemeinsam mit ihm ein ins phantásische Reich. Die erste Szene in der Sekundärwelt zeigt das Zusammentreffen eines Steinbeißers, Nachtalps und Winzlings, das Verhalten aller drei sowie ihr Gespräch sind komisch überzeichnet. Für einen Kinderfilm ist dergleichen durchaus üblich und keineswegs mit einer

Verschlechterung gegenüber der Vorlage gleichzusetzen. Im vorliegenden Fall kann dann allerdings auch nur bedingt Entsetzen über das existentielle Problem der Phantásien-Bewohner/-innen aufkommen, denn die Komik suggeriert keine ernst zu nehmende Geschichte (vgl. 0:13:57ff.). Das ändert sich selbstverständlich schnell, denn ohne den Rezipient/-innen viel Zeit zu lassen, finden sie sich mit einer nun überaus ernsten Situation konfrontiert: Caíron verkündet die Notlage von Reich und Kaiserin, aus der nur der Krieger Atréju sie noch herauszuführen vermag. Dieser tritt denn auch sogleich in den Saal, erfahren haben wir über ihn bis zu diesem Moment nichts, auch wirkt er trotzig bis arrogant, weil man den kleinen Jungen nicht gleich als großen Krieger erkennt. Wenn dann der „große" Moment folgt, in dem ihm das Auryn, das Zeichen der Kindlichen Kaiserin, überreicht wird, mutet die Szene vor allem pathetisch an, unter anderem deshalb, weil die Zuschauer/-innen keinerlei Zeit und Gelegenheit hatten, Empathie für Atréjus oder Phantásiens Schicksal zu entwickeln (vgl. 0:23:17ff.). Voller Tatendrang reitet Atréju los auf die Suche nach Rettung, die nächste emotionsgeladene Szene lässt nicht lange

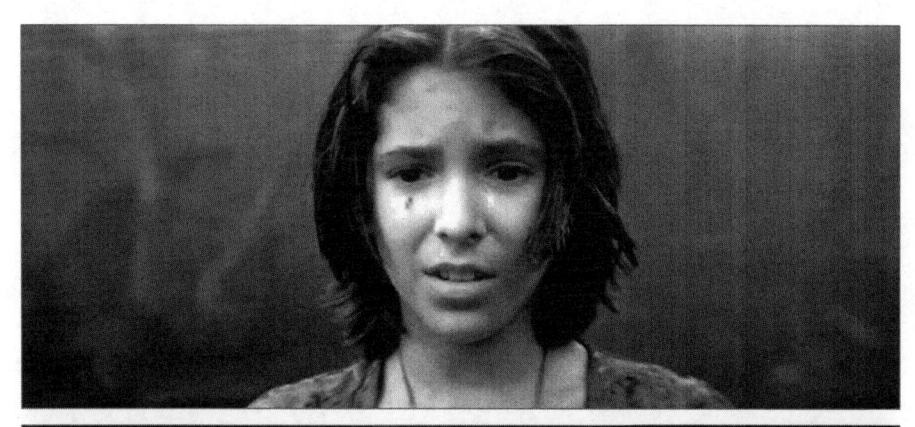

Abb. 2: Tränen (*Die unendliche Geschichte*, BRD 1984, 0:33:53)
Abb. 3: ... und noch mehr Tränen (ebd., 0:35:58)

auf sich warten: Sein Pferd Artax versinkt in den Sümpfen der Traurigkeit und während Atréju noch versucht, es zum Weitergehen zu bewegen, wechselt seine Gemütsregung in Sekundenschnelle zwischen Verzweiflung, Trauer und Hoffnung – weniger wäre hier authentischer gewesen. Als die Rettung nicht gelingt und Artax endgültig in den Sümpfen verschwunden ist, erklingen melancholische Flötentöne und in Parallelmontage werden abwechselnd der tränenüberströmte Atréju und der schluchzende Bastian in Groß- bzw. Nahaufnahme gezeigt (vgl. Abb. 2 und 3 auf Seite 149). Mit allen Mitteln der Filmkunst sollen die Rezipient/-innen zu Tränen gerührt werden, das heißt, mit allen auditiven und visuellen Mitteln, denn von narrativer Kunst zeugt die Szene nicht. Das Reittier des Jungen, den die Zuschauer/-innen seit rund zehn Filmminuten kennen und so gut wie nicht kennen gelernt haben, ist tot. Die Gründe, warum das für Atréju oder gar das Publikum ein großer Verlust sein sollte, werden höchstens am Rande behandelt.

In der nächsten Szene trifft Atréju auf die Uralte Morla. Wie schon Steinbeißer und Gefährten wird auch sie – vielleicht wegen des *comic relief* (der Entspannung durch Lachen) nach der tragischen Szene – als Witzfigur dargestellt, indem sie wiederholt und mit ulkig verzerrtem Gesicht feucht-schleimige Nieser ausstößt, denn sie hat „eine Allergie gegen Jugend" (0:40:47). Ob eine komische Überzeichnung der Morla passend ist, die Atréju die (scheinbar) ausweglose Lage Phantásiens enthüllt, bleibt fraglich.

Das Südliche Orakel dagegen ist im Film vor allem dramatischer und leichter verständlich dargestellt. Im Roman geht Atréju durch drei magische Tore, ehe er auf die Uyulála trifft, eine körperlose Stimme, die ihm erst Antwort gibt, als er sich in gereimten Versen mit ihr unterhält (vgl. Ende 1979, S. 97-111). Der Film vereinfacht Atréjus Aufgabe: Er muss nur zwei Tore durchschreiten, auch gibt es die Uyulála nicht, stattdessen erwarten Atréju nur wieder die Sphinxe des ersten Tores, die ihm bereitwillig Auskunft erteilen. Darüber hinaus ist das erste Tor wesentlich weniger undurchsichtig gestaltet. „Die Augen der Sphinxen [sic] blicken dir direkt in dein Herz" (0:56:33ff.), erklärt Engywuck und ruft Atréju beim Durchschreiten des Tores zu: „Nein, halt, du darfst nicht an dir zweifeln. Denk an deine Kraft! Hab Selbstvertrauen!" (0:59:09ff.) (was Bastian gleich zweifach wiederholt). In der Romanvorlage dagegen kann Engywuck Atréju nicht sagen, wann die Sphinxe einen Ankömmling durch das Tor treten lassen und wann nicht. Nach vielen verworfenen Theorien ist er aber „inzwischen der Ansicht, die Entscheidung der Sphinxen [sic] [sei] ganz und gar zufällig und [habe] überhaupt keinen Sinn" (Ende 1979, S. 92). Im Film wird aus der Unerklärlichkeit und vermuteten Willkürentscheidung nichts weiter als eine Mutprobe, die mit genug Selbstvertrauen zu bestehen ist. Auch die Folgen eines gescheiterten Versuchs, die Sphinxe zu passieren, stellt der Film platter dar als der Roman: In der Filmfassung sind die Augen der Sphinxe geschlossen, öffnen sie sie, verbrennt ihr Blick mit einer Art Laserstrahl, was er erfasst – was auch effektvoll an einem ankommenden Ritter demonstriert wird (vgl. 0:54:40ff.). Im Roman führt kein Weg durch das Tor,

> außer die Sphinxen [sic] schließen die Augen. Und weißt du, warum? Der Blick einer Sphinx ist was ganz und gar anderes, [sic] als der Blick irgendeines anderen Wesens. Wir beide und alle anderen, wir nehmen durch unseren Blick etwas auf. Wir sehen die Welt. Aber eine Sphinx sieht nichts, sie ist in gewissem Sinne blind. Dafür senden ihre Augen etwas aus. Und was ist das, was ihr Blick aussendet? Alle Rätsel der Welt. Deshalb schauen die beiden Sphinxen [sic] sich immerfort gegenseitig an. Denn den Blick einer Sphinx kann nur eine andere Sphinx ertragen. Und nun stell dir vor, was aus einem wird, der es einfach wagt, in den Blickwechsel dieser beiden hineinzulaufen! Er erstarrt auf der Stelle und kann sich nicht wieder rühren, ehe er nicht alle Rätsel der Welt gelöst hat. Na, du wirst die Spuren solcher armen Teufel vorfinden, wenn du hinkommst (Ende 1979, S. 91),

so Engywuck zu Atréju.

In dieser Manier setzt sich der Film fort, bis die Zuschauer/-innen schließlich der finale Showdown erwartet. Kurz vor Schluss trifft Atréju in Spukstadt auf den Werwolf Gmork, dessen Aufgabe es eigentlich gewesen war, Atréju zu töten. Die Unterhaltung der beiden ist stark gekürzt und vereinfacht, gleicht aber in den Grundzügen der Unterhaltung im Roman (vgl. ebd., S. 138-147 bzw. 1:15:14ff.). Statt jedoch am Ende des Gesprächs Gmorks Ableben ohne Atréjus Zutun beizubehalten, kommt es im Film zum Kampf. Atréju fordert Gmork heraus, der geht auf ihn los und schon wenige Sekunden später hat Atréju den Werwolf mit einer Steinspitze erstochen. Anschließend kehrt er gemeinsam mit Fuchur in den Elfenbeinturm zurück, wo ihm die Kindliche Kaiserin enthüllt, dass er alles richtig gemacht und den Retter Phantásiens längst mitgebracht habe. Zunächst sträubt sich Bastian gegen die Einsicht, dass er gemeint ist. Sein Ringen mit sich selbst, während es um das phantásische Reich immer schlimmer steht, stellt den finalen Höhepunkt des Films dar: Eine zunehmend schneller geschnittene Parallelmontage zeigt die Vorgänge in Phantásien und der realen Welt, Groß- und Nahaufnahmen rücken die Mimik der Darsteller/-innen in den Vordergrund, weite Einstellungen dokumentieren das zerstörerische Nichts, das bereits den Elfenbeinturm angreift. Die Tonspur fungiert dabei als auditive Klammer. Bastians Entschluss, endlich einzugreifen, wird von triumphaler Orchestermusik begleitet. Er läuft zum Fenster und schreit „Mondenkind" in den draußen tobenden Sturm (vgl. 1:24:38ff.). Ähnlich wie bereits in der Szene, die Artax' Tod zeigt, werden auch hier geballte Effekte eingesetzt, um das Publikum emotional zu packen und dem vorzeitigen Schluss einen Höhepunkt „abzuringen". Auf diesen folgt dann schnell die Erleichterung, indem durch Bastians Einschreiten alles in fröhlicher Idylle endet.

Wenn man es pointiert zusammenfassen will, ist die filmische Fassung der *Unendlichen Geschichte* eine Aneinanderreihung hochemotionaler Szenen ohne tiefergehenden Sinn – „Emotionsschleuder" pur, wie Kern (in Anlehnung an Nikodemus) den typischen, vorwiegend auf Affekte zielenden Blockbuster bezeichnet (vgl. Kern 2006, S. 19). Auf höchste Verzweiflung folgt größte Freude, enorme Spannung oder tiefste Traurigkeit, das Ganze „gewürzt" mit einigen ulkigen Szenen und alles nur soweit logisch verknüpft und motiviert, wie unbedingt nötig. Das – zusammen mit aufwendigen Werbekampagnen, einer berühmten Vorlage samt öffentlichem Streit mit dem Autor und einem namhaften Regisseur sowie Produzenten – mag ausreichen, um den Film für ein großes Publikum interessant zu machen, aber einen Klassiker macht es nicht.

5 Was zum Klassiker fehlt

Was Petersens *Die unendliche Geschichte* wirklich fehlt, um als „Klassiker" bezeichnet zu werden, kann hier natürlich nur versuchsweise beantwortet werden, denn es ist die Gesellschaft, die einen Film, einen Roman etc. durch ihr Rezeptionsverhalten und ihre Wertschätzung zu einem Klassiker macht, keine Liste erfüllter Kriterien (vgl. dazu auch Maiwalds Einleitung zu diesem Band). Doch lässt die Verfilmung wesentliche Aspekte vermissen, die beispielsweise Abraham als Merkmale guter Kinder- und Jugendfilme in seinem Aufsatz über klassische Filme für Kinder und Jugendliche im Deutschunterricht (vgl. Abraham 2002, S. 15) nennt. So gibt es etwa keine „auf Entwicklung angelegte[n] (Haupt-)Figuren" (ebd., S. 15), eine interessante, fantastische Welt entwirft der Film zwar, diese regt aber nicht „zu Symbolverstehen und Denken in Möglichkeiten" an (ebd.). Dem Kriterium, dass gute Kinder- und Jugendfilme „keine Idyllen [entwerfen] und ihre Zuschauer nicht durch unglaubwürdige *happy endings* [unterfordern]" (ebd.), läuft die filmische Adaption geradezu entgegen.

Die Einleitung dieses Bandes spricht von „Alter, Vorzüglichkeit und Repräsentativität [als] wesentliche[n] Klassiker-Kriterien" – alle drei lässt Petersens

Film vermissen (wobei man über das Kriterium *Alter* streiten könnte). Dass die Verfilmung weder in ästhetischer noch inhaltlicher Sicht vorzüglich ist, wurde oben gezeigt, und auch als repräsentativ kann sie schwerlich gelten. Sie weist nicht in herausragender Weise Merkmale einer bestimmten Epoche, eines Genres oder dergleichen auf, sie setzt keine neuen Maßstäbe. Vielmehr wurde hier offenbar versucht, gängige Erfolgsmodelle nachzuahmen, insbesondere den kostspieligen Fantasy- und Science-Fiction-Film Hollywoods sowie die berühmte Roman-Vorlage. Dabei gerät Petersens *Unendliche Geschichte* zu einem müden Abklatsch ohne Originalität oder ästhetische Qualität, zu nichts weiter als einer schlechteren Kopie ihrer Vorbilder. Ökonomischer Erfolg, insbesondere in der intensiv beworbenen Anlaufphase des Films, ist hier nicht weiter verwunderlich, denn der Erfolg der Vorläufer lockt die Besucher/-innen ins Kino. Das Zeug zum Klassiker besitzt eine ästhetisch und inhaltlich banale Kopie aber nicht. Ähnliche Phänomene lassen sich zuhauf beobachten, wenn etwa erfolgreiche Filme oder Bücher in Sequels fortgesetzt werden, die in keiner Weise an den „ersten Teil" heranreichen,[8] oder Filme und Bücher ähnlicher Thematik und Machart nach sich ziehen, die bloß auf den „Erfolgszug" aufspringen sollen.[9]

Obgleich Petersens *Die unendliche Geschichte* der Klassikerstatus hier also so deutlich abgesprochen wurde, mag es sich trotzdem lohnen, sie in einer Diskussion um Klassiker des Kinder- und Jugendfilms mit einzubeziehen: Michael Endes Roman ist ein Klassiker. Dass sich um ihn herum ein Medienverbund ausgebildet hat, zu dem der Film entscheidend beigetragen hat, hat seinen Klassikerstatus nur bestätigt (vgl. Hurrelmann 1996, S. 19). Auch bedingt die Existenz eines solchen Medienverbunds eine veränderte Rezeption des Leitmediums, das heißt, der Roman *Die unendliche Geschichte* kann nicht frei sein vom gleichnamigen Film, auch wenn sich der Autor explizit davon distanziert hat und die filmische Fassung der printliterarischen nicht das Wasser reichen kann. Sie zu ignorieren, würde der Realität nicht gerechnet, folglich verdient sie Beachtung.

Ferner lassen die obigen Ausführungen Schlüsse darüber zu, was Klassiker ausmacht, und belegen, dass ein Klassikerstatus nicht einfach „vererbt" werden kann. Sie zeigen aber hoffentlich auch, dass es niemals das Medium an

---

[8] Vgl. z. B. *Scarlett* (Buch: Ripley 1993; Film: USA 1994) als Fortsetzung zu *Vom Winde verweht* (Buch: Mitchell 1936; Film: USA 1939) oder Disneys *Das Dschungelbuch 2* (USA 2003).

[9] So etwa die Reihe von Fantasy-Filmen, die dem bahnbrechenden Erfolg von Peter Jacksons *Herr der Ringe*-Trilogie (NZ / USA 2001, 2002, 2003) folgte.

sich ist, das einen Stoff zu einem Klassiker macht. *Die unendliche Geschichte* hat nicht dadurch ihren Reiz verloren, dass sie in einem bebilderten und mit Ton unterlegten Medium neu erzählt wurde, sondern vielmehr dadurch, dass eine erfolgreiche Geschichte noch einmal alleine aus dem Grund erzählt wurde, um möglichst großen ökonomischen Erfolg zu haben – auf Kosten ästhetischer und inhaltlicher Qualität.

6 Quellen

6.1 Primärliteratur / Filmografie

Ende, Michael: Die unendliche Geschichte. Stuttgart: Thienemann 1979.
The Neverending Story (dt.: Die unendliche Geschichte), R. Wolfgang Petersen, BRD 1984.

6.2 Weitere erwähnte Filme

Back to the Future (dt.: *Zurück in die Zukunft*), R. Robert Zemeckis, USA 1985.
Das Boot, R. Wolfgang Petersen, D 1981.
E.T. – the Extra-Terrestrial (dt.: *E.T. – der Außerirdische*), R. Steven Spielberg, USA 1982.
Gone with the Wind (dt.:*Vom Winde verweht*), R. Victor Fleming, USA 1939.
Home Alone (dt.: *Kevin allein zu Haus*), R. Chris Columbus, USA 1991.
Lola rennt, R. Tom Tykwer, D 1998.
Mulholland Dr. (dt.: *Mulholland Drive*), R. David Lynch, F / USA 2001.
Ronja Rövardotter (dt.: *Ronja Räubertochter*), R. Tage Danielsson, SE / NOR 1984.
Scarlett, R. John Erman, USA 1994.
Star Wars-Trilogie, R. George Lucas, USA 1977, 1980, 1983.
The Graduate (dt.: *Die Reifeprüfung*), R. Mike Nichols, USA 1967.
The Jungle Book 2 (dt.: *Das Dschungelbuch 2*), R. Steve Trenbirth, USA 2003.
The Lord of the Rings-Trilogie (dt.: *Der Herr der Ringe*), R. Peter Jackson, NZ / USA 2001, 2002, 2003.
The Shining (dt.: *Shining*), R. Stanley Kubrick, USA / UK 1980.

6.3 Weitere erwähnte Romane

Mitchell, Margaret: Gone with the Wind (dt.: Vom Winde verweht). Macmillan Publishers: New York 1936.
Ripley, Alexandra: Scarlett. Heyne: München 1993.

Webb, Charles: The Graduate (dt.: Die Reifeprüfung). New American Library: New York 1963.

6.4 Sekundärliteratur

Abraham, Ulf: Fantastik in Literatur und Film. Eine Einführung für Schule und Hochschule. Berlin: Erich Schmidt 2012 (Grundlagen der Germanistik; 50).
— Kino im Klassenzimmer. Klassische Filme für Kinder und Jugendliche im Deutschunterricht. In: Praxis Deutsch 175 (2002), S. 6-18.
Anfang, Ella: *Die unendliche Geschichte*. In: Musial, Ulrike/Musial, Patrick (Hrsg.): Recklinghäuser Kanon der Literatur. Essen: Schmitz 2014, S. 78.
Bittorf, Wilhelm: Fabel für eine bedrohte Welt. In: Der Spiegel 33 (1983), Artikel vom 15.8.1983. (Online unter http://www.spiegel.de/spiegel/print/d-14020841.html, zuletzt aufgerufen am 20.5.2016).
Feuersänger, Ute: *Die unendliche Geschichte*. In: Lange-Grieving, Birgit/Grieving, Jochen (Hrsg.): Dortmunder Kanon der Literatur. Essen: Schmitz 2014, S. 28.
Frederking, Volker/Krommer, Axel/Maiwald, Klaus: Mediendidaktik Deutsch. Eine Einführung. 2., neu bearb. u. erw. Aufl. Berlin: Erich Schmidt 2012 (Grundlagen der Germanistik; 44).
Hurrelmann, Bettina: Klassiker der Kinder- und Jugendliteratur. In: Praxis Deutsch 135 (1996), S. 18-25.
Internetauftritt des Autors Michael Ende. (Online unter http://www.michaelende.de/autor/biographie/das-unendliche-filmdebakel, zuletzt aufgerufen am 20.5.2016).
Internet-Auftritt des Thienemann-Esslinger-Verlags. (Online unter http://www.thienemann-esslinger.de/thienemann/buecher/buchdetailseite/die-unendliche-geschichte-isbn-978-3-522-17684-2/, zuletzt aufgerufen am 20.5.2016).
Kern, Peter Chr.: Die Emotionsschleuder. Affektpotenzial und Affektfunktion im Erzählfilm. In: Frederking, Volker (Hrsg.): Filmdidaktik und Filmästhetik (Medien im Deutschunterricht 2005). München: Kopaed 2006, S. 19-45.
Krankes Mondenkind, In: Der Spiegel 26 (1980), Artikel vom 23.6.1980. (Online unter http://www.spiegel.de/spiegel/print/d-14327212.html, zuletzt aufgerufen am 20.5.2016).
Kurwinkel, Tobias: Die unendliche Geschichte. In: Schäfer, Horst (Hrsg.): Lexikon des Kinder- und Jugendfilms im Kino, im Fernsehen und auf Video. Teil 1: Kinder- und Jugendfilme (45. Ergänzungslieferung). Meitingen: Corian-Verlag 2014, S. 1-9.
Pfau, Ulli: Phantásien in Halle 4/5. Michael Endes *Unendliche Geschichte* und ihre Verfilmung. München: dtv 1984.
Walser, Martin: Was ist ein Klassiker? In: Honnefelder, Gottfried (Hrsg.): Warum Klassiker? Ein Almanach zur Eröffnung der Bibliothek deutscher Klassiker. Frankfurt/M.: Deutscher Klassikerverlag 1985, S. 3-10.

Die Autorinnen und Autoren

Prof. Dr. Ulf Abraham ist Inhaber des Lehrstuhls für Didaktik der deutschen Sprache und Literatur an der Universität Bamberg.

Prof. Dr. Matthis Kepser ist Fachvertreter für Didaktik des Deutschen und Neue Medien im Deutschunterricht an der Universität Bremen.

Dr. Tobias Kurwinkel ist Universitätslektor für Germanistische Literaturwissenschaft (Schwerpunkt Kinder- und Jugendmedien) an der Universität Bremen.

Dr. Heidi Lexe ist die Leiterin der Studien- und Beratungsstelle für Kinder- und Jugendliteratur (STUBE) in Wien.

Prof. Dr. Klaus Maiwald ist Inhaber des Lehrstuhls für Didaktik der deutschen Sprache und Literatur an der Universität Augsburg.

Anna-Maria Meyer ist Wissenschaftliche Mitarbeiterin am Lehrstuhl für Didaktik der deutschen Sprache und Literatur an der Universität Augsburg.

Dr. Claudia Maria Pecher ist Wissenschaftliche Mitarbeiterin am Institut für Jugendbuchforschung der Johann Wolfgang Goethe Universität in Frankfurt und Präsidentin der Deutschen Akademie für Kinder- und Jugendliteratur e. V.

Dr. Michael Staiger ist Akademischer Oberrat am Institut für deutsche Sprache und Literatur der Pädagogischen Hochschule Freiburg.

Dr. Irene Wellershoff ist Redaktionsleiterin im ZDF-Kinderprogramm, Dramaturgin und Autorin.